FUNDAMENTOS CONSTITUCIONAIS
DA PREVIDÊNCIA SOCIAL

Milton Vasques Thibau de Almeida

Prefácio
Carlos Mário da Silva Velloso

FUNDAMENTOS CONSTITUCIONAIS DA PREVIDÊNCIA SOCIAL

Belo Horizonte

2011

© 2011 Editora Fórum Ltda.

É proibida a reprodução total ou parcial desta obra, por qualquer meio eletrônico, inclusive por processos xerográficos, sem autorização expressa do Editor.

Conselho Editorial

Adilson Abreu Dallari	Floriano de Azevedo Marques Neto
André Ramos Tavares	Gustavo Justino de Oliveira
Carlos Ayres Britto	Inês Virgínia Prado Soares
Carlos Mário da Silva Velloso	Jorge Ulisses Jacoby Fernandes
Carlos Pinto Coelho Motta	José Nilo de Castro
Cármen Lúcia Antunes Rocha	Juarez Freitas
Cesar Augusto Guimarães Pereira	Lúcia Valle Figueiredo (in memoriam)
Clovis Beznos	Luciano Ferraz
Cristiana Fortini	Lúcio Delfino
Dinorá Adelaide Musetti Grotti	Márcio Cammarosano
Diogo de Figueiredo Moreira Neto	Maria Sylvia Zanella Di Pietro
Egon Bockmann Moreira	Ney José de Freitas
Emerson Gabardo	Oswaldo Othon de Pontes Saraiva Filho
Fabrício Motta	Paulo Modesto
Fernando Rossi	Romeu Felipe Bacellar Filho
Flávio Henrique Unes Pereira	Sérgio Guerra

Luís Cláudio Rodrigues Ferreira
Presidente e Editor

Coordenação editorial: Olga M. A. Sousa
Revisão: Adalberto Nunes Pereira Filho
Bibliotecária: Lissandra Ruas Lima – CRB 2851 – 6ª Região
Indexação: Clarissa Jane de Assis Silva – CRB 2457 – 6ª Região
Capa, projeto gráfico e diagramação: Walter Santos

Av. Afonso Pena, 2770 – 15º/16º andares – Funcionários – CEP 30130-007
Belo Horizonte – Minas Gerais – Tel.: (31) 2121.4900 / 2121.4949
www.editoraforum.com.br – editoraforum@editoraforum.com.br

A447f   Almeida, Milton Vasques Thibau de

Fundamentos constitucionais da Previdência Social / Milton Vasques Thibau de Almeida; Prefácio de Carlos Mário da Silva Velloso. Belo Horizonte: Fórum, 2011.

197 p.
ISBN 978-85-7700-397-6

1. Direito previdenciário. 2. Constituição. 3. Previdência Social. I. Velloso, Carlos Mário da Silva. II. Título.

CDD: 341.67
CDU: 36(81)

Informação bibliográfica deste livro, conforme a NBR 6023:2002 da Associação Brasileira de Normas Técnicas (ABNT):

ALMEIDA, Milton Vasques Thibau de. *Fundamentos constitucionais da Previdência Social*. Belo Horizonte: Fórum, 2011. 197 p. ISBN 978-85-7700-397-6.

Dedicatória

A meu querido pai, Mauro Thibau da Silva Almeida.

A minha amada esposa, Tereza Cristina Sorice Baracho Thibau, e a nossos adoráveis filhos Mário e Letícia.

A dois notáveis Desembargadores do Trabalho: meu irmão Márcio Vasques Thibau de Almeida (TRT da 24ª Região) e meu amigo Doutor Bolívar Viégas Peixoto (TRT da 3ª Região).

Agradecimentos

Ao Dr. Pedro Aleixo (*in memoriam*), notável jurista e estadista mineiro, cujos conselhos, que me foram dados ainda ao tempo em que cursava o bacharelado em Direito na Faculdade de Direito da UFMG (onde havia sido Professor de Direito Penal), foram muito úteis para a minha formação jurídica interdisciplinar.

Ao Professor Doutor Jorge Miranda, pelas orientações que dele recebi quando da minha estada na Faculdade de Direito da Universidade de Lisboa, como bolsista da CAPES.

Sumário

Prefácio
Carlos Mário da Silva Velloso 13

Capítulo 1
Os Precedentes Constitucionais da Previdência Social no Brasil 17
1.1 A Previdência Social na Constituição Monárquica de 1824 17
1.2 A Previdência Social na Constituição Federal de 1891 24
1.3 A Previdência Social na Constituição Federal de 1934 30
1.4 A Previdência Social na Constituição Federal de 1937 34
1.5 A Previdência Social na Constituição Federal de 1946 40
1.6 A Previdência Social na Constituição Federal de 1967 48

Capítulo 2
A Previdência Social na Constituição Federal de 1988 55

Capítulo 3
O Estado do Bem-Estar Social e o Princípio Federativo 63
3.1 O amparo social face ao princípio federativo no Direito
Constitucional Comparado 64
3.1.1 Os fundamentos da responsabilidade do governo local pelo amparo
das pessoas necessitadas no constitucionalismo norte-americano 65
3.1.2 A divisão de competências entre o poder central e os poderes
periféricos na Constituição norte-americana 65
3.1.3 A colaboração ("convênios") entre os vários níveis da administração
pública em matéria de proteção social na Constituição
norte-americana. 68
3.1.4 A autonomia dos governos locais para a regulamentação do
sistema de proteção social na Constituição norte-americana 70
3.2 O amparo social face ao princípio federativo na Constituição
brasileira 70

3.2.1 Fundamentos da responsabilidade estatal pelo amparo social no Brasil..71
3.2.2 A divisão de competências e o compartilhamento de responsabilidades de gestão da proteção social na Constituição brasileira..73
3.2.3 A coordenação das ações de proteção social ("convênios") entre os poderes públicos e a iniciativa privada na Constituição brasileira.......76

CAPÍTULO 4
A ORDEM SOCIAL, A ORDEM ECONÔMICA E FINANCEIRA, E OS DIREITOS SOCIAIS NA CONSTITUIÇÃO BRASILEIRA.......79

CAPÍTULO 5
OS SISTEMAS CONSTITUCIONAIS DE PROTEÇÃO SOCIAL.......83
5.1 O sistema da seguridade social..83
5.2 Os sistemas de proteção social exteriores ao sistema da seguridade social 89
5.3 Os sistemas de previdência 91
5.3.1 Os regimes de financiamento da previdência 92
5.3.2 Os regimes jurídicos de previdência..93
5.3.3 As entidades gestoras da previdência 95

CAPÍTULO 6
ELEMENTOS CARACTERÍSTICOS DA DEFINIÇÃO DO SISTEMA DE PREVIDÊNCIA SOCIAL NA CONSTITUIÇÃO BRASILEIRA ...97
6.1 A distinção entre o Sistema da Previdência Social e os demais sistemas de proteção social na Constituição brasileira 100
6.1.1 A distinção entre o Sistema da Previdência Social e o sistema da seguridade social 100
6.1.2 A distinção entre o Sistema da Previdência Social e o sistema de saúde..102
6.1.3 A distinção entre o Sistema da Previdência Social e o sistema da assistência social 104
6.1.4 A distinção entre o Sistema da Previdência Social e o sistema da previdência privada...107
6.1.5 A distinção entre o Sistema da Previdência Social e o Sistema da Previdência Complementar..111
6.1.6 A distinção entre o sistema da Previdência Social e o Sistema da Previdência Sobrecomplementar...115
6.1.7 A distinção entre o Sistema da Previdência Social e o Sistema da Previdência da Quarta idade 118
6.1.8 A distinção entre o Sistema da Previdência Social e o sistema do Direito do Trabalho..119

CAPÍTULO 7
Os Regimes Jurídicos de Previdência Social na Constituição Brasileira 123

7.1 Princípios constitucionais aplicáveis aos regimes de Previdência Social 126
7.2 A distinção entre "regimes especiais de previdência" e "condições especiais de concessão de benefícios" 128
7.3 O regime especial dos ex-combatentes 131
7.4 As condições especiais de concessão de benefícios previdenciários aos anistiados 133
7.5 O Regime Geral da Previdência Social 136
7.6 Os regimes especiais de Previdência Social 147

CAPÍTULO 8
Os Princípios Jurídicos Fundamentais da Previdência Social 155

8.1 Os princípios jurídicos da seguridade social 156
8.1.1 Princípio da universalidade da cobertura e do atendimento 157
8.1.2 Princípio da uniformidade e equivalência dos benefícios e serviços às populações urbanas e rurais 160
8.1.3 Princípio da seletividade e distributividade na prestação dos benefícios e serviços 165
8.1.4 Princípio da irredutibilidade do valor dos benefícios 167
8.1.5 Princípio da equidade na forma de participação no custeio 169
8.1.6 Princípio da diversidade da base de financiamento 170
8.1.7 Princípio do caráter democrático e descentralizado da administração da seguridade social 171
8.2 Os princípios jurídicos específicos da Previdência Social 173

Referências 177

Índice de Assuntos 187

Índice da Legislação 193

Índice Onomástico 195

Prefácio

Milton Vasques Thibau de Almeida, magistrado e professor de Direito do Trabalho e de Previdência Social na Faculdade de Direito da UFMG, brinda-nos com este livro — *Princípios constitucionais da previdência social* — que será de consulta obrigatória para os que lidam com o tema, no dia a dia da advocacia, e para os que versam, academicamente, a disciplina. É que Milton Thibau tratou da questão como magistrado, assim com vistas a casos concretos, e como professor, em primoroso discurso teórico, a partir da consideração de que previdência social constitui direito fundamental. A questão, assim posta, adquire notável relevância, convindo acentuar que esse direito contribui, significativamente, para realizar o princípio que a Constituição erigiu em fundamento da República, que é a dignidade da pessoa humana (C.F., art. 1º, III), base, portanto, da organização estatal, *"coração do patrimônio jurídico-social da pessoa humana"*, na expressão feliz da ministra Cármen Lúcia Antunes Rocha,[1] por isso mesmo espinha dorsal da tábua dos direitos fundamentais.

A proposição, atual e fascinante, convida-nos à reflexão.

II. Registrei, em trabalho de doutrina, que a teoria dos direitos fundamentais distingue direitos de 1ª, 2ª, 3ª e 4ª geração. Celso Lafer leciona que os direitos de 1ª geração constituem herança liberal. São os direitos civis e políticos: (i) direitos de garantia, que são as liberdades públicas, de cunho individualista: a liberdade de expressão e de pensamento, por exemplo; (ii) direitos individuais exercidos coletivamente: liberdade de associação, formação de partidos, sindicatos, direito de greve, dentre outros; os direitos de 2ª geração são os direitos sociais, econômicos e culturais: direito ao bem-estar social, direito ao trabalho, à saúde, à educação, à previdência social, são exemplos desses direitos. Os de 3ª geração são direitos de titularidade coletiva: (i) no plano internacional: direito ao desenvolvimento e a uma nova ordem

---

[1] ROCHA, Cármen Lúcia Antunes. *O princípio da dignidade humana e a exclusão social. Apud.* SARLET, Ingo Wolfgang. A eficácia do direito fundamental à segurança jurídica: dignidade da pessoa humana, direitos fundamentais e proibição de retrocesso social no direito constitucional brasileiro. *RTDP*, 39, p. 53.

econômica mundial, direito ao patrimônio comum da humanidade, direito à paz; (ii) no plano interno: interesses coletivos e difusos, como, por exemplo, o direito ao meio ambiente.[2] E são direitos da 4ª geração, anota Paulo Bonavides, *"o direito à democracia, o direito à informação e o direito ao pluralismo"*,[3] deles dependendo a *"concretização da sociedade aberta do futuro, em sua dimensão de máxima universalidade, para a qual parece o mundo inclinar-se no plano de todas as relações de conveniência"*. [4]

III. Os direitos sociais, direitos fundamentais de 2ª geração, constituem, na lição de José Afonso da Silva, *"prestações positivas proporcionadas pelo Estado direta ou indiretamente, enunciadas em normas constitucionais, que possibilitam melhores condições de vida aos mais fracos, direitos que tendem a realizar a igualização de situações sociais desiguais. São, portanto, direitos que se ligam ao direito de igualdade"*.[5]

A Constituição estabelece, no artigo 6º, que *"são direitos sociais a educação, a saúde, o trabalho, a moradia, o lazer, a segurança, a previdência social, a proteção à maternidade e à infância, a assistência aos desamparados, na forma desta Constituição"*. A amplitude dos temas inscritos no art. 6º deixa claro que os direitos sociais não são somente os que estão enunciados nos artigos 7º a 11. Eles podem ser localizados, principalmente, no Título VIII – Da Ordem Social, artigos 193 e seguintes, aí se incluindo os *"direitos sociais relativos à seguridade, compreendendo os direitos à saúde, à previdência e assistência social"*.[6]

IV. Nessa tábua se inclui a matéria de que cuidou Milton Thibau, que começa por mostrar sua evolução nas Constituições brasileiras, a partir da Constituição do Império de 1824 e nas Constituições republicanas de 1891, 1934, 1937, 1946, 1967 e 1988. Nesta, a previdência social constitui-se numa das tripeças em que se assenta a seguridade social: saúde, previdência e assistência social (C.F., art. 194). Milton Thibau, após conceituar e definir seguridade social e previdência social, no Direito Constitucional positivo, distingue previdência social de outros ramos jurídicos afins, ou outras técnicas de proteção social: previdência social e saúde, previdência social e assistência social, previdências

---

[2] LAFER, Celso. Direitos humanos e democracia: no plano interno e internacional. *In*: *Desafios*: ética e política. São Paulo: Siciliano, 1995. p. 201 *et seq*.

[3] BONAVIDES, Paulo. Um novo conceito de democracia. *In*: *Teoria do Estado*. 4. ed. São Paulo: Malheiros, p. 428 *et seq*.; *Teoria constitucional da democracia participativa*. 2. ed. São Paulo: Malheiros, 2003. p. 353 *et seq*.

[4] BONAVIDES, *op. cit.*

[5] SILVA, José Afonso da. *Curso de direito constitucional positivo*. 15. ed. São Paulo: Malheiros, 1998. p. 289.

[6] *Op. cit.*

privada, complementar, sobrecomplementar e da quarta idade. Após registrar a autonomia científica do Direito Previdenciário em relação ao Direito do Trabalho, disserta sobre o Estado do bem-estar social frente ao princípio federativo, vale dizer, no Estado Federal brasileiro e no campo do direito constitucional comparado. No capítulo V, a matéria é examinada sob o ponto de vista dos regimes jurídicos de previdência social na Constituição: tem-se, no ponto, a definição de regime jurídico de previdência, os princípios constitucionais aplicáveis aos regimes de previdência, a distinção entre "regimes especiais de previdência" e "condições especiais de concessão de benefícios", o regime especial dos ex-combatentes, as condições especiais de concessão de benefícios previdenciários aos anistiados, o regime geral da previdência social e os regimes especiais de previdência social. Finalmente, com mão de mestre, no capítulo VI, atenta o autor para os princípios jurídicos fundamentais da previdência social na Carta de 1988, art. 194, parágrafo único: os princípios (i) da universalidade da cobertura e do atendimento, (ii) da uniformidade e equivalência dos benefícios e serviços às populações urbanas e rurais, (iii) da seletividade e distributividade na prestação dos benefícios e serviços, (iv) da irredutibilidade do valor dos benefícios, (v) da equidade na forma de participação no custeio, (vi) da diversidade da base de financiamento e (vii) princípio do caráter democrático e descentralizado da administração da seguridade social. Encerrando o capítulo, cuidou o autor dos princípios que denomina específicos da previdência social e que se encontram no art. 3º, parágrafo único, da Lei nº 8.212, de 1991, e no art. 2º, parágrafo único, da Lei nº 8.213, de 1991.

V. O Constitucionalismo tem evoluído, através do tempo, por etapas. Na primeira delas, que veio no bojo da Revolução Americana de 1776 e da Revolução Francesa de 1789, dá-se o surgimento da ideia de Constituição. Na segunda etapa, a Constituição é reconhecida como lei, uma superlei que, como tal, deve ser cumprida. No famoso caso, Marbury *vs.* Madison, de 1803, a Suprema Corte americana torna realidade essa etapa, concretizada no Brasil com a República e que, na Europa continental, somente ocorreu a partir do pós-guerra, na segunda metade da década de 1940, com a criação dos Tribunais Constitucionais. Na terceira etapa, ocorrida no continente europeu também no Século XX, compreende-se que a Constituição deve ser protegida, ideia ali surgida em 1920, sob a inspiração de Kelsen e que teve o seu momento maior no debate, acontecido em 1931, entre Kelsen e Carl Schmitt, a respeito de quem deveria ser o guardião da Constituição, do qual Kelsen saiu vitorioso. Finalmente, a quarta etapa, em que se dá o predomínio da Constituição, com a constitucionalização do direito. É o raiar do neoconstitucionalismo, que tem como característica fundamental a formação do Estado Constitucional de Direito, no qual constitucionalismo e democracia se confundem, dando origem ao Estado Democrático de Direito, em que os direitos humanos ou direitos fundamentais constituem o arcabouço do edifício constitucional. O marco, no Brasil, do surgimento do neoconstitucionalismo, com o apogeu da Constituição e o triunfo do Direito Constitucional, ocorre com a Constituição de 1988.[7]

VI. A resenha do livro, sinteticamente feita linhas atrás, demonstra que o discurso teórico do professor Milton Thibau se faz no rumo da Constituição, num tempo em que se tem a constitucionalização do direito. Acertada a diretriz adotada, mesmo porque trata-se de tema em que o princípio da dignidade humana há de ser determinante na tarefa do intérprete.

VII. Cumprimento o professor e magistrado, Milton Vasques Thibau de Almeida, pelo excelente trabalho que produziu e antevejo para o livro sucesso editorial. É que a obra, vale repetir, será proveitosa não somente para os que labutam, nas repartições administrativas e nos tribunais, com o tema, mas, sobretudo, para aqueles que versam, academicamente, o Direito Previdenciário.

Brasília, DF, 13 de fevereiro de 2009.

Carlos Mário da Silva Velloso
Ministro aposentado. Ex-presidente do Supremo Tribunal Federal. Professor emérito da PUC Minas e da Universidade de Brasília (UnB). Doutor honoris causa pela Universidade de Craiova, Romênia.

---

[7] BARROSO, Luís Roberto. Neoconstitucionalismo e constitucionalização do direito: o triunfo tardio do direito constitucional no Brasil. *RDA,* 240, p. 1; Vinte anos da Constituição Brasileira de 1988: o estado a que chegamos. *RDE,* n. 10, p. 25, abr./jun. 2008.

Capítulo 1

Os Precedentes Constitucionais da Previdência Social no Brasil

Sumário: 1.1 A Previdência Social na Constituição Monárquica de 1824 – **1.2** A Previdência Social na Constituição Federal de 1891 – **1.3** A Previdência Social na Constituição Federal de 1934 – **1.4** A Previdência Social na Constituição Federal de 1937 – **1.5** A Previdência Social na Constituição Federal de 1946 – **1.6** A Previdência Social na Constituição Federal de 1967

A Previdência Social passou por várias metamorfoses desde a sua instituição, deixando marcas indeléveis de sua evolução nos registros constitucionais, que revelam, assim, a experiência histórica do nosso ordenamento jurídico em matéria de proteção social.

Necessária se faz, portanto, uma digressão sobre a evolução da Previdência Social nas constituições brasileiras anciãs, com o propósito de resgate da ambiência política, social e econômica nas quais a proteção social foi enfrentada, visto que a Previdência Social é mais fortemente motivada pelos fatores metajurídicos do que propriamente pela técnica jurídica.

1.1 A Previdência Social na Constituição Monárquica de 1824

A Assembleia Geral Constituinte e Legislativa de 1823 foi convocada por Decreto de 03 de junho de 1822, tendo se instalado no dia 03 de maio de 1823, com abertura solene de seus trabalhos pelo Imperador Dom Pedro I.

Explica o Barão Homem de Mello[1] que a Assembleia Constituinte de 1823 era composta por 26 bacharéis em Direito e cânones, 22 desembargadores, 19 clérigos entre os quais um bispo, 7 militares entre os quais 3 marechais de campo e 2 brigadeiros, destacando-se José da Silva Lisboa, Luiz José de Carvalho e Mello, José Joaquim Carneiro de Campos, Antônio Luiz Pereira da Cunha e os três irmãos Andradas, tendo se tornado Antônio Carlos Andrada o primeiro vulto de destaque do nosso constitucionalismo. Quase todos esses deputados haviam estudado em Portugal de 1820 a 1822, onde se inspiraram nas ideias constitucionais que estavam em voga com mais força do que antes na Metrópole, sendo que alguns deles haviam sido deputados nas cortes de Lisboa em 1821. Os primeiros trabalhos dessa Assembleia Constituinte foram tranquilos e pacíficos, cada deputado seguia suas próprias inspirações, não havia maioria arregimentada, nem oposição constituída ou grupos, as fórmulas e os estilos parlamentares eram pouco conhecidos e por vezes preteridos. Em sessão do dia 1º de setembro de 1823, o Relator Antônio Carlos Andrada apresentou o Projeto de Constituição elaborado por uma Comissão, no qual foram proclamadas a liberdade pessoal, a igualdade perante a lei, a publicidade do processo, a abolição do confisco e da infâmia das penas, a liberdade religiosa, a liberdade de imprensa e de indústria, a garantia da propriedade e o julgamento pelo júri.

No início do Século XIX, quando o Brasil adquiriu sua independência, não havia uma estrutura econômica e social que reclamasse a intervenção do Estado para promover o amparo social. Não havia, portanto, a necessidade de que a nossa Carta Monárquica estabelecesse qualquer dispositivo constitucional sobre direitos sociais, mas sob seu império ocorreram fatos que os autores apontam como precursores da nossa Previdência Social.

Geraldo Bezerra de Menezes,[2] com arrimo em Pierre Lavigne, esclarece que a Carta outorgada em 25 de março de 1824 dispunha, em seu artigo 179, nº 31, que "a Constituição também garante os socorros públicos", por influência da Constituição francesa de 1791, em cujas "Disposições fundamentais garantidas pela Constituição", encontra-se a primeira norma, inscrita em Código Supremo, dedicada à assistência social: "Será criado um estabelecimento geral de socorros públicos, para educar as crianças abandonadas, aliviar os pobres enfermos e fornecer trabalho aos pobres válidos que não conseguirem obtê-lo". Afirma

---

[1] *A constituinte perante a história*. Ed. fac-sim. Brasília: Senado Federal, 1996. p. 4-9.

[2] *A segurança social no Brasil*. Rio de Janeiro: Guilherme Haddad, 1961. p. 193.

que, embora consagrando princípios vitoriosos com o advento do Cristianismo, o certo é que aquela disposição constitucional, realmente precursora, traduz a obrigação do Estado de prestar socorro aos necessitados, não os deixando apenas à mercê dos corações generosos.

Antes mesmo da promulgação da Carta Constitucional de 1824, já havia surgido no Brasil o primeiro texto legal dispondo sobre matéria previdenciária, em 1821, como explica Antônio Carlos de Oliveira,[3] com arrimo em Paulo Cabral e Moacyr Velloso Cardoso de Oliveira. Em 1º de outubro de 1821, o ainda Príncipe-Regente Pedro de Alcântara promulgou um Decreto Régio concedendo aposentadoria aos mestres e professores após 30 anos de serviço, e assegurando um abono de 1/4 (um quarto) dos ganhos aos que continuassem em atividade. Afirmam que não se tem notícias de que alguém tenha auferido tais benefícios e especulam que a aposentadoria teve origem num poder administrativo de requisição de aposentos, que foi outorgado, pelo Rei de Portugal, aos elevados servidores públicos que se deslocavam para trabalhar na Administração Pública da Colônia, onde não havia infraestrutura suficiente para hospedá-los nas cidades. A expressão "aposentadoria" significava, portanto, um poder administrativo de requisição de aposentos na residência das famílias mais abastadas que residiam na área urbana.

Esse poder administrativo de requisição de aposentos tem a sua origem no antigo Regime das Capitanias Hereditárias.

Antônio Vasconcelos de Saldanha[4] explica que o Regime das Capitanias Hereditárias foi uma das mais fecundas manifestações do regime senhorial português e tinha na forma de domínio da terra, nos direitos exclusivos e nas cartas de foral a base de compreensão do estatuto jurídico dos habitantes e a extensão precisa dos poderes dos órgãos de administração donatarial. No plano constitutivo do núcleo comum às várias modalidades de capitanias existentes na área atlântica, eram definidos: a) a base territorial de propriedade e jurisdição; b) a autoridade investida nos Capitães e, c) o rendimento econômico dos Capitães. No que concerne aos rendimentos econômicos, havia três classes de concessões: 1. as rendas derivadas do próprio exercício da autoridade ou faculdades dos Capitães (a exemplo das pensões dos tabeliães) e as pensões fixas cobradas sobre atividade de serras de água, e os chamados

---

[3] *Direito do trabalho e Previdência Social*: estudos. São Paulo: LTR, 1996. p. 91.

[4] *As Capitanias*: o regime senhorial na expansão ultramarina portuguesa. Funchal: Centro de Estudos de História do Atlântico, 1991. p. 3-4, 25-26.

direitos exclusivos, como o dos fornos ou da venda do sal; 2. as rendas diretamente calculadas e cobradas em função dos réditos reais (a exemplo da "redízima"); e 3. as rendas de caráter meramente territorial, decorrentes da exploração das terras próprias dos Capitães.

Do Regime das Capitanias Hereditárias também advinham os poderes de administração da Justiça concedidos pelo Rei de Portugal aos Capitães, que se submetiam ao poder correicional de Sua Majestade, como expõe Antônio Vasconcelos de Saldanha.[5]

Octaciano Nogueira[6] destaca que a Constituição de 1824 adota em seu artigo 178 os princípios da Constituição inglesa, segundo os quais é constitucional apenas aquilo que diz respeito aos poderes do Estado e aos direitos e garantias individuais ("É só constitucional o que diz respeito aos limites e atribuições respectivas dos poderes políticos, e aos direitos políticos e individuais dos cidadãos; tudo o que não é constitucional pode ser alterado, sem as formalidades referidas, pelas legislaturas ordinárias"), o que lhe conferiu plasticidade e adaptabilidade às condições políticas, características que lhe permitiram durar 65 anos, tornando-se a Constituição brasileira de vida mais longa.

Destaca, ainda, Octaciano Nogueira[7] que, apesar de a Constituição de 1824 ter adotado a teoria da tripartição dos poderes e declarar em seu artigo 151 que "os juízes de direito serão perpétuos", poderiam ser suspensos pelo Imperador (art. 154), que poderia decretar-lhes a aposentadoria compulsória, ouvido o Conselho de Estado. Relata alguns casos em que a aposentadoria compulsória foi decretada sob sua vigência: a) no episódio que ficou conhecido como o "Desembarque de Serinhaem", dois juízes foram aposentados compulsoriamente e um terceiro juiz foi transferido para outra localidade, por terem absolvido réus importantes da Província que eram tidos pelo Governo como culpados por conivência e omissão num desembarque clandestino de africanos na praia de Serinhaem, no litoral pernambucano, acusados de terem violado a lei de 1850 que proibiu o tráfico de escravos, o que se verificou durante a Presidência do Ministério da Conciliação pelo Marquês de Paraná, entre 1853 e 1856; b) num outro episódio, foram aposentados compulsoriamente vários membros do Supremo Tribunal de Justiça, por Decreto de 30.12.1863 do Ministro da Justiça, o Visconde de Sinimbu.

---

[5] *Op. cit.*, p. 26, 239-256.

[6] *Constituições Brasileiras*: 1824. Brasília: Senado Federal; Ministério da Ciência e Tecnologia; Centro de Estudos Estratégicos. 2001. v. 1, p. 14-19.

[7] *Op. cit.*, p. 35-38.

Emerge, portanto, claramente, o fundamento histórico da aposentadoria compulsória dos magistrados, proclamada pelo artigo 154 da Constituição Monárquica de 1824, no estatuto político-jurídico do Regime das Capitanias Hereditárias, que consideramos ser uma protoconstituição portuguesa.

Embora fossem concedidas aposentadorias voluntárias aos professores e fossem aplicadas aposentadorias compulsórias a magistrados, sob a égide da Constituição Monárquica de 1824, antes mesmo do surgimento da Previdência Social como técnica de proteção social baseada no seguro social, está evidente que essas aposentadorias não eram instituições típicas de Previdência Social. A aposentadoria voluntária dos professores foi instituída como uma concessão administrativa do poder público, com alguns registros históricos no Regime das Capitanias Hereditárias. A aposentadoria compulsória dos magistrados era uma medida político-administrativa de natureza disciplinar, e que, àquela época só se aplicava aos magistrados: continuavam "perpétuos" (vitalícios), mas podiam ser afastados do cargo por um poder corregedor.

Como medida de punição político-administrativa, a aposentadoria compulsória afasta o Juiz acusado do exercício do cargo público no qual foi investido, sendo-lhe assegurado o pagamento dos vencimentos provenientes desse cargo, o que ainda se mantém na ordem constitucional brasileira através da Lei Complementar nº 35, de 14 de março de 1979 ("Lei Orgânica da Magistratura Nacional", também conhecida como "Lei Penal dos Magistrados"). Essa aposentadoria compulsória, já era uma prática política antiga, prevista no §16, do Título 50, do Livro 1º, e no Título 54, do Livro 2º, da Ordenação do Reino de Portugal, invocada pelo Marquês de Paraná em sua defesa quando foi ele próprio acusado de violar a lei em decorrência das aposentadorias compulsórias que decretou, explica Octaciano Nogueira.[8] A aposentadoria compulsória foi apenas institucionalizada pelo artigo 154 da Constituição Monárquica de 1824 ("O Imperador poderá suspendê-los por queixas contra eles feitas, precedendo audiência dos mesmos juízes, informação necessária, e ouvido o Conselho de Estado"), como uma medida de punição político-administrativa, calcada num arbítrio político fundamentado (*arbitrio boni viri*) em justa causa (*queixas*), com garantias processuais, que era aplicável restritivamente aos magistrados.

---

[8] *Op. cit.*, p. 37.

As Constituições Republicanas, a partir do Texto de 1934, não apenas mantiveram a aposentadoria compulsória como a diversificaram em espécies, a partir de outras causas e de outras justificativas.

Sob o pálio da Constituição Monárquica de 1824 surgiu a assistência pública, com a promulgação da Lei Orgânica dos Municípios, em 1828, seguida da instituição de uma outra forma de mutualidade, em 1835 — o Montepio Geral da Economia, como destaca Feijó Coimbra.[9]

Em 1840 foi criada a primeira Caixa de Aposentadoria e Pensão no Brasil, para amparar os funcionários da Casa da Moeda.

Uma das grandes medidas de alcance social ocorridas durante a vigência da Constituição de 1824 foi a Abolição da Escravatura, pela Lei Áurea, em 13 de maio de 1888.

Porém, o Imperador não havia previsto qualquer medida de gradual adaptação dos escravos libertos ao trabalho livre, afirma Aliomar Baleeiro,[10] nem medidas de amparo à produção agrícola; quase todos os escravos abandonaram as fazendas e procuraram viver de biscates nas cidades, saturando o mercado de trabalho; a substituição do braço escravo pelo trabalho livre importava na necessidade de aumento do numerário para pagamento semanal e regular dos trabalhadores assalariados; a ira dos fazendeiros desapossados dos escravos foi contrabalançada por medida tomada pelo Visconde de Ouro Preto, último Presidente de Gabinete, que lhes facilitou o acesso ao crédito, a fim de que pudessem manter o trabalho agrícola por homens livres, o que implicou em vultosas emissões de dinheiro até o final do ano de 1888 e no curso do primeiro semestre de 1889, o que causou um impacto inflacionário.

Providências de amparo material foram tomadas ainda no Império, sendo consideradas por Mozart Victor Russomano[11] como sendo os primeiros marcos da Previdência Social no Brasil, formando a "base triangular" da proteção social dos trabalhadores na Imprensa Régia, nas ferrovias do Estado e nos Correios e Telégrafos.

Essa assertiva de Russomano encontra respaldo na Teoria do Pleno Emprego, de Adam Smith, pela qual o Estado deve garantir a todos os cidadãos os meios de sobrevivência, devendo aproveitar no serviço público os desempregados, dando-lhes serviço para que não imaginem que a renda concedida seja de graça e para que não seja

---

[9] *Direito previdenciário brasileiro*. 3. ed. Rio de Janeiro: Edições Trabalhistas, 1991. p. 47.

[10] *Constituições brasileiras*: 1891. Brasília: Senado Federal e Ministério da Ciência e Tecnologia, Centro de Estudos Estratégicos, 2001. v. 2, p. 13-14.

[11] *Curso de Previdência Social*, p. 32.

estimulada a vadiagem, devendo o Estado garantir-lhes essa renda mensal, mesmo que eventualmente não hajam serviços públicos para lhes atribuir, sugerindo que o Estado deva mandar os desempregados enterrar garrafas vazias, e, desenterrá-las no mês seguinte, caso persista a ausência de serviços públicos para lhes atribuir, e assim sucessivamente até que possam ser aproveitados em algum serviço público.

Mais de quarenta anos após, a aplicação desta parte da Teoria do Pleno Emprego, de Adam Smith, tirou os Estados Unidos da América da Recessão econômica da década de 1930, dando respaldo teórico à implantação da política econômica do *New Deal* e à implantação da seguridade social norte-americana, com a promulgação da Lei do Seguro Social (*Social Security Act*), em 1935.

Portanto está evidente que o Estado brasileiro chamou a si a iniciativa de empregar mão de obra não qualificada egressa do campo, massivamente, dentro do serviço público, especialmente no serviço ferroviário, que demandava mão de obra braçal em grande quantidade nas obras de terraplenagem e de assentamento de trilhos (a expansão da malha ferroviária brasileira estava apenas no início), assim como também no serviço de correios, cujas linhas de telégrafos seguiram em boa parte as estradas de ferro (salvo na região Centro-oeste, onde foram implantadas pelo Marechal Cândido Rondon, sem que pudessem seguir linhas férreas), com envolvimento de grande quantidade de mão de obra para implantá-las, mantê-las e operá-las, destacando-se que o serviço de entrega de correspondências era feito nas fazendas, onde se concentrava cerca de 80% (oitenta por cento) da população àquela época, assim como em vilas distantes, só alcançadas por carteiros que se deslocassem a pé ou a cavalo, o que garantia uma ampla absorção de mão de obra.

Bezerra de Menezes[12] esclarece que essas leis de amparo social, promulgadas sob a égide da nossa Constituição Monárquica, são: a) a Lei nº 3.397, de 24 de novembro de 1888, que fixou a despesa geral do Império para o exercício de 1889 ("Diário Oficial", de 27 de novembro de 1888, pág. 3-8), em cujo art. 7º, §6º, está prevista a criação de uma "Caixa de socorros para o pessoal de cada uma das estradas de ferro do Estado"; b) o Decreto nº 9.212-A, de 26 de março de 1889, que instituiu um montepio obrigatório para os empregados dos Correios, e c) o Decreto nº 10.269, de 20 de julho de 1889, que criou o fundo de pensões para os empregados das oficinas da Imprensa Nacional.

---

[12] *A segurança social no Brasil*, p. 33.

24 | Milton Vasques Thibau de Almeida
Fundamentos Constitucionais da Previdência Social

Mozart Victor Russomano[13] comenta que, a partir desse tripé legislativo, a Previdência Social brasileira se desenvolveu, sobretudo, tendo em vista os trabalhadores das atividades públicas em geral. Essa trajetória histórico-legislativa foi interrompida com a Proclamação da República e, embora o legislador republicano tenha retardado por muito tempo o transplante dessas normas para a área das atividades privadas, continuou a legislar da mesma forma para os "serviços públicos", de modo multifário, criando normas quase nunca coincidentes, para as diferentes categorias profissionais.

1.2 A Previdência Social na Constituição Federal de 1891

Uma vez proclamada a República, e antes mesmo da promulgação da Constituição Federal de 1891, os republicanos rapidamente a institucionalizaram, fundando um Governo Provisório e baixando os primeiros atos e decretos, esclarece Aliomar Baleeiro,[14] dentre eles o Decreto nº 2, de 16 de novembro de 1889, que estabeleceu uma aposentadoria de cinco mil contos de réis para prover "a decência da posição do ex-Imperador e as necessidades do seu estabelecimento no estrangeiro", sem prejuízo das "vantagens asseguradas ao chefe da dinastia deposta e sua família na mensagem do Governo Provisório, datada de hoje" (artigo 2º).

Outro Decreto importante baixado pelo Governo Provisório da I República, afirma Aliomar Baleeiro, foi o de número 5, de 19 de novembro de 1889, sub-rogando o Governo Republicano no dever de dar sequência ao pensionamento das pessoas que eram mantidas com recursos pessoais pelo Imperador D. Pedro II, nestes termos:

DECRETO Nº 5, DE 19 DE NOVEMBRO DE 1889

Assegura a continuação do subsídio com que o ex-imperador pensionava do seu bolso a necessitados e enfermos, viúvas e órfãos.

Considerando que o Sr. D. Pedro II pensionava, do seu bolso, a necessitados e enfermos, viúvas e órfãos, para muitos dos quais esse subsídio se tornara o único meio de subsistência e educação;

Considerando que seria crueldade envolver na queda da monarquia o infortúnio de tantos desvalidos;

Considerando a inconveniência de amargurar com esses sofrimentos a fundação da República:

---

[13] *Curso de Previdência Social*, p. 33.
[14] *Constituições Brasileiras*: 1891, p. 17-19.

Art. 1º. Os necessitados, enfermos, viúvas e órfãos, pensionados pelo Imperador deposto, continuarão a perceber o mesmo subsídio, enquanto durar a respeito de cada um a indigência, a moléstia, a viuvez ou a menoridade em que hoje se acharem.

Art. 2º. Para cumprimento desta disposição, se organizará, segundo a escrituração do ex-mordomia da casa imperial, uma lista discriminada, quanto à situação de cada indivíduo e à quota que lhe couber. (atualizamos a ortografia)

Nos afigura evidente que o Imperador D. Pedro II (e certamente também D. Pedro I e os monarcas portugueses que os antecederam) praticava a *caridade albergada*, que era uma das modalidades de caridade pregada pela Doutrina Social da Igreja Católica (fundamentada nas "*consuetudines* monásticas").

Bronislaw Geremek[15] explica que essas *consuetudines monásticas* consistiam na manutenção de "pobres pensionados", uma prática que se difundiu nos mosteiros, nos hospitais e nas instituições religiosas, durante a Idade Média, na Europa, por força da pregação católica da Doutrina Social da Igreja, e que também foram acolhidas e praticadas pelos soberanos, que acolhiam em seus castelos o pensionamento de pessoas pobres, de forma permanente. Mesmo alguns burgueses ricos também praticaram essa caridade albergada, como uma forma de afirmação de sua posição social, copiando as atitudes dos nobres.

Embora D. Pedro II não acolhesse diretamente os miseráveis junto à Corte Imperial, dava-lhes esmolas regulares, uma atitude que era conhecida, naquela época, como "pensionamento".

"Pensão" é palavra sinônima de "renda", embora possa assumir múltiplos significados, dependendo da causa econômica ou da origem dessa renda.

A sub-rogação desse dever moral do Imperador, deposto pelo Governo Provisório da I República, transformou o ato de caridade em típico benefício previdenciário, uma vez que foi assumido por lei, adquirindo conotação de solidariedade social a partir de uma relevância pública, justificada por ato administrativo discricionário ("a inconveniência de amargurar com esses sofrimentos a fundação da República"), passando a ser mantido o pensionamento diretamente pelo Poder Público (regime não contributivo), por prazo indeterminado e sob condição suspensiva (enquanto durassem os infortúnios previstos na lei).

---

[15] *A piedade e a força*: história da miséria e da caridade na Europa. Tradução de Maria da Assunção Santos. Lisboa: Terramar, 1995. p. 54-55. (Coleção Pequena História, 5).

Temos, pois, no Decreto nº 5, de 19 de novembro de 1889, um verdadeiro regime de Previdência Social, ainda que provisório e precário, pois expressamente manda *listar* seus destinatários (ato de inscrição) "discriminadamente, quanto à situação de cada indivíduo e a quota que lhe couber" (princípio jurídico da uniformidade e da equivalência), com uma prestação econômica (*subsídio*), decorrente de infortúnios predeterminados (princípio jurídico da seletividade): "a indigência, a moléstia, a viuvez e a menoridade".

Temos, portanto, no Decreto nº 5, de 19.11.1889, um verdadeiro regime de Previdência Social não contributivo, cuja fonte de financiamento era o Tesouro Nacional.

Certamente essa imputação da concessão dos benefícios previdenciários às custas do Tesouro Nacional, pelo Decreto nº 5, de 19 de novembro de 1889, sem qualquer financiamento por parte dos beneficiários, inaugurou uma *práxis* constitucional brasileira, muito utilizada pelos regimes especiais de Previdência Social dos servidores públicos.

Essa *práxis* constitucional perdurou até o advento da Emenda Constitucional nº 20, de 15 de dezembro de 1998, que foi promulgada com o objetivo manifesto de impor equilíbrio atuarial aos regimes especiais de Previdência Social, nos âmbitos federal, estadual, distrital e municipal.

Fernando Whitaker Da Cunha[16] assevera que a Constituição brasileira de 1891 foi influenciada pelo figurino norte-americano, tendo sido embasada no anteprojeto de Santos Werneck-Rangel Pestana, que integravam uma comissão de cinco publicistas, nomeada pelo Decreto nº 29, de 3 de dezembro de 1889, e que se reuniu em Petrópolis, sob a presidência de Saldanha Marinho e tendo como demais membros Américo Brasiliense e Magalhães Castro. Ao todo, foram elaborados três anteprojetos. Rui Barbosa foi o último revisor do aludido anteprojeto, desferindo-lhe a crítica de que se tratava de "adaptação latina da Constituição dos Estados Unidos, a que nós, incapazes de lhe absorver a substância, nos contentamos de arremedar as exterioridades".

A Constituinte de 1891 englobou positivistas, maçons, anglófilos, francófilos, ultrafederalistas e até antifederalistas e federalistas moderados, tendo pecado, entretanto, por um idealismo estatutário, um bovarismo político, que não encontrava, obviamente, base em nossas realidades, dando-nos uma Constituição tecnicamente elogiável, mas

---

[16] *Direito constitucional do Brasil*. Rio de Janeiro: Renovar, 1990. p. 43, 53.

completamente "alienada", afirma Fernando Whitaker da Cunha, citando Carlos Xavier, para quem a Constituição de 1891 "começou a provocar o revisionamento no próprio dia de sua promulgação, com Leopoldo Bulhões", e acrescentando que Rui Barbosa inseriu em sua plataforma de governo a revisão constitucional, em 1911.

Fernando Whitaker da Cunha,[17] citando Araújo Castro, afirma que duas ideias fundamentais estão implícitas nas constituições: "a organização da forma de governo e a segurança das liberdades do povo". Nenhuma delas pode ser fruto de criações arbitrárias do espírito, nem meras abstrações, mas consequências de um processo histórico-econômico e social. A Declaração de Direitos do Homem, em seu artigo 16, da França revolucionária, chegou a afirmar que, onde não houver um regulamento da mecânica dos poderes, nem um documento dos direitos fundamentais, não existirá Constituição. Mas as constituições antigas desconheciam direitos e garantias individuais e só exprimiam a dinâmica do poder estatal.

Sob os princípios republicanos o Governo Provisório muito legislou em matéria de direitos sociais, antes mesmo da promulgação da primeira Constituição republicana, de 1891, sob o pálio de regras constitucionais transitórias.

Sob a égide da prática constitucional transitória estabelecida pelo Governo Provisório da I República, também foram promulgadas algumas leis que instituíram um regime de mutualidade e dois regimes de aposentadorias, que são apontadas por Geraldo Bezerra de Menezes:[18] a) o Decreto nº 942-A, de 31 de outubro de 1890, que instituiu o Montepio Obrigatório dos Empregados da Fazenda; b) o Decreto nº 221, de 26 de fevereiro de 1890, que concedeu o direito de aposentadoria aos empregados da Estrada de Ferro Central do Brasil; c) o Decreto nº 405, de 17 de maio de 1890, que concedeu o direito de aposentadoria aos empregados das demais ferrovias.

Com a promulgação da Constituição Federal de 1891, destaca Geraldo Bezerra de Menezes, foi disposto em seu artigo 76 que "a aposentadoria só poderá ser dada aos funcionários públicos em caso de invalidez no serviço da Nação".

Na vigência da Constituição Federal de 1891 foram promulgadas algumas leis que versaram sobre direitos previdenciários, como aponta Geraldo Bezerra de Menezes: a) os Decretos nº 1.541-C, de 31 de agosto

---

[17] *Direito constitucional do Brasil*, p. 50.
[18] *A segurança social no Brasil*, p. 193.

de 1893 e de nº 4.680, de 14 de novembro de 1902, que regulamentaram o fundo de pensões; b) o Decreto de 1910, que criou as Caixas de Previdência e Empréstimos do Pessoal da Capatazia da Alfândega do Rio de Janeiro; c) o Decreto nº 9.284, de 30 de dezembro de 1911, que instituiu a Caixa de Pensões dos Operários da Casa da Moeda.

Observamos que, enquanto o benefício previdenciário da aposentadoria dos servidores públicos tinha previsão expressa na Constituição de 1891, o benefício da pensão não o tinha, tendo sido instituída pela legislação infraconstitucional.

A sensibilidade do constitucionalismo brasileiro para com a questão social só apareceria nas décadas de 1910 e de 1920 do Século XX, ainda assim medeada por uma recaída, observa Fernando Whitaker da Cunha.[19] A década de 1920 foi importante passagem histórica no Brasil, tendo ocorrido uma série de revoluções políticas e culturais que marcaram profundamente a sociedade brasileira e a prepararam para o futuro, ao mesmo tempo em que o governo se propunha a enfrentar os problemas trazidos pelos novos tempos, estimulado pelas comemorações do centenário da Independência. Foram promulgadas a Lei de Estradas de Ferro, em 1912, e a Lei de Acidentes do Trabalho, em 1918, que exemplificam a sensibilidade para urgentes questões sociais, mas o clima de insurreição universal (que se refletiu na greve de 1917, em São Paulo), embora compreensível até certo ponto, provocou uma retração do poder, como medida de autopreservação. Foi promulgado, em 1921, o Decreto nº 4.269, de autoria do Senador Adolfo Gordo, para reprimir a "anarquia", rótulo genérico atribuído às "esquerdas", notadamente antes da Revolução Russa de 1917.

Geraldo Bezerra de Menezes[20] afirma que a Constituição republicana de 24 de fevereiro de 1891 silenciou sobre o tema da assistência social, anteriormente abordado pela Carta Monárquica, e sobre a inclusão de recursos no Orçamento do Império destinado ao custeio de uma Caixa de socorros que seria criada para o pessoal de cada uma das estradas de ferro do Estado.

Mozart Victor Russomano[21] também manifesta sua perplexidade ante o silêncio da Constituição de 1891, não pela previsão da Carta Monárquica, mas porque o legislador republicano teria em mãos material suficiente para continuar a obra iniciada pelo legislador imperial, no

---

[19] *Direito constitucional do Brasil*, p. 54-55.
[20] *A segurança social no Brasil*, p. 193.
[21] *Curso de Previdência Social*. 2. ed. Rio de Janeiro: Forense, 1983. p. 33.

campo do amparo social, ainda porque antes de sua promulgação, o Governo Provisório presidido pelo Marechal Deodoro da Fonseca promulgou o Decreto nº 221, de 26 de fevereiro de 1890, dispondo sobre a aposentadoria dos trabalhadores da Estrada de Ferro Central do Brasil, e quase de imediato estendeu esse direito, em igualdade de condições, aos trabalhadores das demais ferrovias brasileiras, através do Decreto nº 405, de 17 de maio de 1890. Justifica, porém, a omissão constitucional quanto a direitos previdenciários, em decorrência da técnica então adotada na elaboração das constituições: os republicanos históricos tinham uma concepção bem definida sobre a tarefa dos constituintes, inclusive quanto ao diâmetro e ao conteúdo da Carta; segundo as doutrinas vitoriosas na época, a Previdência Social não era assunto a ser versado na Constituição, porque pertencia à competência do legislador ordinário. Apenas depois da I Guerra Mundial (1914-1918) é que se pode dizer que a Previdência Social adquiriu peso específico no Direito positivo brasileiro.

Em 15 de janeiro de 1919 foi instituído o primeiro seguro obrigatório, pela Lei de Acidentes do Trabalho.

Em 24 de janeiro de 1923 foi promulgada a "Lei Eloy Chaves" (Lei nº 4.682), que instituiu as Caixas de Aposentadoria e Pensões dos Ferroviários, abrangendo os empregados das ferrovias públicas.

Mozart Victor Russomano[22] comenta que a Lei Eloy Chaves repetiu a preocupação do legislador nacional pelos trabalhadores dos "serviços públicos" em geral e, particularmente, pelos ferroviários; por outro lado, serviu de modelo para outras iniciativas similares.

Fernando Whitaker da Cunha[23] afirma que a reforma constitucional ocorrida em 1926 limitou-se ao reaparelhamento do Estado, ignorando a consagração mundial das "constituições analíticas" e os direitos sociais de que tratam. Tal reforma foi aprovada por dois terços dos votos dos congressistas presentes, o que era possível na época. Foi muito criticada por ter sido levada a efeito, durante o estado de sítio, sem que a imprensa, ou qualquer órgão da opinião pública, tivesse a possibilidade de se manifestar, por isso estaria eivada de inconstitucionalidade. Foi elaborada por Herculano de Freitas e diretamente estimulada pelo Presidente Artur Bernardes, que a teria imposto "à passividade do Congresso", que assim não fez a revisão que se esperava. O Presidente Artur Bernardes, defensor dessa reforma constitucional, combateu o coronelismo e o caudilhismo depois que o final da I Guerra Mundial

---

[22] *Curso de Previdência Social*, p. 36.
[23] *Direito constitucional do Brasil*, p. 53.

tornou insustentáveis as concepções individualistas, num mundo que via a consagração das chamadas "constituições analíticas", que encaravam amplamente os direitos sociais, num ambiente mundial totalmente modificado, impondo novas e arejadas concepções jurídicas, para regular uma nova ordem coletiva.

Embora a Revisão Constitucional de 1926 tenha ignorado os direitos sociais, nem por isso a legislação infraconstitucional deixou de reconhecê-los e proclamá-los.

Bezerra de Menezes[24] relata que os benefícios reconhecidos às Caixas de Aposentadoria e Pensão, pela Lei Eloy Chaves, foram estendidos, pela Lei nº 5.109, de 20 de dezembro de 1926, às empresas de navegação marítima e fluvial e à de exploração de portos. Foi regulamentada, posteriormente, pelo Decreto nº 17.940, de 11 de outubro de 1927. Os Decretos nº 20.465, de 1º de outubro de 1931, nº 21.081, de 24 de fevereiro de 1932, e nº 22.096, de 16 de novembro de 1932, estenderam os benefícios da Lei nº 5.109, de 1926, a todas as demais classes de empregados em serviço público (sendo-lhes também assegurada a estabilidade no emprego), incluindo no mesmo regime o serviço de mineração.

Vicente de Paulo Seixas Pereira[25] descreve que, de 1923 a 1932, foram criadas novas Caixas de Aposentadorias e Pensões, por extensão sucessiva da Lei Eloy Chaves, aos trabalhadores nas empresas portuárias, de navegação marítima e fluvial, de serviços de força e luz, bondes, telefones, telegrafia e rádio, águas e esgotos e de mineração em geral. Ao todo foram instituídas 183 Caixas de Aposentadorias e Pensões nesse período.

Essa fase é caracterizada, precisamente, pela criação das Caixas de Aposentadoria e Pensões, assim como pela sua rápida proliferação, estatui Mozart Victor Russomano.[26] Prolonga-se até o advento do Decreto nº 20.465, de 1º de outubro de 1931, com as alterações introduzidas pelo Decreto nº 21.081, de 24 de fevereiro de 1932.

1.3 A Previdência Social na Constituição Federal de 1934

Mozart Victor Russomano[27] relata que, vitoriosa a Revolução de 1930, e instalado o II Governo Provisório Republicano, desdobrou-se, no País, intenso e amplo programa de reformulação política, administrativa,

---

[24] *A segurança social no Brasil*, p. 57.
[25] *Previdência social global*, p. 15.
[26] *Curso de Previdência Social*, p. 36.
[27] *Curso de Previdência Social*, p. 36.

Capítulo 1
Os Precedentes Constitucionais da Previdência Social no Brasil | 31

econômica e social da vida brasileira e que, dentro dessa programação, que representava um compromisso assumido pelos governantes da época, ao ensejo da campanha eleitoral que antecedeu o movimento armado de 1930, o decreto de 1932 pode ser considerado a primeira Lei Orgânica da Previdência Social, como esforço de sistematização das leis existentes sobre essa matéria.

Fernando Whitaker da Cunha[28] narra que o anteprojeto da Constituição de 1934 foi redigido por uma comissão de quinze membros, dentre os quais Afrânio de Melo Franco (Presidente), Temístocles Cavalcanti, Oswaldo Aranha, João Mangabeira (Relator Geral), Castro Nunes, José Américo, Agenor de Roure, Carlos Maximiliano, Assis Brasil e Oliveira Viana. Tal comissão se reuniu no Palácio do Itamarati, de novembro de 1932 a maio de 1933. Transparece na Constituição de 1934 a influência da Constituição de 1891, do corporativismo fascista, da Constituição espanhola de 1931, da Constituição austríaca de 1920, da Constituição de Weimar de 1919 (a primeira constituição alemã a arrolar direitos fundamentais), da Constituição russa de 1918 (que encerrou relevantes prescrições de caráter social) e de outros textos constitucionais. Em seu preâmbulo, a Constituição de 1934 invoca o nome de Deus e manifesta a intenção de organizar "um regime democrático, que assegure à Nação a unidade, a liberdade, a justiça e o bem social e econômico".

Bezerra de Menezes[29] assinala que, após a Revolução de 1930, a Previdência Social tomou incremento decisivo no Direito brasileiro, com ampla repercussão, tendo sido criados os Institutos de Aposentadoria e Pensões.

Mozart Victor Russomano[30] também destaca que a segunda fase do desenvolvimento histórico da Previdência Social no Brasil é caracterizada pela criação dos Institutos de Aposentadoria e Pensões (IAPs). Nela houve uma aceleração do processo legislativo sobre temas de Previdência Social e, em alguns momentos, pela desordem dessa legislação, que se tornou inexequível ou, pelo menos, de exequibilidade difícil e de execução prática insatisfatória.

Afirma Vicente de Paulo Seixas Pereira[31] que as Caixas de Aposentadorias e Pensões criadas, até então, não representaram a solução ideal, mas representaram o ponto inicial da instituição da Previdência Social

---

[28] *Direito constitucional do Brasil*, p. 59.
[29] *A segurança social no Brasil*, p. 57.
[30] *Curso de Previdência Social*, p. 36.
[31] *Previdência social global*, p. 15.

no Brasil. Por volta de 1930, o governo brasileiro já sentia a necessidade de corrigir as distorções observadas e procurar soluções adequadas às necessidades dos indivíduos. Criado o Ministério do Trabalho, Indústria e Comércio, foram feitos vários estudos sobre a Previdência Social. Em decorrência, surgiram os Institutos de Aposentadorias e Pensões, que passaram a gerir a Previdência Social juntamente com as Caixas então existentes.

Nesse período surgiram as seguintes instituições previdenciárias, por âmbitos profissionais, para dar cobertura apenas às categorias profissionais de maior expressão no movimento sindical brasileiro, a saber: a) o IAPM (Instituto de Aposentadoria e Pensões dos Marítimos), através do Decreto nº 22.872, de 22 de junho de 1933; b) o IAPC (Instituto de Aposentadoria e Pensões dos Comerciários), através do Decreto nº 124.273, de 22 de maio de 1934; c) a Caixa de Aposentadoria e Pensões dos Trabalhadores em Trapiches e Armazéns de Café, pelo Decreto nº 24.274, de 22 de maio de 1934; d) a Caixa de Aposentadoria e Pensões dos Operários Estivadores, pelo Decreto nº 24.275, de 24 de maio de 1934; e) o IAPB (Instituto de Aposentadoria e Pensões dos Bancários), através do Decreto nº 24.615, de 9 de julho de 1934; f) o IAPI (Instituto de Aposentadoria e Pensões dos Industriários), por força da lei nº 367, de 31 de dezembro de 1936.

A definição dos Institutos de Aposentadoria e Pensão (IAPs) apresentava dois elementos característicos mais abrangentes, em relação aos elementos que definiam as Caixas de Aposentadoria e Pensão (CAPs): a) os Institutos tinham por destinatários os membros de determinadas categorias profissionais, nelas sendo incluídos os trabalhadores em atividades conexas; os destinatários do amparo das Caixas eram apenas os trabalhadores agrupados no âmbito de determinadas empresas; b) o limite espacial de atuação dos Institutos era o território nacional; o espaço de atuação das Caixas era a empresa, que era o mesmo espaço de atuação do Direito do Trabalho (somente após a II Guerra Mundial foi possível separar esses dois ramos do Direito).

Paul Pic, citado por Paul Durand,[32] explica, em sua obra *Traité élémentaire de législation industrielle – Les lois ouvrières*, que a Previdência Social surgiu como um elemento da legislação trabalhista e, consequentemente, a noção de risco social era indiretamente definida pela legislação trabalhista, que partiu da premissa de que o empregado deveria ser protegido em todos os aspectos, desde o momento da

---

[32] *La politique contemporaine de sécurité sociale*. Paris: Dalloz, 1953. p. 17-18.

contratação, a forma da prestação dos serviços, a remuneração, a forma do desligamento e também deveria ser protegido contra os riscos de acidentes do trabalho. Portanto, a legislação trabalhista dos primórdios do Século XX abrangia todo e qualquer tipo de proteção possível a ser conferida ao empregado, por isso mesclou tipos variados de proteção, que hoje constituem matérias distintas de vários ramos da Ciência do Direito.

A Consolidação das Leis do Trabalho (Decreto-lei nº 5.452, de 1º de maio de 1943), inspirada na *Carta Del Lavoro* italiana, é um exemplo dessa "colcha de retalhos" da proteção social.

Essa promiscuidade de medidas de proteção social, trabalhista e previdenciária, é refletida na redação de todas as constituições brasileiras até a atual Constituição, promulgada em 1988, em cujo artigo 7º encontramos garantias de proteção previdenciária mescladas com garantias de proteção trabalhista: a) seguro-desemprego (inciso II); b) salário-família (inciso XII); c) licença à gestante (inciso XVIII); d) redução dos riscos inerentes ao trabalho por meio de normas de saúde, higiene e segurança (inciso XXII); e) aposentadoria (inciso XXIV); f) seguros contra acidentes de trabalho, a cargo do empregador, sem excluir a indenização a que este está obrigado, quando incorrer em dolo ou culpa (inciso XXVIII). Ademais, foi por via das garantias da proteção trabalhista que foi promovida a integração dos trabalhadores domésticos à Previdência Social, pela Constituição brasileira de 1967, cuja técnica de redação foi mantida pelo artigo 7º, parágrafo único, da Constituição de 1988.

Bezerra de Menezes[33] esclarece que o financiamento dos Institutos e das Caixas de Aposentadoria e Pensão foi tratado pela Constituição de 1934, em seu artigo 121, alínea "h" ("instituição de previdência, mediante contribuição igual da União, do empregador e do empregado, a favor da velhice, da invalidez, da maternidade e nos casos de acidentes de trabalho ou de morte"), não tendo se restringido a mencionar a contribuição tríplice da União, do empregador e do empregado, tendo ido além, pois impôs a igualdade no financiamento. Acrescenta que, relativamente à contribuição da União para o financiamento das instituições de Previdência Social, sob a vigência da Carta Magna de 1934, foi promulgada a Lei nº 159, de 30 de dezembro de 1935, unificando e regulando o sistema de contribuição para a formação da receita dos Institutos e Caixas. Para atender à contribuição da União, denominada

---

[33] *A segurança social no Brasil*, p. 60, 66, 67.

pelo art. 4º "quota de previdência", instituiu-se, sob o título de "taxa de Previdência Social", uma percentagem de 2% sobre o pagamento, qualquer que fosse a sua modalidade, de artigos importados do exterior, excetuando-se, para esse fim, o combustível e o trigo (art. 6º).

1.4 A Previdência Social na Constituição Federal de 1937

Fernando Whitaker da Cunha[34] esclarece que o Levante Comunista de 1935, surgido em consequência da dissolução da Aliança Nacional Libertadora pelos detentores do poder, provocou a promulgação da Lei de Segurança no mesmo ano, dando oportunidade a que o Governo explorasse a situação a seu modo, engendrando, e depois utilizando, ao que parece, elementos fornecidos de boa-fé pelos integralistas (cujo partido também se expandira a ponto de preocupar o Governo) com base numa obra-prima de ficção científica — o Plano Cohen — que seria o roteiro da subversão. Provocada a crise, que encontrou estímulo na situação internacional, na campanha presidencial, na qual se empenhavam Armando Sales de Oliveira, José Américo de Almeida e Plínio Salgado (cada qual sofrendo restrições por segmentos do Governo), e numa alegada incúria do Congresso, deu-se o golpe de 10 de novembro de 1937, proclamando-se o Estado Novo e outorgando-se a Constituição, em cujo preâmbulo, de tom comicial e messiânico, o Presidente dizia atender às "legítimas aspirações do povo brasileiro, à paz política e social, profundamente perturbada por conhecidos fatores de desordem, resultantes da crescente agravação dos dissídios partidários, que uma notória propaganda demagógica procura desnaturar em luta de classes, a de extremação de conflitos ideológicos, etc..."

A Constituição de 1937 foi publicada em 10 de novembro de 1937, por decreto do Presidente da República, Getúlio Vargas, que a assinou juntamente com seus Ministros Francisco Campos, A. de Souza Costa, Eurico G. Dutra, Henrique A. Guilhem, Marques dos Reis, M. de Pimentel Brandão, Gustavo Capanema e Agamemnon Magalhães, contendo em sua introdução as seguintes justificativas:

> *O Presidente da República dos Estados Unidos do Brasil: atendendo às legítimas aspirações do povo brasileiro, à paz política e social, profundamente perturbada por conhecidos fatores de desordem, resultantes da crescente*

---

[34] *Direito constitucional do Brasil*, p. 67.

agravação dos dissídios partidários, que uma notória propaganda demagógica procura desnaturar em lutas de classes e de extremação de conflitos ideológicos, tendentes pelo seu desenvolvimento natural a resolver-se em termos de violência, colocando a Nação sob a funesta iminência da guerra civil;

Atendendo ao estado de apreensão criado no país pela infiltração comunista, que se torna dia a dia mais extensa e mais profunda, exigindo remédios de caráter radical e permanente;

Atendendo a que, sob as instituições anteriores, não dispunha o Estado de meios normais de preservação e de defesa da paz, da segurança e do bem-estar do povo;

Com o apoio das Forças Armadas e cedendo às aspirações da opinião nacional, umas e outra justificadamente apreensivas diante dos perigos que ameaçam a nossa unidade e da rapidez com que se vem processando a decomposição das nossas instituições civis e políticas;

Resolve assegurar à Nação a sua unidade, o respeito à sua honra e à sua independência, e, ao povo brasileiro, sob um regime de paz político-social, as condições necessárias à sua segurança, ao seu bem estar e à sua prosperidade, decretando a seguinte Constituição, que se cumprirá, desde hoje, em todo o país. (atualizamos o texto e destacamos)

O anteprojeto da Constituição de 1937 já estaria pronto desde princípios de 1936, explica Fernando Whitaker da Cunha,[35] citando L. Toledo Machado. Juridicamente a Constituição de 1937 não existiu, porque o artigo 187 deixou patente que ela entraria em vigor na sua data e seria submetida ao plebiscito nacional, na forma regulada em decreto do Presidente da República, o que nunca foi feito, tendo, pois, valor meramente histórico.

No supratranscrito preâmbulo da Constituição de 1937, a expressão "bem-estar" do povo foi empregada duas vezes, com declarado cunho político de se garantir ao povo brasileiro condições necessárias ao seu bem-estar.

Desta forma, é inegável que a Constituição de 1937 introduz no constitucionalismo brasileiro o Estado promotor do Bem-Estar Social, com inegável influência do constitucionalismo norte-americano, instituidor do Estado do Bem-Estar Social (*Welfare State*), introduzido pela Lei do Seguro Social (*Social Security Act*) norte-americana, promulgada dois anos antes, em 14 de agosto de 1935.

Fernando Whitaker da Cunha,[36] citando Eduardo Espínola, observa que na Carta de 1937 destacam-se "o fortalecimento do Poder

---

[35] *Direito constitucional do Brasil*, p. 67-68.
[36] *Direito constitucional do Brasil*, p. 68.

Executivo, inclusive, possibilitando-lhe papel mais direto na elaboração das leis, redução da importância do Parlamento Nacional, quanto à sua função legislativa, intervenção maior do Estado na vida econômica, sem prescindir da iniciativa individual, reconhecimento dos direitos de liberdade, segurança e propriedade do indivíduo, limitados, todavia, pelo bem público, nacionalização de certas atividades e fontes de riqueza, proteção ao trabalho nacional, defesa dos interesses brasileiros em face dos alienígenas". Além disso, teoricamente manteve o Estado Federal, mas, na prática, restabeleceu-se o unitarismo do Império, tendo abolido os símbolos outros que não os nacionais (art. 2º) e proclamou-se que os interesses da coletividade eram mais importantes que os do indivíduo.

Em seu artigo 16, inciso V, a Constituição de 1937, dispunha que "compete, privativamente, à União, o poder de legislar sobre as seguintes matérias: (...) V – *o bem-estar*, a ordem, a tranquilidade e a segurança públicas, quando o exigir a necessidade de uma regulamentação uniforme" (atualizamos e destacamos).

No mesmo artigo 16 da Constituição de 1937, em seu inciso XXVII, também está disposto que compete privativamente à União legislar sobre "normas fundamentais da defesa e proteção da saúde, especialmente da saúde da criança". Desta forma, passa a dispor sobre a medicina social, sem qualquer enquadramento nas definições de Direito do Trabalho ou de Previdência Social, por não estar vinculada à noção de trabalho.

Na parte que tratava "Dos Direitos e Garantias Individuais", a Constituição de 1937 volta a utilizar a expressão "bem-estar", no sentido de resguardo do interesse da coletividade, na "cláusula aberta" do artigo 123, da seguinte forma: "A especificação das garantias e direitos acima enumerados não exclui outras garantias e direitos resultantes da forma de governo e dos princípios consignados na Constituição. O uso desses direitos terá por limite o bem público, as necessidades de defesa, do bem-estar, da paz e da ordem coletiva, bem como as exigências da segurança da Nação e do Estado, em nome dela constituído e organizado nesta Constituição".

No artigo 124, segunda parte, da Constituição de 1937, na parte que tratava "Da Família", está instituído o benefício do salário família, nos seguintes termos: "A família, constituída pelo casamento indissolúvel, está sob a proteção especial do Estado. Às famílias numerosas serão atribuídas compensações na proporção dos seus encargos".

Ainda na parte das disposições constitucionais atinentes à Família, a Constituição de 1937 contém dispositivos que regem a assistência social, destinados à proteção da infância, da juventude e dos pais carentes, em seu artigo 127, nos seguintes termos: "A infância e a juventude devem ser objeto de cuidados e garantias especiais por parte do Estado, que tomará todas as medidas destinadas a assegurar-lhes condições físicas e morais da vida sã e de harmonioso desenvolvimento das suas faculdades; O abandono moral, intelectual ou físico da infância e da juventude importará falta grave dos responsáveis por sua guarda e educação e cria ao Estado o dever de provê-las de conforto e dos cuidados indispensáveis à sua preservação física e moral; Aos pais miseráveis assiste o direito de invocar o auxílio e a proteção do Estado para a subsistência e educação da sua prole".

Tal preceito programático nunca veio a ser regulamentado no seu sentido e extensão, mesmo sob o pálio da assistência social universal proclamada pela vigente Constituição de 1988.

A Constituição brasileira de 1937 deixa evidente a influência do constitucionalismo norte-americano em suas disposições "Da Ordem Econômica" (artigos 135 a 155), nas quais as bases da intervenção direta do Estado no domínio econômico estão explicitadas no artigo 135, da seguinte forma: "Na iniciativa individual, no poder de criação, de organização e de invenção do indivíduo, exercido nos limites do bem público, funda-se a riqueza e a prosperidade nacional. A intervenção do Estado no domínio econômico só se legitima para suprir as deficiências da iniciativa individual e coordenar os fatores da produção de maneira a evitar ou resolver os seus conflitos e introduzir no jogo das competições individuais o pensamento dos interesses da Nação representados pelo Estado. A intervenção no domínio econômico poderá ser mediata ou imediata, revestindo a forma do controle, do estímulo ou da gestão direta".

Os artigos 136 e 137, alíneas "l" e "m" da Constituição brasileira de 1937 dispunham a um só tempo sobre as matérias de Direito do Trabalho, de Previdência Social, de saúde e de assistência social, da seguinte forma: "O trabalho é um dever social. O trabalho intelectual, técnico e manual, tem direito à proteção e solicitude especiais do Estado. A todos é garantido o direito de subsistir, mediante o seu trabalho honesto e este como meio de subsistência do indivíduo constitui um bem que é dever do Estado proteger assegurando-lhe condições favoráveis e meios de defesa" (art. 136); "A legislação do trabalho observará, além de outros, os seguintes preceitos: (...) l) assistência médica e higiênica ao trabalhador e à gestante, assegurado a esta, sem prejuízo do salário, um período de repouso antes e depois do parto; m) a instituição de seguros de velhice, de invalidez, de vida e para os casos de acidentes no trabalho"; (...) (art. 137, alíneas "l" e "m").

Sob a vigência de tais preceitos da Constituição Federal de 1937, foram estendidos os regimes de Previdência Social dos trabalhadores urbanos, instituídos no âmbito das categorias profissionais fortes, aos trabalhadores pertencentes às categorias profissionais de pouca expressão social ou simplesmente não organizadas em sindicatos. Também foram instituídos dois Institutos de Aposentadoria e Pensão relativos a categorias profissionais ligadas ao setor de transporte. Tais foram os progressos obtidos durante a vigência da Carta de 1937: a) em 18 de agosto de 1938, o Decreto-Lei nº 627 enquadrou os demais trabalhadores em geral, nos vários Institutos já existentes; b) foram criados mais dois Institutos: o IAPE (Instituto de Aposentadoria e Pensões dos trabalhadores na Estiva), absorvendo a CAP dos Operários Estivadores, instituída pelo Decreto nº 24.275, de 24 de maio de 1934 e o IAPETeC (Instituto de Aposentaria e Pensões dos Empregados em Transportes e Cargas), para os empregados em transportes e empresas de petróleo; c) em 05 de agosto de 1945, o Decreto-lei nº 7.720 incorporou o IAPE ao IAPETeC.

Feijó Coimbra[37] explica que na vigência da Constituição brasileira de 1937 também foram promulgadas leis sobre matéria assistencial, proporcionando aos trabalhadores várias formas de serviços: a) em 1940 foi criado o SAPS (Serviço de Alimentação da Previdência Social); b) em 1941 foi instituído um abono para famílias de prole numerosa; c) em 1942 foi instituída a LBA (Legião Brasileira de Assistência), pelo Decreto nº 4.890, de 15 de outubro; d) ainda em 1942 foi organizado o SENAI (Serviço Nacional de Aprendizagem Industrial), pelo Decreto-Lei nº 4.048, de 22 de janeiro; e) em 1945 a assistência médica foi facultada aos aposentados e aos pensionistas das instituições previdenciárias, mediante o Decreto-Lei nº 7.380, de 13 de março; f) em 1946 foi fundado o SENAC (Serviço Nacional de Aprendizagem Comercial), pelo Decreto-Lei nº 8.261, de 10 de janeiro; g) também em 1946 foi instituído o SESI (Serviço Social da Indústria), pelo Decreto-Lei nº 9.403, de 25 de junho; h) ainda em 1946 foi instituído o SESC (Serviço Social do Comércio), pelo Decreto-Lei nº 9.853, de 13 de setembro.

Geraldo Bezerra de Menezes[38] observa que a Constituição de 1937 foi omissa em seu artigo 137 quanto à proteção à maternidade.

Relativamente aos servidores públicos civis e militares da União, a Constituição brasileira de 1937 continha dispositivos que tratavam

---

[37] *Direito previdenciário brasileiro*, p. 49-50.

[38] *A segurança social no Brasil*, p. 60.

"Dos Funcionários Públicos" (artigos 156 a 159) e "Dos Militares de Terra e Mar" (artigos 160) e de seus respectivos benefícios da aposentadoria, já dispondo àquela época da aposentadoria não como direito, mas como sanção ou castigo, da seguinte forma: "O Poder Legislativo organizará o estatuto dos funcionários públicos, obedecendo aos seguintes preceitos, desde já em vigor: a) o quadro dos funcionários públicos compreenderá todos os que exercem cargos públicos, criados em lei, seja qual for a forma de pagamento; (...) d) serão aposentados compulsoriamente os funcionários que atingirem a idade de 68 anos; a lei poderá reduzir o limite de idade para categorias especiais de funcionários, de acordo com a natureza do serviço; e) a invalidez para o exercício do cargo ou posto determinará a aposentadoria ou reforma, que será concedida com vencimentos integrais se contar o funcionário com mais de 30 anos de serviço efetivo; o prazo para concessão de aposentadoria, ou reforma, com vencimentos integrais por invalidez, poderá ser excepcionalmente reduzido, nos casos que a lei determinar; f) o funcionário invalidado em consequência de acidente ocorrido no serviço será aposentado com vencimentos integrais, seja qual for o seu tempo de serviço; g) as vantagens da inatividade não poderão em caso algum, exceder às da atividade"; (art. 156) "Poderá ser posto em disponibilidade, com vencimentos proporcionais ao tempo de serviço, desde que não caiba no caso a pena de exoneração, o funcionário civil que estiver em gozo das garantias de estabilidade se, a juízo de uma comissão disciplinar nomeada pelo ministro ou chefe de serviço, o seu afastamento do exercício for considerado de conveniência ou de interesse público"; (art. 157) "A lei organizará o estatuto dos militares de terra e mar, obedecendo, entre outros, aos seguintes preceitos, desde já em vigor: a) será transferido para a reserva todo militar que, em serviço ativo das forças armadas, aceitar investidura eletiva ou qualquer cargo público permanente, estranho à sua carreira" (art. 160).

Tais preceitos constitucionais relativos ao regime de Previdência Social dos servidores públicos civis da União são complementados por preceitos contidos na parte das "Disposições Transitórias e Finais", pelos artigos 177 e 182, da seguinte forma: "Dentro do prazo de 60 dias, a contar da data desta Constituição, poderão ser aposentados ou reformados, de acordo com a legislação em vigor, os funcionários civis e militares cujo afastamento se impuser, a juízo exclusivo do Governo, no interesse do serviço público ou por conveniência do regime" (art. 177); "Os funcionários da justiça federal não admitidos na nova organização judiciária e que gozavam da garantia da vitaliciedade, serão aposentados com todos os vencimentos se contarem mais de 30 anos de serviço e se contarem menos ficarão em disponibilidade com vencimentos proporcionais ao tempo de serviço até serem aproveitados em cargos de vantagens equivalentes" (art. 182).

Quanto ao financiamento da Previdência Social, Geraldo Bezerra de Menezes[39] observa que a Carta de 1937 foi omissa quanto ao meio de contribuição, porém o Decreto-Lei nº 65, de 14 de dezembro de 1937 (um mês após sua decretação) revogou o dispositivo do artigo 6º da Lei nº 159, de 30 de dezembro de 1935, que havia unificado e regulamentado o sistema de contribuição para a formação da receita dos Institutos e Caixas, instituindo a "quota de previdência" devida pela União, sem fornecer maiores detalhes sobre as alterações que introduziu.

Fernando Whitaker da Cunha,[40] citando Rocha Barros, afirma que um balanço do Estado Novo não é favorável, pois foi uma grande encenação de liberdades inexistentes. A legislação trabalhista, que incentivou, tinha um fundo demagógico, estimulando o "peleguismo", e sua formação não é fruto exclusivo da ditadura, pois teria ocorrido mesmo (e até melhor) sem ela, porque já era grande, anteriormente, a preocupação com a regulamentação do trabalho.

Mozart Victor Russomano[41] assinala que a terceira fase histórica do desenvolvimento da Previdência Social no Brasil teve início com a "Lei Orgânica dos Serviços Sociais", promulgada pelo Decreto-Lei nº 7.526, de 07 de maio de 1945 (ainda na vigência da Constituição Federal de 1937), sendo caracterizada por ações tendentes à uniformização das leis que regiam a Previdência Social, e à unificação dos órgãos de sua administração. Essa lei não entrou em vigor, porque não foi regulamentada e, por isso, essa uniformização das leis previdenciárias só foi concretizada anos mais tarde, com a promulgação da Lei Orgânica da Previdência Social, em 1960.

1.5 A Previdência Social na Constituição Federal de 1946

A participação do Brasil na II Guerra Mundial desviou um pouco a energia dos patriotas descontentes e dos injustiçados pelo Regime do Estado Novo, registra Fernando Whitaker da Cunha.[42] Era impossível soterrar o clamor geral, que vinha das cátedras, dos tribunais, da corporação dos advogados, dos intelectuais e da imprensa. As entrevistas de

---

[39] *A segurança social no Brasil*, p. 60, 66.
[40] *Direito constitucional do Brasil*, p. 78.
[41] *Curso de Previdência Social*, p. 36.
[42] *Direito constitucional do Brasil*, p. 70-71, 78.

José Américo, concedida a Carlos Lacerda, e de Francisco Campos ("a Constituição de 1937 não tem mais, portanto, vigência"), dada a Pompeu de Souza, antecedidas pela de Maurício de Lacerda (em fevereiro de 1945, Assis Chateaubriand vetou, por inoportuna, a publicação de um manifesto que lhe teria sido levado por Cesário Coimbra, político da confiança de Armando Sales), o Congresso dos Escritores de São Paulo, o Manifesto dos Mineiros (tratado por Orlando Cavalcanti, em *Os Insurretos de 43*, e elaborado, principalmente, por Odilon Braga, Virgílio de Melo Franco e Dario de Almeida Magalhães), a agitação estudantil na Faculdade de Direito da Universidade de São Paulo contra o despotismo getulista, que provocara, em 1943, um destemido pronunciamento redigido por Arrobas Martins, a inquietação militar e os interesses internacionais contrariados abalavam o regime. Vargas foi deposto em outubro de 1945. Em seu lugar foi colocado, pelas Forças Armadas, o Presidente do Supremo Tribunal Federal, em homenagem a uma tradição de nosso Direito Constitucional, rompida pela Carta de 1937, que incumbira o Conselho Federal, um órgão inexistente, de escolher o Presidente provisório. José Linhares, com as leis constitucionais que baixou (vinte e uma ao todo foram as emendas sofridas pela Constituição), possibilitou uma transição tranquila para a forma democrática, presidindo as eleições de 02 de dezembro de 1945 que sufragaram o General Eurico Gaspar Dutra. A Comissão Constitucional foi formada com a participação de trinta e sete membros, tendo sido Presidente Nereu Ramos, Vice-Presidente Prado Kelly e Relator-Geral Cirilo Júnior. Tal Comissão foi subdividida em dez Subcomissões, a fim de que fosse elaborado o anteprojeto, que foi encontrar sua grande fonte de influência na Constituição de 1934, embora não tenha ficado insensível às contribuições doutrinárias do segundo pós-guerra.

Destaca Geraldo Bezerra de Menezes[43] que a Constituição republicana de 1946, em seu artigo 5º, inciso XV, proclama a autonomia do Direito do Trabalho e dá à União a competência para legislar sobre o Direito do Trabalho (alínea "a": "direito civil, penal, processual, eleitoral, aeronáutico e do trabalho") e sobre o seguro e Previdência Social (alínea "b": "normas especiais de direito financeiro; seguro e Previdência Social; de defesa e proteção da saúde; e de regime penitenciário").

O artigo 5º, inciso XV, alínea "b", também confere à União a competência para legislar exclusivamente sobre normas especiais de defesa e proteção da saúde, matéria que àquela época não se inseria

---

[43] *A segurança social no Brasil*, p. 21-22.

no elenco de definição da Previdência Social, mas que hoje (desde a Constituição de 1988) constitui uma das áreas de atuação da seguridade social.

Em seu Título V a Constituição Federal de 1946 tratava "Da ordem econômica e social", na qual estavam inseridos os dispositivos que regiam a legislação do trabalho e Previdência Social (artigo 157).

Abordando o Título da Ordem Econômica e Social da Constituição de 1946, Alcides Rosa[44] afirma que "é uma segunda Declaração de Direitos, porém sob o aspecto econômico e social, que já constava na Constituição de 34, esposando agora princípios mais avançados, pelo menos no terreno das promessas..."

Abrindo o Título da Ordem Econômica e Social da Constituição de 1946, o artigo 145 dispunha, em seu *caput*, sobre os princípios que a fundamentam e, em seu parágrafo único, sobre o primado do trabalho, da seguinte forma: "A ordem econômica deve ser organizada conforme os princípios da justiça social, conciliando a liberdade de iniciativa com a valorização do trabalho humano. Parágrafo único. A todos é assegurado trabalho que possibilite existência digna. O trabalho é obrigação social".

Tratando o Direito do Trabalho e a Previdência Social sem autonomia científica, como simples "legislação" e como matérias ainda indistintas, o artigo 157 da Constituição de 1946 dispunha sobre as medidas de amparo social do trabalhador, tanto nas áreas de Previdência Social como nas áreas de assistência social e de saúde, da seguinte forma: "A legislação do trabalho e da Previdência Social obedecerão aos seguintes preceitos, além de outros que visem à melhoria da condição dos trabalhadores: (...) VIII – higiene e segurança do trabalho; IX – proibição de trabalho a menores de quatorze anos; em indústrias insalubres a mulheres e a menores de dezoito anos; e de trabalho noturno a menores de dezoito anos, respeitadas, em qualquer caso, as condições estabelecidas em lei e as exceções admitidas pelo juiz competente; X – direito da gestante a descanso antes e depois do parto, sem prejuízo do emprego nem do salário; (...) XIV – assistência sanitária, inclusive hospitalar e médica preventiva, ao trabalhador e à gestante; XV – assistência aos desempregados; XVI – previdência, mediante contribuição da União, do empregador e do empregado, em favor da maternidade e contra as consequências da doença, da velhice, da invalidez e da morte; XVII – obrigatoriedade da instituição do seguro

---

[44] *Manual de direito constitucional*. Rio de Janeiro: Aurora, 1951. p. 183.

pelo empregador contra os acidentes do trabalho. Parágrafo único. Não se admitirá distinção entre o trabalho manual ou técnico e o trabalho intelectual, nem entre os profissionais respectivos, no que concerne a direitos, garantias e benefícios".

Comentando a disposição do supratranscrito inciso XIV do artigo 157 da Constituição de 1946, Geraldo Bezerra de Menezes[45] afirma que era evidente o casuísmo do texto: "inclusive hospitalar e médica-preventiva", como se as expressões "assistência sanitária" não as abrangesse. Tal assistência era realizada, principalmente, através dos órgãos de Previdência Social, como se pode depreender do que preceitua o art. 157, XVI da Constituição, que não se restringem, pois, à concessão de aposentadoria e pensões, vale dizer, às prestações decorrentes da cessação de atividades do trabalhador, por doença, velhice, tempo de serviço ou morte. O Brasil permanece fiel ao compromisso assumido quando aprovou, em 1952, a Convenção da Organização Internacional do Trabalho[46] concernente à obrigatoriedade da prestação de assistência médica no setor do seguro social.

Geraldo Bezerra de Menezes[47] aponta também a legislação infraconstitucional trabalhista, que, sob a regência da Carta de 1946, regulamentava a matéria de assistência sanitária, apontando duas situações. A primeira dispunha sobre a proteção à maternidade, consubstanciado nos artigos 397 e 398 da Consolidação das Leis do Trabalho, com a obrigação das instituições de previdência: a) de construção e manutenção de creches nas vilas operárias de mais de cem casas e nos centros residenciais, de maior densidade, dos respectivos segurados; b) de financiamento dos serviços de manutenção de creches construídas pelos empregadores ou pelas instituições particulares. A segunda situação dispunha sobre a proteção à saúde do menor trabalhador, na forma do art. 428 da Consolidação: "As instituições de Previdência Social, diretamente, ou com a colaboração dos empregadores, considerando condições e recursos locais, promoverão a criação de colônias climáticas, situadas à beira-mar e na montanha, financiando a permanência dos menores trabalhadores em grupos conforme a idade e condições

---

[45] *A segurança social no Brasil*, p. 231.

[46] Tal Convenção referida por Bezerra de Menezes corresponde à que dispõe sobre a denominada "Norma Mínima da Seguridade Social", aprovada em 1952, na XXXV Conferência Internacional do Trabalho, e que dispõe, também, sobre a Previdência Social dos Trabalhadores Rurais, como explica Mozart Victor Russomano, no seu *Curso de Previdência Social* (2. ed. Rio de Janeiro: Forense, 1983. p. 15).

[47] *Idem, ibidem.*

individuais, durante o período de férias ou quando se torne necessário, oferecendo todas as garantias para o aperfeiçoamento de sua saúde. Da mesma forma será incentivada, nas horas de lazer, a frequência regular aos campos de recreio, estabelecimentos congêneres e obras sociais idôneas, onde possa o menor desenvolver os hábitos de vida coletiva em ambiente saudável, para o corpo e para o espírito".

Explica Geraldo Bezerra de Menezes[48] que as medidas legais de proteção à saúde do trabalhador refletem o progresso extraordinário da medicina do trabalho, definida na Comissão Mista da Organização Internacional do Trabalho e da Organização Mundial de Saúde, em reunião realizada em Genebra, no ano de 1950: "A medicina do trabalho tem por fim promover e manter o mais alto grau de bem-estar físico, mental e social dos trabalhadores em todas as profissões; prevenir todo dano causado à sua saúde pelas condições de trabalho; protegê-los em seu emprego contra os riscos resultantes da presença de agentes prejudiciais à sua saúde; colocar e manter o trabalhador em um emprego conveniente a suas aptidões fisiológicas e psicológicas, em suma, adaptar o trabalho ao homem e cada homem à sua tarefa" (atualizamos).

Comentando o dispositivo do inciso XV do artigo 157 da Constituição de 1946, Geraldo Bezerra de Menezes[49] registra que a "assistência aos desempregados" não constava das constituições anteriores, sendo evidente que se refere à "desocupação involuntária" e, cita Pontes de Miranda, para quem "a assistência aos desempregados aí está como tema programático, sendo dever dos legisladores assegurá-la em lei".

Segundo Bezerra de Menezes,[50] a Constituição Federal de 1946 não se limitou ao seguro contra o desemprego, dispondo também, em seu artigo 156, que "a lei facilitará a fixação do homem no campo, estabelecendo planos de colonização e de aperfeiçoamento das terras públicas" e que, para esse fim, "serão preferidos os nacionais e, dentre eles, os habitantes de zonas empobrecidas e os desempregados".

Relativamente à área de assistência social, o artigo 164 da Constituição de 1946 dispunha que "é obrigatória, em todo o território nacional, a assistência à maternidade, à infância e à adolescência. A lei instituirá o amparo das famílias de prole numerosa".

No Título IX da Constituição de 1946, que tratava das "Disposições Gerais", constam dispositivos que também se inserem na área da

---

[48] *A segurança social no Brasil*, p. 232.
[49] *A segurança social no Brasil*, p. 233-235.
[50] *A segurança social no Brasil*, p. 234.

assistência social, para o combate da famigerada "sêca do Nordeste", assim dispondo o artigo 198: "Na execução do plano de defesa contra os efeitos da denominada sêca do Nordeste, a União despenderá, anualmente, com as obras e os serviços de assistência econômica e social, quantia nunca inferior a três por cento da sua renda tributária. §1º. Um terço dessa quantia será depositado em caixa especial, destinada ao socorro das populações atingidas pela calamidade, podendo essa reserva, ou parte dela, ser aplicada a juro módico, consoante as determinações legais, em empréstimos a agricultores e indústrias estabelecidos na área abrangida pela sêca. §2º. Os Estados compreendidos na área da sêca deverão aplicar três por cento da sua renda tributária na construção de açudes, pelo regime de cooperação, e noutros serviços necessários à assistência das suas populações".

Geraldo Bezerra de Menezes[51] assevera que na Constituição de 1946, são inúmeras as normas de assistência social, atendendo, assim, aos imperativos da democracia moderna, realçado no Anteprojeto de Declaração dos Direitos e Deveres Internacionais do Homem. Embora aponte para normas cujo conteúdo não se refere propriamente à área de assistência social da seguridade social, aponta para normas constitucionais cujo contexto é inequivocamente de direito social, tais como o direito à saúde e à educação: a) o art. 5º, nº XV, "b", atribuía competência à União para legislar sobre normas gerais e de defesa e proteção da saúde; b) o art. 15, §1º, dispunha que "são isentos de impostos de consumo os artigos que a lei classificar como o mínimo indispensável à habitação, vestuário, alimentação e tratamento médico das pessoas de restrita capacidade econômica"; c) o artigo 31, V, alínea "b", vedava à União, aos Estados, ao Distrito Federal e aos Municípios lançar imposto sobre "instituições de educação e de assistência social, desde que as suas rendas sejam aplicadas integralmente no país para os respectivos fins"; d) o art. 164 considerava obrigatória, em todo território nacional, a assistência à maternidade, à infância e à adolescência e determinava que a lei instituísse o amparo das famílias de prole numerosa; e) o art. 172 dispunha que "cada sistema de ensino terá obrigatoriamente serviços de assistência educacional que assegurem aos alunos necessitados condições de eficiência escolar"; f) o art. 198 determinava que "na execução do plano de defesa contra os efeitos da denominada sêca do Nordeste, a União despenderá, anualmente, com as obras e os serviços de assistência econômica e social, quantia nunca inferior a

---

[51] *A segurança social no Brasil*, p. 193-195.

três por cento de sua renda tributária" (o Decreto nº 19.698, de 11 de fevereiro de 1931, já havia disposto sobre a localização e o amparo das vítimas das sêcas do Nordeste).

Sobre a Previdência Social dos militares, em seu Título VII ("Das Fôrças Armadas"), a Constituição de 1946 dispunha em seu artigo 182, parágrafos 3º, 4º, 5º e 6º sobre matéria do benefício da reforma (ou aposentadoria), da seguinte forma: "O militar em atividade que aceitar cargo público permanente, estranho à sua carreira, será transferido para a reserva, com os direitos e deveres definidos em lei" (§3º); "O militar em atividade que aceitar cargo público temporário, eletivo ou não, será agregado ao respectivo quadro e somente contará tempo de serviço para a promoção por antiguidade, transferência para a reserva ou reforma. Depois de oito anos de afastamento, contínuos ou não, será transferido, na forma da lei, para a reserva, sem prejuízo da contagem de tempo para a reforma" (§4º); "Enquanto perceber remuneração de cargo permanente ou temporário, não terá direito o militar aos proventos do seu posto, que esteja em atividade, na reserva ou reformado" (§5º); "Aos militares se aplica o disposto nos arts. 192 e 193" (§6º).

A Previdência Social dos servidores públicos civis da União estava inserida no Título VIII da Constituição de 1946, que tratava "Dos Funcionários Públicos", dispondo seu artigo 191 sobre os benefícios da aposentadoria por invalidez (inc. I), inclusive a acidentária (§3º), por idade ou "compulsória" (inciso II) e por tempo de serviço (§§1º e 2º), da seguinte forma: "O funcionário será aposentado: I – por invalidez; II – compulsoriamente, aos 70 anos de idade. §1º. Será aposentado, se o requerer, o funcionário que contar 35 anos de serviço. §2º. Os vencimentos da aposentadoria serão integrais, se o funcionário contar 30 anos de serviço; e proporcionais, se contar tempo menor. §3º. Serão integrais os vencimentos da aposentadoria, quando o funcionário se invalidar por acidente ocorrido no serviço, por moléstia profissional ou por doença grave contagiosa ou incurável especificada em lei. 4º. Atendendo à natureza especial do serviço, poderá a lei reduzir os limites referidos em o número II e no §2º deste artigo".

Também dispunham sobre a aposentadoria dos servidores públicos (civis e militares), os artigos 192 e 193 da Constituição de 1946, a respeito da contagem do tempo de serviço e do reajustamento dos valores dos benefícios, da seguinte forma: "O tempo de serviço público, federal, estadual ou municipal, computar-se-á integralmente para efeitos de disponibilidade e aposentadoria" (art. 192); "Os proventos da inatividade serão revistos sempre que, por motivo de alteração do poder aquisitivo da moeda, se modificarem os vencimentos dos funcionários em atividade" (art. 193).

Com reflexos nos Regimes Especiais de Previdência Social dos Servidores Públicos de todos os níveis da Administração, até a atualidade, o artigo 18 da Constituição Federal de 1946 dispunha sobre a autonomia dos Estados, sobre a cessão de servidores e sobre a provisão das necessárias despesas com os servidores públicos cedidos, da seguinte forma: "Cada Estado se regerá pela Constituição e pelas leis que adotar, observados os princípios estabelecidos nesta Constituição. §1º. Aos Estados se reservam todos os poderes que, implícita ou explicitamente, não lhes sejam vedados por esta Constituição. §2º. Os Estados proverão às necessidades do seu governo e da sua administração, cabendo à União prestar-lhes socorro, em caso de calamidade pública. §3º. Mediante acordo com a União, os Estados poderão encarregar funcionários federais da execução de leis e serviços estaduais ou de atos e decisões das suas autoridades; e, reciprocamente, a União poderá, em matéria da sua competência, cometer a funcionários estaduais encargos análogos, provendo às necessárias despesas".

Estava institucionalizada, portanto, a figura do servidor público cedido e da sua legítima aspiração a se aposentar pelo Regime Especial de Previdência Social que lhe conferisse melhor vantagem e que, geralmente, era o Regime de Previdência Social dos Servidores Públicos Federais, que era administrado pelo IPASE (Instituto de Previdência e de Assistência dos Servidores do Estado).[52]

No Ato das Disposições Constitucionais Transitórias da Constituição de 1946 também encontramos dois dispositivos que tratavam sobre matéria previdenciária relativa aos servidores públicos interinos e extranumerários efetivados nos cargos que ocupavam (artigo 22) e aos servidores que perderam seus cargos efetivos em decorrência da desacumulação ordenada pela Constituição de 1937 (artigo 23): "Os atuais funcionários interinos da União, dos Estados e Municípios, que contem, pelo menos, cinco anos de exercício, serão automaticamente efetivados na data da promulgação deste Ato; e os atuais extranumerários que exerçam função de caráter permanente há mais de cinco anos ou em virtude de concurso ou prova de habilitação serão equiparados aos funcionários, para efeito de estabilidade, aposentadoria, licença,

---

[52] O IPASE foi incorporado pelo Instituto Nacional da Previdência Social (INPS) em 1980, com a implantação do Sistema Integrado Nacional de Previdência Social (SINPAS), mantendo-se, porém, o regime especial (Plano de benefícios e custeio) que era por ele administrado e que corresponde, na atualidade, ao Regime Especial de Previdência Social dos Servidores Públicos Efetivos da União, do qual foi desmembrado o Regime Especial de Previdência Social dos Servidores Militares.

48 | Milton Vasques Thibau de Almeida
Fundamentos Constitucionais da Previdência Social

disponibilidade e férias. Parágrafo único. O disposto neste artigo não se aplica: I – aos que exerçam interinamente cargos vitalícios como tais considerados na Constituição; II – aos que exerçam cargos para cujo provimento se tenha aberto concurso, com inscrições encerradas na data da promulgação deste Ato; III – aos que tenham sido inabilitados em concurso para o cargo exercido" (art. 22); "Os funcionários que, conforme a legislação então vigente, acumulavam funções de magistério, técnicas ou científicas e que, pela desacumulação ordenada pela Carta de 10 de Novembro de 1937, e Decreto-lei nº 24, de 29 de Novembro do mesmo ano, perderam cargo efetivo, são nele considerados em disponibilidade remunerada até que sejam reaproveitados, sem direito aos vencimentos anteriores à data da promulgação deste Ato. Parágrafo único. Ficam restabelecidas as vantagens da aposentadoria aos que as perderam por força do mencionado Decreto, sem direito igualmente à percepção de vencimentos anteriores à data da promulgação deste Ato" (art. 23).

A uniformização das leis previdenciárias, promovida pela Lei Orgânica da Previdência Social (Lei nº 3.807, de 26 de agosto de 1960), que foi regulamentada pelo Decreto nº 48.959-A, de 19 de setembro de 1960, não contemplou os trabalhadores domésticos e os trabalhadores rurais, explica Mozart Victor Russomano.[53] Para proteger os trabalhadores rurais, tanto em matéria previdenciária quanto em matéria trabalhista, foi promulgado o Estatuto do Trabalhador Rural (ETR), pela Lei nº 4.214, de 02 de março de 1963. Essa lei estava divorciada da realidade social e, por isso, sua eficácia foi prejudicada, especialmente em matéria previdenciária, que em 1967 se limitava ao amparo da assistência médico-social, ficando suspensos todos os pagamentos de benefícios em dinheiro.

1.6 A Previdência Social na Constituição Federal de 1967

Vitoriosa a Revolução de 31 de março de 1964, afirma Fernando Whitaker da Cunha,[54] surgiu um governo colegial composto pelo General Costa e Silva, do Brigadeiro Correia de Mello e do Almirante Augusto Radmaker, que baixou o Ato Institucional nº 1, preparado por Francisco Campos (preâmbulo) e por Carlos Medeiros Silva, autor, igualmente, do AI nº 12, e que formulava as coordenadas do regime a ser instituído, mantendo a Constituição de 1946, com as modificações

---

[53] *Curso de Previdência Social*, p. 36.
[54] *Direito constitucional brasileiro*, p. 96.

que mencionava: eleição indireta do Presidente, celeridade na discussão de projetos de lei, suspensão das garantias da magistratura, sanções aos corruptos e subversivos, cassação de direitos políticos e de mandatos legislativos.

Releva observar a existência de matéria de interesse para a seguridade social no Ato Institucional nº 2, cujo autor principal foi Nehemias Gueiros, e que foi baixado pelo Presidente Castelo Branco. Dentre várias alterações que procedeu na Constituição de 1946, que continuava a vigorar, *procedeu à extinção da remuneração dos vereadores* e *fixou um teto para a remuneração dos deputados estaduais.* Isso repercute nos Regimes Especiais de Previdência Social dos Estados e dos Municípios, com muito pouca publicidade, mas com enfoque explicitado a partir da promulgação da Emenda Constitucional nº 20, de 15 de dezembro de 1998.

A Comissão do Anteprojeto da Constituição de 1967 foi constituída por Orozimbo Nonato, por Seabra Fagundes (que se afastou posteriormente) e por Temístocles Cavalcanti, sob a presidência de Levi Carneiro, narra Fernando Whitaker da Cunha.[55] Carlos Medeiros Silva apresentou um Projeto que foi discutido, votado e promulgado, celeremente, com prazo determinado, pelo Congresso Nacional especialmente convocado para esse fim pelo Ato Institucional nº 4, tendo como Relator-Geral o Senador Konder Reis. A parte referente aos direitos e garantias individuais foi redigida por Afonso Arinos.

A Constituição de 1967 não tinha condições técnicas de sobrevivência, afirma Fernando Whitaker da Cunha,[56] sofrendo em 1969 a Emenda de nº 1, que foi promulgada pelo triunvirato formado pelos Ministros militares Augusto Radmaker, Lyra Tavares e Márcio de Souza e Melo, após a morte do Presidente Costa e Silva, em consequência de ter sido vetada a posse do Vice-Presidente civil Pedro Aleixo, que coordenava a nova reforma constitucional e não contemporizava os Atos Institucionais. Essa Emenda é materialmente outra Constituição, mas formalmente é uma alteração da Carta anterior.

O Ato Institucional nº 5 também causou reflexos na matéria previdenciária, uma vez que suspendeu as garantias constitucionais de vitaliciedade, inamovibilidade e estabilidade, permitindo a demissão dos titulares dessas garantias e de outros servidores, assim como a remoção, a aposentadoria ou a disponibilidade. Enfatiza, desta forma, como já constava das constituições anteriores, a aposentadoria como

---

[55] *Direito constitucional brasileiro*, p. 97.
[56] *Direito constitucional brasileiro*, p. 98.

sanção jurídica: o impedimento de participação na vida pública opera como uma morte política. Em consequência, os efeitos das cassações rebrotam na Constituição de 1988, culminando com a anistia às pessoas cassadas pela Revolução.

Em seu Título I, que tratava "Da Organização Nacional", a Constituição de 1967, com a redação da E.C. nº 1/69, dispunha no artigo 8º sobre a competência da União, outorgando-lhe, no inciso XVII, competência para legislar sobre Direito do Trabalho (alínea "b") e sobre normas gerais de seguro e Previdência Social e defesa e proteção da saúde (alínea "c", com a redação que lhe deu a Emenda Constitucional nº 7, de 13 de abril de 1977).

A competência para legislar sobre normas gerais de seguro e Previdência Social e sobre normas de defesa e proteção da saúde (alínea "c") não era exclusiva da União, porque aos Estados era reconhecida a competência supletiva para legislar sobre tais matérias que se inserem no domínio da seguridade social (artigo 8º, parágrafo único).

Em mais uma norma de competência, a do artigo 21, que se insere no Capítulo V da Constituição de 1967 ("Do Sistema Tributário"), foi conferida competência à União para instituir contribuições para o custeio da Previdência Social, em seu parágrafo 2º, inciso I: "A União pode instituir: I – contribuições, observada a faculdade prevista no item I deste artigo, tendo em vista intervenção no domínio econômico ou o interesse de categorias profissionais e para atender diretamente à parte da União no custeio dos encargos da Previdência Social", (...)

No Capítulo VI da Constituição de 1967 ("Do Poder Legislativo"), Seção IV ("Das Atribuições do Poder Legislativo"), estava disposto no artigo 43, inciso X, que cabia ao Congresso Nacional dispor sobre a matéria de "contribuições sociais para custear os encargos previstos nos arts. 165, itens II, V, XIII, XVI e XIX, 166, §1º, 175, §4º e 178".

No Título III da Constituição Federal de 1967, que cuidava "Da Ordem Econômica e Social", passaram a ser arrolados, no artigo 160, os princípios que regem a referida Ordem, que objetiva a justiça social (*caput*), a liberdade de iniciativa (inciso I), a valorização do trabalho como condição da dignidade humana (inciso II) e a harmonia e solidariedade entre as categorias sociais de produção (inciso IV), dentre outros princípios, como princípios que dão sustentáculo à Previdência Social.

No artigo 165 da Constituição de 1967, que se insere no Título da Ordem Econômica e Social, estão arrolados conjuntamente os direitos trabalhistas e os direitos previdenciários. Em tal elenco, destacam-se como direitos previdenciários do segurado empregado ("trabalhador"), os seguintes benefícios e serviços: "A Constituição assegura aos trabalhadores os seguintes direitos, além de outros que, nos termos da lei, visem à melhoria de sua condição social: (...) II – salário-família aos seus dependentes; (...) XV – assistência sanitária, hospitalar e médica preventiva; XVI – Previdência Social nos casos de doença, velhice, invalidez e morte, seguro-desemprego, seguro contra acidente do trabalho e proteção da maternidade, mediante contribuição da União, do empregador e do empregado; (...) XVIII – colônias de férias e clínicas de repouso, recuperação e convalescença, mantidas pela União, conforme dispuser a lei; XIX – aposentadoria para a mulher, aos trinta anos de trabalho, com salário integral; XX – aposentadoria para o professor após trinta anos e, para a professora, após vinte e cinco anos de efetivo exercício em funções de magistério, com salário integral" (esse último inciso foi acrescido pela Emenda Constitucional n⁰ 18, de 30 de junho de 1981).

Em seu parágrafo único, o artigo 165 da Constituição Federal de 1967 dispunha que "Nenhuma prestação de serviço de assistência ou de benefício compreendidos na Previdência Social será criada, majorada ou estendida, sem a correspondente fonte de custeio total".

Sob a vigência da Constituição Federal de 1967 foram criados um novo regime especial de Previdência Social do trabalhador rural (PRORURAL), pela Lei Complementar n⁰ 11, e o Ministério da Previdência e Assistência Social (MPAS), pela Lei n⁰ 6.036, de 1⁰ de maio de 1974.

Relata Vicente de Paulo Seixas Pereira[57] que, desde a unificação dos antigos institutos, através da criação do INPS, assim como a formação e a anexação de outros órgãos ao novo Ministério da Previdência e Assistência Social (MPAS), a prestação de serviços era dividida por clientela. Assim, o INPS atendia a população urbana, o FUNRURAL atendia a área rural, a FUNABEM atendia aos menores, a LBA atendia aos carentes e o IPASE atendia aos funcionários públicos civis da União. Em cada um desses órgãos repetiam-se os mesmos tipos de serviços, diferenciando-se apenas a clientela atendida.

A Lei n⁰ 6.439, de 1⁰ de setembro de 1977, instituiu o SINPAS (Sistema Nacional de Previdência e Assistência Social), para dar uma nova organização às ações da Previdência Social. Dois novos órgãos foram criados (o INAMPS) Instituto Nacional de Assistência Médica da Previdência Social, que passou a cuidar exclusivamente da área da saúde, e o IAPAS (Instituto de Administração Financeira da Previdência

---

[57] *Previdência social global*, p. 18-19.

e Assistência Social), que ficou com a responsabilidade de arrecadar, fiscalizar e cobrar as contribuições previdenciárias, gerir as dotações orçamentárias e demais receitas do sistema. Ao mesmo tempo foram extintos o IPASE, órgão pela administração do sistema de previdência dos servidores públicos civis da União, e o FUNRURAL, que foi extinto como autarquia, mas com integral manutenção dos serviços que vinha prestando, inclusive dos órgãos periféricos de atendimento direto aos rurais, quais sejam, representantes dos sindicatos das categorias profissionais e econômicas, prefeituras municipais, prelazias, hospitais beneficentes e outros, que continuaram a identificar-se em suas relações com o público, pela mesma sigla "FUNRURAL", explica Vicente de Paulo Seixas Pereira.[58]

Os outros órgãos que compunham o SINPAS eram: a LBA (Legião Brasileira de Assistência), cujas atribuições eram prestar assistência social à população carente; a FUNABEM (Fundação Nacional do Bem-Estar do Menor), com atribuições de promover e executar a política nacional do bem-estar do menor, assim como subvencionar, em caráter suplementar, os programas congêneres dos Estados e dos Municípios; a DATAPREV (Empresa de Processamento de Dados da Previdência Social), com atribuições de proceder à análise de dados dos sistemas informáticos, programação e execução de serviços de tratamento de informações, processamento eletrônico de dados e o desempenho de atividades correlatas de interesse da Previdência Social e a CEME (Central de Medicamentos), que era uma empresa pública dedicada à fabricação e comercialização de remédios básicos, à promoção e à organização do fornecimento de medicamentos a preços acessíveis ou a título gratuito às pessoas que não podiam adquiri-los a preços de mercado.

Relativamente à Previdência Social dos servidores públicos, a Constituição de 1967 dispunha, no Capítulo VII ("Do Poder Executivo"), Seção VIII ("Dos Funcionários Públicos"), sobre o benefício da aposentadoria em seus artigos 101 e 102: "O funcionário será aposentado: I – por invalidez; II – compulsoriamente, aos setenta anos de idade; ou III – voluntariamente, após trinta e cinco anos de serviço, ressalvado o disposto no art. 165, item XX" (redação determinada pela Emenda Constitucional nº 18, de 30 de junho de 1981). Parágrafo único. "No caso do item III, o prazo é de trinta anos para as mulheres" (art. 101); "Os proventos da aposentadoria serão: I – integrais, quando o funcionário: a) contar trinta e cinco anos de serviço, se do sexo masculino, ou trinta

---

[58] *Previdência social global*, p. 18-19.

Os Precedentes Constitucionais da Previdência Social no Brasil

anos de serviço, se do feminino; ou b) se invalidar por acidente em serviço, por moléstia profissional ou doença grave, contagiosa ou incurável, especificada em lei; II – proporcionais ao tempo de serviço, quando o funcionário contar menos de trinta e cinco anos de serviço, salvo o disposto no parágrafo único do art. 101. §1º. Os proventos da inatividade serão revistos sempre que, por motivo de alteração do poder aquisitivo da moeda, se modificarem os vencimentos dos funcionários em atividade. §2º. Ressalvado o disposto no parágrafo anterior, em caso nenhum os proventos da inatividade poderão exceder a remuneração percebida na atividade. §3º. O tempo de serviço público federal, estadual ou municipal será computado integralmente para os efeitos de aposentadoria e disponibilidade, na forma da lei" (art. 102).

O artigo 99, parágrafo 4º, da Constituição de 1967 dispunha que "a proibição de acumular proventos não se aplica aos aposentados, quanto ao exercício de mandato eletivo, quanto ao de um cargo em comissão ou quanto a contrato para prestação de serviços técnicos ou especializados".

O artigo 103 da Constituição de 1967 dispunha que "Lei complementar, de iniciativa exclusiva do Presidente da República, indicará quais as exceções às regras estabelecidas, quanto ao tempo e natureza de serviço, para aposentadoria, reforma, transferência para a inatividade e disponibilidade".

Em matéria de assistência social, o artigo 175, parágrafo 4º, da Constituição de 1967 estabelecia que "lei especial disporá sobre a assistência à maternidade, à infância e à adolescência e sobre a educação de excepcionais".

No Título V ("Disposições Gerais e Transitórias") da Constituição de 1967, o regime especial de Previdência Social dos ex-combatentes era disciplinado pelo artigo 197 da seguinte forma: "Ao civil, ex-combatente da Segunda Guerra Mundial, que tenha participado efetivamente em operações bélicas da Força Expedicionária Brasileira, da Marinha, da Força Aérea Brasileira, da Marinha Mercante ou de Força do Exército, são assegurados os seguintes direitos: a) estabilidade, se funcionário público; b) aproveitamento no serviço público, sem a exigência do disposto no §1º do art. 97; c) aposentadoria com proventos integrais aos vinte e cinco anos de serviço efetivo, se funcionário público da administração direta ou indireta ou contribuinte da Previdência Social; e d) assistência médica, hospitalar e educacional, se carente de recursos".

Capítulo 2

A Previdência Social na Constituição Federal de 1988

O Governo militar instalado em 1964 foi se desgastando perante a opinião pública, resistindo em permanecer no poder mais do que o necessário para a restauração da normalidade institucional. O deputado federal Dante de Oliveira apresentou um Projeto de Emenda Constitucional — das "Diretas Já" — mas esta foi rejeitada pelo Congresso, por pressão do Governo. Entretanto, a mobilização política em prol das "Diretas Já" veio a facilitar a eleição indireta de Tancredo Neves pelo Colégio Eleitoral, derrotando o candidato do partido do Governo, Paulo Maluf, que, por sua vez, havia vencido na Convenção o candidato indicado pelos militares, Mário Andreazza. Eleito Tancredo, no entanto, este foi empossado simbolicamente *post mortem*, sendo sucedido com normalidade institucional pelo Vice-Presidente eleito, José Sarney.

A Emenda Constitucional nº 26, de 27 de novembro de 1985, que convocou a Assembleia Nacional Constituinte também tomou outras providências, dentre as quais medidas de natureza previdenciária, com o reconhecimento do direito às aposentadorias (art. 4º, §§3º, 4º, 5º e 6º) e às pensões (art. 4º, §7º) decorrentes da concessão de anistia a todos os servidores públicos civis da Administração direta e indireta e aos militares, que foram punidos por atos de exceção, institucionais ou complementares (art. 4º, *caput*) e também aos autores de crimes políticos ou conexos, aos dirigentes e representantes de organizações sindicais e estudantis, bem como aos servidores civis ou empregados que hajam sido demitidos ou dispensados por motivação exclusivamente política, com base em outros diplomas legais (art. 4º, §1º).

Assim dispõe o artigo 4º da Emenda Constitucional nº 26/85 sobre os benefícios de aposentadorias de anistiados e de pensões de seus dependentes: "Aos servidores civis e militares serão concedidas as promoções na aposentadoria ou na reserva, ao cargo, posto ou graduação a que teriam direito se estivessem em serviço ativo, obedecidos os prazos de permanência em atividade, previstos nas leis e regulamentos vigentes" (§3º); "A Administração Pública, à sua exclusiva iniciativa, competência e critério, poderá readmitir ou reverter ao serviço ativo o servidor público anistiado" (§4º); "O disposto no caput deste artigo somente gera efeitos financeiros a partir da promulgação da presente Emenda, vedada a remuneração de qualquer espécie, em caráter retroativo" (§5º); "Excluem-se das presentes disposições os servidores civis ou militares que já se encontravam aposentados, na reserva ou reformados, quando atingidos pelas medidas constantes do caput deste artigo" (§6º); "Os dependentes dos servidores civis e militares abrangidos pelas disposições deste artigo já falecidos farão jus às vantagens pecuniárias da pensão correspondente ao cargo, função, emprego, posto ou graduação que teria sido assegurado a cada beneficiário da anistia, até a data de sua morte, observada a legislação específica" (§7º).

A Constituição brasileira de 1988, promulgada em 5 de outubro de 1988, introduziu a técnica protetiva da *seguridade social* na Ordem jurídica brasileira, em seu artigo 194, *caput*, estatuindo que: "A seguridade social compreende um conjunto integrado de iniciativa dos Poderes Públicos e da sociedade, destinadas a assegurar os direitos relativos à saúde, à previdência e à assistência social".

O conceito de seguridade social, contudo, não se resume ao enunciado sintético do *caput* do artigo 194, porquanto prossegue no parágrafo único do mesmo dispositivo constitucional, no qual são ditados os seus *objetivos*, assim enumerando os seus princípios jurídicos fundamentais.

O conceito de seguridade social emitido pelo *caput* do artigo 194 da Constituição de 1988 se enquadra na concepção de conceito que dá ênfase aos fins visados, abstraindo-se dos meios utilizados para a sua realização, pecando pela imperfeição de não esclarecer quais são os destinatários dos direitos que assegura.

Tal conceito jurídico é incompleto por se limitar a afirmar que são assegurados direitos sem esclarecer quais são as pessoas protegidas, transmitindo a falsa ideia de uma seguridade social totalmente universalizada, quando, na verdade, somente as áreas de assistência social e de saúde estão universalizadas, não ocorrendo o mesmo em relação à área da Previdência Social.

Os beneficiários da área de Previdência Social estão especificados de forma difusa e esparsa nas várias regras que compõem a Seção I ("Disposições Gerais"), do Capítulo II ("Da Seguridade Social"), do

Título VIII ("Da Ordem Social"), a saber: a) populações urbanas e rurais (art. 194, parágrafo único, inciso II); b) comunidade, trabalhadores, empresários e aposentados (redação original do art. 194, parágrafo único, inciso VII); c) o produtor, o parceiro, o meeiro e o arrendatário rurais, o garimpeiro e o pescador artesanal e os respectivos cônjuges, que exerçam suas atividades em regime de economia familiar, sem empregados permanentes (art. 195, §8º).

Os beneficiários da área de saúde são "todos" os cidadãos, conforme expressamente definido no artigo 196 (Seção II – "Da Saúde").

Os beneficiários da área de assistência social são implicitamente "todos" os cidadãos ("...a quem dela necessitar"), conforme disposto no artigo 203 (Seção IV – "Da Assistência Social"), nomeadamente as crianças e os adolescentes carentes e as pessoas idosas ou portadoras de deficiência, que comprovem não possuir meios de prover a própria manutenção ou de tê-la provido por sua família (incisos I a V).

Assevera Aloisio Teixeira[59] que, ao emitir um conceito de seguridade social, o Constituinte não atendeu a um "modismo", nem criou uma palavra nova para renomear um velho objeto (as três áreas em que o antigo Ministério da Previdência e Assistência Social já atuava), ao contrário, constituiu organicamente um conceito, desdobrando-o nas três áreas em que sua materialização é uma exigência da própria realidade social do País.

A Constituição Federal de 1988 ampliou as despesas da Previdência Social, uma vez que a incorporou na seguridade social, que ampliou de forma universalizada (para todos e gratuitamente) os serviços de saúde e de assistência social, ao mesmo tempo em que inseriu no rol dos beneficiários das aposentadorias e pensões os anistiados e seus dependentes, porém, dotou o orçamento da seguridade social (que passou a existir com a mesma constituição) com fontes de financiamento capazes de suportar essa ampliação de despesas.

Vislumbramos na Emenda Constitucional nº 26, de 1985, um exemplo de poder constituinte originário vinculado, que seria aquele que desde a sua convocação não teria soberania plena, porque vinculado a atender a um objetivo predeterminado, como esclarece Jorge Miranda,[60] que neste caso, seria a efetivação da anistia concedida e dos efeitos previdenciários decorrentes do processo de transição democrática.

---

[59] O conceito de seguridade e a Constituição Brasileira de 1988. *Revista de Previdência Social*, São Paulo, v. 16, n. 138, p. 387-391, maio 1992.

[60] *Manual de direito constitucional*. 2. ed. rev. e atual. Coimbra: Coimbra Ed., 1993. v. 4, 485 p.

Desta forma, é falsa a premissa de que a Constituição Federal de 1988 efetuou concessões amplas de benefícios que vieram onerar indevidamente as despesas da Previdência Social e que, por isso, esta estaria falida.

A reforma e ampliação da Previdência Social, de que resultou o surgimento da seguridade social na Constituição de 1988, é decorrência de um objetivo estabelecido pelo poder que convocou a Assembleia Nacional Constituinte e lhe fixou uma diretriz inicial na Emenda Constitucional nº 26, de 1985.

Mesmo que a Emenda Constitucional nº 26/85 tivesse se omitido em dispor sobre os efeitos da anistia concedida, dela decorreriam reflexos naturais sobre o orçamento da seguridade social.

A elevação dos gastos orçamentários da seguridade social é uma consequência natural dos processos de democratização, como demonstra G. Esping-Andersen,[61] com base numa metodologia empírica de séries cronológicas abrangentes (*times-series model*), expressa por uma fórmula matemática,[62] que incorpora variáveis que monitoram o crescimento econômico do País, a transição para a democracia plena e a natureza do controle dos governos por parte dos partidos políticos.

O processo de democratização (ou de redemocratização, como é o caso brasileiro) implica em resgate da dignidade da cidadania, principalmente daquelas categorias de cidadãos que outrora eram tratadas juridicamente com injustiça ou com marginalização.

É correto o entendimento de Wagner Balera[63] em defesa da extensão da proteção do sistema previdenciário do trabalhador urbano

---

[61] Orçamentos e democracia: o Estado providência em Espanha e Portugal, 1960-1986. *Análise Social*, Lisboa, v. 28, n. 122, p. 589-606, 3. trim. 1993.

[62] A fórmula é $S/T[t] = a + b1(S/T[t-1] + b2(PIBc[t-1]) + b3(dem[t-1] + b4(trans[t-1]) + b5(gov[t-1]) + e$, onde **t** corresponde ao período de 1960 a 1986; **S/T** corresponde às despesas sociais (incluindo a sustentação dos rendimentos, serviços sociais e de saúde, mas excluindo educação e habitação) como percentagem do total dos gastos públicos correntes, excluindo as contas de capital; **PIBc** é medido como uma variação percentual anual do PIB real, defasado de um ano, de modo a levar em conta a probabilidade de os políticos votarem o orçamento de um determinado ano com base no crescimento do ano anterior; **dem** é uma variável *dummy* da democratização, aqui definida como a data da primeira Constituição democrática, sendo também uma variável defasada de um ano, de modo a levar em conta o tempo de reação; **trans** é uma outra variável fictícia da democratização que considera não só os anos de transição democrática (Portugal, 1974-77; Espanha, 1975-77), também sendo uma variável defasada de um ano; **gov** é uma variável tricotômica referente ao tipo de partido que controla o governo, tendo sido atribuída a classificação **1** aos governos não socialistas, a classificação **2** aos governos anteriores a 1982 na Espanha e aos governos do período de 1979-1983 e posteriores a 1985 em Portugal, e a classificação **3** aos governos socialistas e de esquerda.

[63] *In*: CONGRESSO BRASILEIRO DE PREVIDÊNCIA COMPLEMENTAR, 1., 1994, São Paulo.

ao trabalhador rural, pelo legislador constituinte, como sendo um autêntico resgate da dívida que a sociedade tem para com os segurados trabalhadores rurais, sem os quais as pessoas na cidade morreriam de fome, "porque nada que se produz na cidade garante a sobrevivência da espécie humana".

De fato trata-se de um resgate de dívida da sociedade para consigo mesma, pois cidadãos urbanos e cidadãos rurais pertencem à mesma sociedade. Trata-se de uma dívida decorrente de um dever moral, tal como ocorre nos fundamentos sociológicos das mutualidades, na qual o segmento da cidadania urbana tem para com o segmento da cidadania rural, cujo fundamento encontra-se na mais elementar das "leis" das ciências sociais, no campo da Sociologia Geral: a lei da reciprocidade de tratamento. Deveres sociais sempre antecedem e condicionam as obrigações (deveres jurídicos). Isso está expresso no artigo 193 da Constituição Federal de 1988, quando proclama que a estrutura da Ordem Social é o dever social de trabalhar.

Nelson Saldanha[64] esclarece que a organização jurídica das condutas humanas corresponde antes a ambiências urbanas, sendo a passagem do rural ao urbano uma transição cultural, persistindo as diferenças sociológicas.

Há, portanto, uma tendência natural à atração entre os iguais (solidariedade classista) e uma repulsa ou marginalização dos desiguais.

A proteção social não cinge-se apenas ao meio urbano e à solidariedade classista, já transcendeu isso há muito tempo, ao menos desde as Unificações Legislativa (com a promulgação da Lei Orgânica da Previdência Social, em 1960) e Administrativa (com a instituição do Instituto Nacional da Previdência Social, em 1965).

Além da equiparação do segurado rural ao segurado urbano, pelo princípio da uniformidade e equivalência dos benefícios e serviços às populações urbanas e rurais (artigo 194, parágrafo único, inciso II), o processo de redemocratização do País outorgou, estendeu ou majorou direitos previdenciários, no Ato das Disposições Constitucionais Transitórias da Constituição de 1988, da seguinte forma: a) ratificou a concessão de direitos previdenciários aos servidores públicos anistiados (artigo 8º, *caput*); b) ratificou a concessão de direitos previdenciários aos trabalhadores anistiados do setor privado (art. 8º, §2º); c) mandou computar o tempo de serviço para efeito de aposentadoria no serviço público e Previdência Social aos vereadores atingidos por atos institucionais

---

[64] *Sociologia do direito*. São Paulo: Revista dos Tribunais, 1970. p. 70-71.

(art. 8º, §4º); d) determinou a atualização dos proventos e pensões dos servidores públicos inativos e pensionistas (art. 20); e) revigorou o sistema previdenciário dos ex-combatentes (art. 53); f) concedeu pensão mensal vitalícia de dois salários mínimos aos seringueiros carentes que tenham sido recrutados pelo Decreto-Lei nº 5.813, de 14 de setembro de 1943, e amparados pelo Decreto-Lei nº 9.882, de 16 de setembro de 1946 (art. 54, *caput*); g) estendeu os direitos previdenciários dos seringueiros mencionados no *caput* do art. 54 aos seringueiros que colaboraram no esforço de guerra (art. 54, §1º); h) estendeu os benefícios concedidos no art. 54, §1º, aos dependentes carentes dos seringueiros (art. 54, §3º); i) determinou o restabelecimento do poder aquisitivo do valor da renda mensal dos benefícios de prestação continuada em vigor na época da promulgação da Constituição Federal (art. 58, *caput*).

Contrariamente ao que vem pregando o Governo Federal, desde 1994, endossado pelo coro de economistas e administradores de empresa empregados dos grandes grupos financeiros, bancários e de seguros (se assim não procedem perdem o emprego ou não progridem na carreira), a Assembleia Nacional Constituinte não concedeu qualquer privilégio e nem cometeu qualquer excesso, de vez que: a) ao conceder e estender direitos previdenciários a determinadas categorias profissionais e categorias de pessoas, adotou o critério jurídico de solidariedade (todos os tipos de solidariedade estão enfeixados no princípio da universalidade da cobertura e do atendimento (art. 194, parágrafo único, inciso I); b) ao determinar a revisão do valor dos benefícios de prestação continuada em manutenção, tomou por referência a definição jurídica de *salário mínimo*.

A Constituição Federal de 1988, como visto, é expressamente clara e concisa quando trata da extensão, da concessão e da majoração de direitos e de benefícios às categorias de cidadãos que estavam marginalizados pela ordem constitucional anterior, determinando os critérios que deveriam ser adotados para a revisão dos valores dos benefícios, e até dispondo, no Ato das Disposições Constitucionais Transitórias, sobre a eficácia temporal de suas regras em relação ao orçamento da seguridade social: a) a elevação de despesas com os anistiados "somente gerará efeitos financeiros a partir da promulgação da Constituição, vedada a remuneração de qualquer espécie em caráter retroativo" (art. 8º, §1º); b) o acréscimo de despesas orçamentárias decorrentes da revisão do poder aquisitivo dos valores dos benefícios de prestação continuada da Previdência Social, em manutenção à época da promulgação da Constituição Federal, "serão devidas e pagas a partir do sétimo mês a contar da promulgação da Constituição" (art. 58, parágrafo único).

Segundo Esping-Andersen,[65] a democratização deve ser vista como um processo de mudança permanente, uma mudança consolidada de regime. Como é evidente, o período de transição faz parte dessa mudança, mas apresenta características próprias. Em primeiro lugar, por sua própria natureza, a transição é um período de modificações políticas contínuas em que partidos políticos e embrionários procuram definir-se, tendo em vista a futura concorrência eleitoral. É também um período de reivindicação popular particularmente intensa, tendo em vista a reparação de injustiças anteriores e a satisfação de necessidades há muito reprimidas. O efeito destes fenômenos nos gastos é diferente. Se a democratização propriamente dita é o que interessa, é de se prever uma alteração acentuada nos gastos, que se tornará permanente. Por outro lado, se as despesas são principalmente uma função do período de transição, quaisquer modificações verificadas serão temporárias.

Antônio Brito,[66] então Deputado Federal, Relator da Comissão de Previdência do Congresso Nacional, confirma que o déficit orçamentário decorrente da implementação das novas conquistas de direitos sociais no campo da seguridade social já era previsto. Para contorná-lo foram elevadas as receitas da Previdência Social, com a majoração da alíquota do FINSOCIAL em 140% (cento e quarenta por cento), com a dobra da contribuição sobre o lucro, com a ampliação da contribuição de empregadores e de empregados e com a arrecadação de contribuições sobre os concursos de prognósticos. Entretanto, o superávit de arrecadação foi desviado pelo Tesouro Nacional. No ano de 1990, em cifras do mês de dezembro daquele ano, esse desvio ("rombo") foi de Cr$833 bilhões (equivalente a mais de US$4 bilhões), o suficiente para triplicar os investimentos de saúde ou para aumentar em 80% (oitenta por cento) os gastos com pagamento de benefícios previdenciários.

De lá para cá, só se ouve a pregação oficial de uma suposta falência da Previdência Social, que está estacionada numa cifra imaginária de aproximadamente R$40 bilhões, desde 1994, portanto há cerca de 15 anos sem acompanhar a escalada inflacionária. Evidencia-se, portanto, uma apologia do apocalipse, com o Governo alimentando os espíritos atormentados, para pregar a imagem de uma Previdência Social falida, mas com a cautela de não dar alimento à especulação inflacionária. Por isso o Governo abre mão da reposição das perdas inflacionárias sobre o suposto "rombo do orçamento da Previdência Social".

---

[65] *Op. cit.*, p. 594.

[66] A farsa da seguridade social. *Revista de Previdência Social*, São Paulo, v. 15, n. 124, p. 146, mar. 1991.

Capítulo 3

O Estado do Bem-Estar Social e o Princípio Federativo

Sumário: 3.1 O amparo social face ao princípio federativo no Direito Constitucional Comparado – **3.1.1** Os fundamentos da responsabilidade do governo local pelo amparo das pessoas necessitadas no constitucionalismo norte-americano – **3.1.2** A divisão de competências entre o poder central e os poderes periféricos na Constituição norte-americana – **3.1.3** A colaboração ("convênios") entre os vários níveis da administração pública em matéria de proteção social na Constituição norte-americana. – **3.1.4** A autonomia dos governos locais para a regulamentação do sistema de proteção social na Constituição norte-americana – **3.2** O amparo social face ao princípio federativo na Constituição brasileira – **3.2.1** Fundamentos da responsabilidade estatal pelo amparo social no Brasil – **3.2.2** A divisão de competências e o compartilhamento de responsabilidades de gestão da proteção social na Constituição brasileira – **3.2.3** A coordenação das ações de proteção social ("convênios") entre os poderes públicos e a iniciativa privada na Constituição brasileira

Releva examinar a proteção social como uma função assumida pelo Estado, do ponto de vista da organização federativa e das responsabilidades assumidas pelo poder central e pelos poderes locais.

Emerge, de imediato, a verificação de que a Constituição brasileira é influenciada por dois modelos constitucionais de Estados organizados de forma federativa: a federação alemã, com seu modelo bismarckiano, e a federação norte-americana, com seu modelo de bem-estar social (*welfare state*).

O modelo bismarckiano serviu de modelo quando o legislador brasileiro introduziu o seguro contra acidentes de trabalho na ordem jurídica brasileira, com a promulgação da Lei de Acidentes do Trabalho, em 15 de janeiro de 1919. Tal modelo sinaliza para uma responsabilidade regulamentar e gerencial do poder central, preocupado inicialmente apenas com a Previdência Social do setor privado. Continua a influenciar a Constituição brasileira ainda na atualidade, apenas se expandindo para contemplar a Previdência Social do setor público.

A Constituição brasileira de 1937 adota expressamente os princípios do Estado intervencionista, mas só abraça o modelo do Estado do bem-estar social com a Constituição Federal de 1988 ao introduzir a seguridade social na ordem jurídica brasileira, com soluções diversas para a proteção social nas áreas da saúde e da assistência social, sem maiores alterações na área da Previdência Social do setor privado, mas com a adoção de um vigoroso intervencionismo da União Federal na área dos regimes especiais de Previdência Social dos servidores públicos, especialmente a partir da Emenda Constitucional nº 20, de 15 de dezembro de 1998. Em nome do combate ao "déficit fiscal" também houve a inauguração de uma era de intervencionismo da União Federal sobre as despesas dos Estados, do Distrito Federal e dos Municípios com a folha de pagamento de seus servidores públicos, a partir da promulgação da Lei Camatta, com especial destaque para a Lei de Responsabilidade Fiscal, mais conhecida como "Estatuto Penal dos Governadores e Prefeitos". Desta forma, as Emendas Constitucionais nº 19 ("Reforma da Administração Pública") e nº 20 ("Reforma da Previdência") se articulam e não podem ser consideradas isoladamente.

3.1 O amparo social face ao princípio federativo no Direito Constitucional Comparado

Apesar de toda a grande e inestimável influência tedesca sobre o nosso Direito privado e sobre o nosso direito social, o modelo bismarckiano adotado pela Constituição alemã do final do Século XIX já foi substituído na Alemanha pelo modelo do Estado do bem-estar social (*welfare state*) ditado pela Constituição norte-americana.

Centra-se o nosso estudo comparativo sobre a Constituição norte-americana, uma vez que o modelo do Estado do bem-estar social (*welfare state*) é inerente à organização e à execução das Políticas de Seguridade Social e está presente em todas as constituições que adotam a técnica protetiva do seguro social amplo, dentre elas a Constituição brasileira. Destaca-se nesse modelo a inserção do princípio federativo na responsabilidade do Estado Providência, com direta relevância na distribuição de competências e responsabilidades gerenciais entre o poder central e os poderes locais.

3.1.1 Os fundamentos da responsabilidade do governo local pelo amparo das pessoas necessitadas no constitucionalismo norte-americano

A Constituição brasileira segue o modelo constitucional norte-americano, que abraça o princípio federativo, estabelecendo competências diferenciadas, mas ao mesmo tempo articuladas, entre o poder central e os poderes periféricos para legislar e para executar as ações de proteção social.

A origem dessa diversidade de competências remonta aos acontecimentos históricos da Lei dos Pobres (*Poor Act*), promulgada na Inglaterra em 1601, fruto da cisão entre o Estado e a Igreja, e que imputou às paróquias (*parish*), que são as menores unidades do governo britânico, a responsabilidade de sustentar os pobres que viviam nos limites de seus territórios e que não tivessem outros meios de sustento, como explica Edwin Witte.[67] Desta forma, o socorro aos pobres (*poor relief*) transformou-se numa instituição bem-sucedida na Inglaterra e foi estendida às colônias inglesas na América, influenciando os colonos e os Estados Americanos surgentes (à exceção do Estado da Louisiana, ex-colônia francesa), adquirindo natureza jurídica de um dever estatal de responsabilidade do governo local.

3.1.2 A divisão de competências entre o poder central e os poderes periféricos na Constituição norte-americana

Com o surgimento da crise econômica desencadeada pela Queda da Bolsa de Nova Iorque, em 1929, o Presidente norte-americano Franklin Delano Roosevelt constituiu uma comissão encarregada de elaborar um plano de ação econômica, que inicialmente foi batizado por essa comissão como *Economic Security Bill*, posteriormente rebatizado de *Social Security*, acrescenta Edwin Witte.

Segundo a Associação para o Estudo dos Problemas Econômicos e Humanos da Europa,[68] a seguridade social norte-americana e a seguridade social inglesa têm em comum a preocupação de promover

---

[67] *Five lectures on social security*. Rio Piedras: University of Puerto Rico; Labor Relations Institute, 1951. p. 7-8.

[68] L'ASSOCIATION POUR L'ÉTUDE DES PROBLÈMES ÉCONOMIQUES ET HUMAINS DE L'EUROPE. *Securité sociale*: évolution ou révolution?. Paris: Presses Universitaires de France, 1968. p. 14-15.

a proteção contra o desemprego deflagrado pela depressão econômica a partir de 1929, que deixou quatro milhões de desempregados nos Estados Unidos da América em 1930, elevando-se a doze milhões em 1933, e que deixou três milhões de desempregados na Inglaterra em 1932.

Explica Jean-Jacques Dupeyroux[69] que a doutrina política do *Welfare State* (o Estado promotor do bem-estar social) sucedeu à doutrina do Estado-polícia, demonstrando que os interesses econômicos podem ser harmonizados com as exigências morais, o que consistia numa proposição nova que contrariava radicalmente as concepções liberais clássicas vigentes até então.

A Política de Seguridade Social norte-americana surgiu como uma atividade estatal de responsabilidade do poder central, como corolário de um Plano de recuperação econômica que erigiu as bases do Estado Intervencionista (ou Neoliberal).

A promulgação da Lei do Seguro Social (*Social Security Act*), em 1935, desencadeou a primeira crise constitucional nos Estados Unidos da América, após a eleição presidencial de 1936, explica Edward S. Corwin,[70] quando surgiu a necessidade palpável de se enquadrar seguramente o *New Deal* no esquema constitucional. A Suprema Corte dos Estados Unidos abraçou a concepção lata da supremacia nacional do *Chief-Justice* Marshall e abandonou a centenária teoria de que os poderes reservados dos Estados, ou pelo menos alguns deles, não podiam ser limitados pelo poder nacional. Essa virada de conceito protagonizada por Marshall representou, na verdade, a essência da chamada Revolução Constitucional de 1937, cuja documentação encontra-se no volume 301 do *United States Reports*, e se tornou um poderoso e generalizado instrumento de interpretação constitucional, tendo sido utilizado logo a seguir no julgamento do caso *Adams versus Maryland*, no qual a Suprema Corte proclamou o poder do Congresso em impedir o uso de provas incriminatórias reveladas no curso de um inquérito parlamentar, perante os Tribunais estaduais.

Como o amparo aos pobres era da responsabilidade do governo local nos Estados Unidos, ou seja, cada Estado membro era competente para implantar e executar sua política própria de proteção social, a implantação do *New Deal* de Roosevelt implicou numa colisão de interesses entre os governos locais e o governo nacional, prossegue

---

[69] *Droit de la sécurité sociale*. 11. ed. Paris: Dalloz, 1988. p. 55-56, 57, n. 2.

[70] *A Constituição norte-americana e seu significado atual*. Tradução de Lêda Boechat Rodrigues. Rio de Janeiro: Zahar, 1954. p. 2-3.

Edward S. Corwin, transcrevendo o artigo I, Seção X, parágrafo 1º, da Constituição norte-americana: "Nenhum Estado poderá celebrar tratados nem entrar em aliança ou confederação; conceder cartas de corso e de represálias; cunhar moeda e emitir documentos de crédito; admitir como moeda legal para o pagamento de dívidas senão as de ouro e prata; aprovar decretos de proscrições, leis retroativas (ex post facto) ou que prejudiquem a obrigatoriedade dos contratos, ou conferir títulos de nobreza".

De tal norma constitucional decorre, dentre várias outras considerações, a cláusula de "obrigatoriedade dos contratos", explica Edward S. Corwin,[71] e que a "lei prejudicial à obrigatoriedade dos contratos" é aquela que materialmente enfraquece as obrigações de uma das partes ou torna sua execução extremamente difícil, como, por exemplo, a revogação de leis protetoras essenciais (como decidido no caso Home Building and Loan Asso. v. Blaisdell, 290 U.S. 398, 431, 435, em 1934, e no caso Von Hoffman v. Quincy, 4 Wall. 535, 552, em 1867). Esta cláusula foi originalmente formulada para impedir que os Estados aprovassem leis que exonerassem os devedores da obrigação de pagar suas dívidas, transferindo-se ao Governo Nacional o poder de conceder tal privilégio (conforme estatuído no julgamento do caso Sturges v. Crowninshield, 4 Wheat. 122, em 1819). Mais tarde, sob a presidência de Marshall, num esforço para substituir a interpretação estrita dada a tal proibição, a propósito das leis retroativas, no julgamento do caso Calder v. Bull, a Suprema Corte estendeu a aplicação dessa cláusula, primeiramente às concessões de terras públicas (Fletcher v. Peck, 6 Cranch 87, em 1810), posteriormente às isenções de impostos (New Jersey v. Wilson, 7 Cranch 164, em 1812), em seguida, no famoso caso do Colégio Dartmouth, aos privilégios das empresas (Dartmouth College v. Woodward, 4 Wheat. 518, em 1819). Sobreveio um abrandamento na aplicação dessa cláusula, de tal sorte que na atualidade não há mais interferências sérias no poder dos Estados em proteger a Saúde Pública, a segurança e a moral, ou até mesmo o interesse mais amplo, denominado de "bem-estar geral", pela simples razão de que um Estado não tem o direito de desfazer-se de tal poder (Stone v. Miss. 101 U.S. 814, em 1879).

Os críticos da Constituição norte-americana louvavam o sistema britânico, explica M. Judd Harmon,[72] por sua receptividade à

---

[71] *Op. cit.*, p. 106-107.

[72] *Ensaios sobre a Constituição dos Estados Unidos.* Tradução de Elcio Gomes Cerqueira. Rio de Janeiro: Forense-Universitária, 1978. p. 15.

vontade popular, uma receptividade não estorvada por restrições antidemocráticas como o federalismo e a revisão judicial, acrescentando que, embora houvessem uns poucos que insinuassem seriamente que os Estados Unidos deviam mudar para um sistema unitário e parlamentar, haviam muitos convencidos de que era uma infelicidade que tal mudança fosse impraticável, pois somente agindo assim os Estados Unidos poderiam alcançar rápido progresso no sentido de alcançar uma maior igualdade econômica e social, que se tornou necessária em decorrência da Grande Depressão.

Melas[73] ressalta o princípio da justiça social e o sentimento individual de segurança econômica que decorre da concepção da libertação da necessidade (*freedom from need*) que inspiraram a Lei da Seguridade Social norte-americana (*Social Security Act*) afirmando que, "se é exato que o seguro social se propõe também garantir a seguridade social a certos grupos da população, numa média determinada e se é verdade que as tarefas do seguro social constituem um dos elementos mais importantes e essenciais da obra da seguridade, não é menos certo que, os objetivos e os campos de aplicação dos sistemas de seguridade social, foram notavelmente estendidos em virtude do princípio reconhecido geralmente de que a justiça social é o fundamento de todo Estado moderno e que a *freedom from need*, o sentimento de sua própria segurança econômica, deve dominar a vida do indivíduo".

3.1.3 A colaboração ("convênios") entre os vários níveis da administração pública em matéria de proteção social na Constituição norte-americana.

Edward S. Corwin[74] explica que, dentro do contexto do artigo I, Seção X, parágrafo 1º, da constituição norte-americana, surgiram convênios entre o Governo Nacional e os Governos Estaduais, com a aprovação do Congresso, através da Lei do Seguro Social, de 14 de agosto de 1935, com o objetivo de combate ao desemprego, mediante repasses orçamentários de auxílios (denominados de *grants-in-aid*) aos governos locais, provenientes do Tesouro Nacional.

Desde os primórdios do constitucionalismo norte-americano, o Governo Nacional celebrou sistematicamente convênios com

---

[73] *Apud* FERRARI, Francisco de. *Los principios de la seguridad social*. Montevidéu: Universidade de Montevidéu, 1955. p. 106.

[74] *Op. cit.*, p. 111-113.

os novos Estados incorporados à União, pelos quais, em troca de concessões de terras para fins educacionais e outros favores, os Estados se comprometeram a não tributar as terras vendidas pelo Governo Nacional aos colonizadores durante certo prazo, como decidido no caso Stearns *v.* Minn., 179 U.S. 223, em 1900. Desde 1911, através dos subsídios denominados *Grants-in-Aid*, desenvolveu-se em escala bem mais extensa uma relação quase contratual entre o Governo Nacional e os Estados, esclarece Edward S. Corwin, citando A. F. Macdonald. O Congresso aprovou verbas para subsidiar no âmbito estadual a proteção florestal, a educação nas áreas de interesses agrícolas, industriais, de economia doméstica, reabilitação profissional, manutenção de escolas náuticas, experiências em reflorestamento, construção de estradas, etc. Em contrapartida, os Estados contribuíram com idênticas somas de recursos para os mesmos objetivos e empenharam seus demais poderes para apoiar esses programas instituídos pelo poder central, em conformidade com as diretrizes traçadas pelo Congresso. A Lei do Seguro Social, de 14 de agosto de 1935, marcou o auge desse tipo de cooperação entre o poder central e os poderes locais, introduzindo o poder de tributar-e-gastar em apoio aos Estados que desejassem cooperar na manutenção das pensões aos aposentados por velhice, seguro desemprego, auxílio às gestantes, reabilitação profissional e trabalho de empobrecidos, crianças dependentes e aos cegos, porém passou a "coagir" os Estados participantes a "abdicar" de seus poderes. Nos casos Stewart Mach. Co. *v.* Davis, 301 U.S. 548, em 1937, e Carmichael *v.* So. Coal and Cole Co., 301 U.S. 495, 526, em 1937, a Suprema Corte considerou que "sustentar que motivo ou tentação equivale a coerção é mergulhar o direito em dificuldades infindáveis" e que "os Estados Unidos e o Estado de Alabama não são governos estranhos. Coexistem no mesmo território. O desemprego é problema comum a ambos. As duas leis questionadas (a lei do Congresso e a de Alabama) incorporam um esforço legislativo por parte dos Governos do Estado e Nacional a fim de alcançar um objetivo público comum a ambos, que nenhum deles pode atingir completamente sem a cooperação do outro. A Constituição não proíbe tal cooperação".

Em resumo, afirma Corwin, a expansão do poder nacional foi contrabalançada por uma atividade governamental também ampliada por parte dos Estados, algumas vezes em cooperação uns com os outros, outras vezes em cooperação com o Governo Nacional ou entre aqueles e este. Ao celebrar um convênio aprovado pelo Congresso, um Estado aceita o cumprimento de obrigações de caráter legal sobre cuja execução a Suprema Corte ou o Congresso detêm poderes, como decidido no caso 246 U.S. 565, em 1918. Não pode o Estado tentar se exonerar de suas obrigações sob alegação de que não tem poder constitucional para assumi-las e que não possui poderes para cumprir seus correspondentes deveres, como decidido no caso West Virginia *v.* Sims, 341 U.S. 22, em 1951.

3.1.4 A autonomia dos governos locais para a regulamentação do sistema de proteção social na Constituição norte-americana

Edwin E. Witte[75] esclarece que o governo nacional norte-americano, ainda sob o influxo da depressão econômica da década de 1930, criou o sistema nacional de proteção das pessoas idosas e dos desempregados e incentivou os Estados a implantar sistemas de proteção contra o desemprego, limitando-se, porém, à fiscalização da administração dos sistemas, cabendo a cada um dos Estados estabelecer, administrar e prescrever as normas de implantação da cobertura dos riscos. Somente o Estado de Wisconsin promulgou uma lei de proteção ao desemprego, em 1932, antes da Lei do Seguro Social de 1935, que se tornou efetiva com o início da arrecadação das contribuições em 01.07.1934 e com a concessão de benefícios em 01.07.1936. Nenhum outro Estado o fizera até a promulgação da *Social Security Act*, que estabeleceu o sistema nacional do seguro social das aposentadorias e pensões (*old age and survivors*) e estimulou os Estados a estabelecerem sistema de seguro social contra o desemprego, que é usualmente conhecido como "o sistema federativo", contendo uma acurada descrição indicativa de responsabilidades de ambos governos, federal e estadual, sobre o seguro desemprego. Porém a responsabilidade dos governos estaduais é maior que a responsabilidade da União.

3.2 O amparo social face ao princípio federativo na Constituição brasileira

Jean-Jacques Dupeyroux[76] destaca que o problema social enfrentado por Roosevelt não se igualava àquele que foi enfrentado por Bismarck: enquanto este visou a integração de uma classe social

---

[75] *Five lectures on social security*, p. 17, 50-53.

[76] *Op. cit.*, p. 56, n. 1.

Capítulo 3
O Estado do Bem-Estar Social e o Princípio Federativo | 71

determinada (a dos trabalhadores), o primeiro tinha em mira uma conjuntura social muito mais abrangente, que abarcava toda a nação.

Essa explicação nos dá, pois, uma dimensão do que ocorre no sistema constitucional brasileiro de proteção social, uma vez que a área de atuação da previdência se concentra nas classes sociais de trabalhadores, logo sendo estruturada pelo modelo bismarckiano, ao passo que as áreas de atuação da saúde e da assistência social adotam o modelo do "Estado do bem-estar social" difusamente direcionada, principalmente, ao resto da conjuntura social. Embora as áreas de saúde e de assistência social se refiram no geral e diretamente às classes sociais dos cidadãos miseráveis e dos indigentes, abrange também as classes sociais dos trabalhadores, como esclarece Marly Cardone. Contudo, entendemos que os segurados da Previdência Social prescindem das medidas de proteção social disponíveis nas áreas de saúde e de assistência social.

Na Constituição brasileira, a área de atuação da Previdência Social segue o modelo bismarckiano, concentrando o poder regulamentar e a gestão do Regime Geral de Previdência Social nas mãos da União Federal, ao passo que as áreas de atuação da saúde e da assistência social segue o modelo do *welfare state* norte-americano, estabelecendo o poder regulamentar geral e fiscalizador à União Federal e a execução das Políticas de Saúde e de Assistência Social aos poderes locais.

3.2.1 Fundamentos da responsabilidade estatal pelo amparo social no Brasil

Não há um posicionamento preciso sobre esse tema na Constituição brasileira, assim como não são precisas as origens da responsabilidade do Estado brasileiro pelo amparo social na prática constitucional adotada pela Constituição brasileira.

Pela interpretação histórica resulta evidente que a Constituição brasileira foi influenciada inicialmente pelo modelo constitucional alemão ("modelo bismarckiano"), pelo qual o chefe do poder Executivo central da então recém-fundada federação alemã, o Kaiser Guilherme I, encarregou ao seu Primeiro-Ministro, Otto Bismarck, a missão de resolver o problema das agitações populares e das reivindicações de massa do proletariado alemão na segunda metade do Século XIX.

A se admitir essa teoria, estamos a descartar todas as influências recebidas de outros modelos constitucionais anteriormente pela nossa prática constitucional, o que é plausível e aceitável por dois fundamentos básicos: a) a Previdência Social, como técnica de proteção social fundamentada no seguro social só surgiu em 1883 com a promulgação da lei alemã do Seguro Social contra Acidentes de Trabalho; b) a Previdência Social surgiu justamente num modelo constitucional do tipo federativo. Desta forma o primeiro modelo constitucional de Previdência Social foi implantado por um Estado federal — o "modelo bismarckiano" — base política e jurídica da fase histórica de formação da Previdência Social no mundo, como aponta Mozart Victor Russomano.

O modelo bismarckiano, fortemente centralizador do poder, ignora os poderes periféricos na elaboração da política de proteção social, assumindo inicialmente o poder central alemão todas as responsabilidades pela implantação do seguro social obrigatório, impondo às empresas a cobertura de seus empregados contra os riscos de acidentes de trabalho, mediante seguros que eram administrados por seguradoras privadas. Num segundo momento, o poder central alemão assumiu também a responsabilidade pela administração dos seguros sociais.

As relações políticas entre o poder central e os poderes locais no Brasil seguem o modelo bismarckiano, presente nos textos constitucionais brasileiros de 1934, de 1937, de 1946 e de 1967.

A Constituição brasileira de 1988, porém, começa a se afastar do modelo bismarckiano e a se aproximar do modelo do *welfare state*, ao adotar a técnica protetiva da seguridade social, influenciado pelos modelos do seguro social norte-americano (*Social Securiy Act*, de 1935) e do seguro social inglês (Relatórios Beveridge, de 1947 e 1949).

Do ponto de vista técnico, nossa Previdência Social ainda segue o modelo bismarckiano, mas do ponto de vista político a adoção da seguridade social pela Constituição brasileira de 1988 representa uma mudança de paradigma nas relações entre o poder central e os poderes locais.

Embora constitua marco fundamental para a introdução do princípio federativo na Política Previdenciária, a Constituição Federal brasileira de 1988, inicialmente apenas se preocupou com a solução da dívida pública interna dos Estados e Municípios em relação ao INSS (Instituto Nacional do Seguro Social), órgão da administração pública direta da União Federal, introduzindo um mecanismo de sancionamento político-jurídico de natureza econômica, no §4º do artigo 57 do Ato das Disposições Constitucionais Transitórias, consistente no bloqueio do repasse de verbas orçamentárias do Fundo de Participação dos Estados (FPE) e do Fundo de Participação dos Municípios (FPM).

Somente a partir da Emenda Constitucional nº 20, de 15 de dezembro de 1998, foram definidas as responsabilidades entre o poder central e os poderes locais no Brasil, em matéria de proteção social, a partir de um intervencionismo do poder central sobre os regimes especiais de Previdência Social instituídos pelos Estados Membros, pelo Distrito Federal e pelos Municípios.

3.2.2 A divisão de competências e o compartilhamento de responsabilidades de gestão da proteção social na Constituição brasileira

Embora sempre tenha sido reconhecido aos Estados, ao Distrito Federal e aos Municípios competência concorrente com a da União para legislar em matéria de Previdência Social, com visos a instituir regimes de Previdência Social para seus servidores públicos, até o advento da Constituição Federal de 1988 a União Federal se absteve de interferir diretamente no exercício de tais poderes locais.

Desta forma, muitos regimes próprios de Previdência Social foram instituídos no âmbito dos Estados, do Distrito Federal e dos Municípios, sem que, em muitos casos, tivessem a mínima viabilidade financeira ou o indispensável rigor atuarial em sua administração.

Até o advento da Constituição Federal de 1988 a União Federal administrava os regimes de previdência do setor privado (o regime de previdência do trabalhador urbano e o regime de Previdência Social do trabalhador rural) e os regimes especiais de Previdência Social dos servidores públicos civis e militares da União e o regime de Previdência Social dos Ex-combatentes (assim como o Congresso Nacional administrava diretamente seu próprio regime de previdência: o IPC – Instituto de Previdência dos Congressistas). Os Estados Membros, o Distrito Federal e os Municípios administravam os regimes próprios de Previdência Social por eles próprios instituídos para a proteção de seus servidores públicos. Nada mudou nessa divisão de competências em matéria previdenciária, apenas a União passou a fiscalizar e punir os Estados Membros, o Distrito Federal e os Municípios que instituíram regimes próprios de Previdência Social e avocou para si a competência para legislar e administrar (sob a égide de seu poder regulamentar geral) sobre a proteção previdenciária dos servidores públicos que estivessem negligenciados pelas Administrações Públicas locais a que servem, quanto à proteção de um regime próprio de Previdência Social.

Mas a introdução da seguridade social na Constituição Federal de 1988 ampliou os poderes da União Federal, pois definiu sua competência exclusiva para legislar sobre essa matéria, no artigo 22, inciso XXIII, e ditou para esse modelo de seguridade social a definição contida no Título VIII ("Da Ordem Social"), Capítulo II ("Da Seguridade Social"), composto de quatro Seções: a) a Seção I cuida das "Disposições Gerais", emitindo um conceito de seguridade social em seu *caput* e definindo-lhe os princípios jurídicos fundamentais em seu parágrafo único; b) a Seção II versa sobre a área de atuação da Saúde; c) a Seção III dispõe sobre a Previdência Social e, d) a Seção IV trata da Assistência Social.

Os poderes locais, estaduais, distrital e municipais são desprovidos, portanto, de competência legislativa sobre matéria de seguridade social, sendo-lhes reconhecido apenas o poder de legislar de forma concorrente (o que também implica no reconhecimento de um poder regulamentar restrito e fragmentário) nas áreas de Previdência Social e de saúde (artigo 23, inciso XII), assim como, também, na área de assistência social (artigo 23, incisos XIV e XV), com a estrita observância dos seguintes limites estabelecidos pelos parágrafos do artigo 23 da Constituição Federal: a) "No âmbito da legislação concorrente, a competência da União limitar-se-á a estabelecer normas gerais" (§1º); b) "A competência da União para legislar sobre normas gerais não exclui a competência suplementar dos Estados" (§2º); c) "Inexistindo lei federal sobre normas gerais, os Estados exercerão a competência legislativa plena, para atender a suas peculiaridades" (§3º); d) "A superveniência de lei federal sobre normas gerais suspende a eficácia da lei estadual, no que lhe for contrário" (§4º).

A União Federal controla, pois, a técnica protetiva do seguro social, representada pela expressão "previdência" (que transcende à mera Previdência Social), utilizada no conceito de seguridade social ditado pelo *caput* do artigo 194 da Constituição Federal de 1988, dita regras gerais sobre a Previdência Social do setor privado (artigo 201), que não estão infensas a qualquer legislação dos poderes públicos locais, assim como dita as regras gerais sobre a Previdência Social dos seus próprios servidores federais civis (artigo 40) e militares (artigos 42 e 142, inciso X), que vinculam e submetem o poder legislativo local.

Mesmo tendo sido estabelecidos limites de atuação para os poderes públicos federal, estaduais, distrital e municipais, pelo texto original da Constituição Federal de 1988, persistiu por mais 10 (dez) anos, o absenteísmo da União Federal no cumprimento do seu dever de regulamentação e de fiscalização sobre os regimes próprios de Previdência Social instituídos pelos poderes locais. Apenas em 15 de dezembro de 1998, com a promulgação da Emenda Constitucional nº 20, conhecida como Emenda da "Reforma da Previdência", a União Federal impôs aos Estados Membros, ao Distrito Federal e aos Municípios a adequação atuarial de seus regimes de Previdência Social e a obriga-toriedade de regimes contributivos, com nova redação dada ao artigo 40, *caput*, que recepciona a Lei nº 9.717, de 27 de novembro de 1998, que tramitou ao mesmo tempo em que tramitou a Proposta de Emenda Constitucional (PEC) de nº 33.

Dispõe a Lei nº 9.717, de 1998, em seu artigo 1º, *caput*, que "os regimes próprios de Previdência Social dos servidores públicos da União, dos Estados, do Distrito Federal e dos Municípios, dos militares dos Estados e do Distrito Federal deverão ser organizados, baseados em normas gerais de contabilidade e atuária, de modo a garantir o seu equilíbrio financeiro e atuarial" (a seguir dita princípios jurídicos fundamentais, sob o rótulo de "critérios").

Posta de lado a competência concorrente dos Estados, do Distrito Federal e dos Municípios, estão esses poderes locais absolutamente jungidos à Política da Seguridade Social ditada pela União a partir da Constituição Federal de 1988, que universalizou o acesso dos cidadãos às prestações das áreas de saúde e de assistência social, ao mesmo tempo em que "desfederalizou" os serviços de saúde, instituindo o Sistema Unificado de Saúde (SUS), porém mantendo seu poder de comando e fiscalização, tal como determinado pelos artigos 196 a 200 e 203 a 204 do texto constitucional, que são regulamentados por Leis Orgânicas: a Lei Orgânica da Saúde (L.O.S.) e a Lei Orgânica da Assistência Social (L.O.A.S.), respectivamente as Leis nº 8.080, de 19 de setembro de 1990, e nº 8.742, de 7 de dezembro de 1993.

Dispõe a Lei Orgânica da Saúde, que "as ações e serviços públicos de saúde e os serviços privados contratados ou conveniados que integram o Sistema Único de Saúde – SUS são desenvolvidos de acordo com as diretrizes previstas no art. 198 da Constituição Federal" (artigo 7º, *caput*), "serão organizados de forma regionalizada e hierarquizada em níveis de complexidade crescente" (art. 8º, *caput*), sob direção única e exercida em cada esfera de governo pelos órgãos que menciona (art. 9º, *caput*), facultando aos Municípios instituir "consórcios" (artigo 10), que na essência constituem *federações de Municípios*, expressão mais adequada para designar atualmente a organização política dos antigos feudos medievais europeus (também designados pela Sociologia Jurí-dica e pela Ciência Política como "regiões"). Desta forma, a Política de Saúde da Seguridade Social irradia a partir da União Federal, a despeito da composição colegiada de seus órgãos de direção e da descentra-lização da execução das ações de saúde.

Já o enunciado do artigo 6º, parágrafo único, da Lei Orgânica da Assistência Social, é direto e objetivo no que concerne à definição do poder central em ditar a Política da Assistência Social, estabelecendo que "a instância coordenadora da Política Nacional de Assistência Social é o Ministério do Bem Estar Social", ou seja, uma autarquia da administração pública direta da União Federal.

3.2.3 A coordenação das ações de proteção social ("convênios") entre os poderes públicos e a iniciativa privada na Constituição brasileira

A Constituição brasileira de 1988 passou a dispor expressamente sobre a coordenação das ações de proteção social entre o poder central e os poderes periféricos, mas acima de tudo, visando articular a participação da iniciativa privada com as ações públicas de proteção social.

O legislador constituinte deixou claro e expresso esse objetivo na definição de seguridade social ditada pelo *caput* do artigo 194 da Constituição brasileira de 1988: "A seguridade social compreende *um conjunto integrado de ações de iniciativa dos Poderes Públicos e da sociedade*, destinadas a assegurar os direitos relativos à saúde, à previdência e à assistência social" (destacamos).

No entanto, os Estados Membros, o Distrito Federal e os Municípios não participam em nada na área da Previdência Social administrada pela União Federal, salvo quando, por não terem instituído regime próprio de Previdência Social para seus servidores públicos, passam a ser enquadrados como "empresas" no Regime Geral de Previdência Social (com seus servidores públicos sendo enquadrados como segurados obrigatórios empregados), com direito à representatividade (do representante *do Governo*) junto aos órgãos de gestão da seguridade social, na forma do artigo 194, parágrafo único, inciso VII, da Constituição Federal de 1988 (com nova redação ditada pela Emenda Constitucional nº 20, de 15 de dezembro de 1998). Só legislam no âmbito interno de seus regimes próprios de Previdência Social, mas não participam da execução das ações de Previdência Social da competência da União Federal. Logo não há que se falar em colaboração entre o poder central e os poderes locais em matéria de Previdência Social, salvo no que concerne à contagem recíproca de tempo de contribuição e de compensações financeiras entre regimes de Previdência Social, na forma prevista pelo artigo 201, §9º, da Constituição Federal de 1988 (acrescentado pela Emenda Constitucional nº 20, de 15 de dezembro de 1998), que é regulamentado pela Lei nº 9.796, de 05 de maio de 1999.

Diversamente, nas áreas de saúde e de assistência social, a União detém o poder de ditar as normas gerais e de impor aos Estados

Membros, ao Distrito Federal e aos Municípios o dever de execução das políticas federais nessas áreas, muito embora os autorize a legislar concorrentemente, sobrando-lhes muito pouco o que acrescentar às normas gerais, criando círculos concêntricos de irradiação do poder, partindo forte e concentrado no centro até se dissipar na periferia, nas mãos dos particulares conveniados.

Nas normas constitucionais que regem a organização da saúde, dispõe o artigo 199, *caput*, da Constituição brasileira que "a assistência à saúde é livre à iniciativa privada", e estabelece em seu §1º que "as instituições privadas poderão participar de forma complementar do sistema único de saúde, segundo diretrizes deste, mediante contrato de direito público ou convênio, tendo preferência as entidades filantrópicas e as sem fins lucrativos". Por outro lado, "é vedada a destinação de recursos públicos para auxílios ou subvenções às instituições privadas com fins lucrativos" (art. 199, §2º), assim como também "é vedada a participação direta ou indireta de empresas ou capitais estrangeiros na assistência à saúde no País, salvo nos casos previstos em lei" (art. 199, §3º) e a comercialização de sangue e hemoderivados, condicionando a remoção de órgãos, tecidos e substâncias humanas para fins de transplante, pesquisa e tratamento, coleta, processamento e transfusão de sangue (art. 199, §4º).

Nos preceitos constitucionais relativos à organização da assistência social estão expressos, no artigo 204 da Constituição brasileira de 1988, a responsabilidade da União Federal pelo financiamento das ações de assistência social, dois princípios jurídicos fundamentais que articulam as iniciativas públicas e privadas, e a autorização para que os Estados e o Distrito Federal vinculem os repasses orçamentários à iniciativa privada.

No artigo 204, *caput*, da Constituição brasileira de 1988, está definido que "as ações governamentais na área da assistência social serão realizadas com recursos do orçamento da seguridade social, previstos no art. 195, além de outras fontes". A responsabilidade pelo financiamento das ações assistencialistas articuladas pela seguridade social é, portanto, da União Federal.

No artigo 204, inciso I, da Constituição brasileira de 1988, que dispõe sobre o princípio jurídico da gestão descentralizada, a responsabilidade de cada nível de governo está compartilhada da seguinte forma: a) cabe à União Federal a coordenação da Política da Assistência Social e a competência legislativa sobre as normas gerais; b) cabe aos Estados Membros, ao Distrito Federal e aos Municípios a coordenação e a execução de seus respectivos programas de assistência social. O mesmo preceito constitucional dispõe sobre a coordenação político-administrativa das ações de assistência social desenvolvidas pelas *entidades beneficentes e de assistência social* junto a tais programas de assistência social de responsabilidade dos governos locais, o que não está muito claro e conciso na parte final do inciso I do artigo 204 da Constituição brasileira de 1988.

No artigo 204, inciso II, da Constituição Federal de 1988 está desdobrado o princípio jurídico fundamental da gestão quadripartite da seguridade social, na área da assistência social, com a determinação de que haja "participação da população, por meio de organizações representativas, na formulação das políticas e no controle das ações em todos os níveis".

No parágrafo único do artigo 204 da Constituição Federal de 1988, acrescentado pela Emenda Constitucional nº 42, de 19 de dezembro de 2003 (Emenda da "Reforma Tributária"), encontramos a outorga constitucional de poderes para que os Estados Membros e o Distrito Federal facultativamente possam vincular até 5% (cinco por cento) de sua receita tributária líquida no financiamento dos programas de apoio à inclusão e promoção social, ao mesmo passo em que veda a utilização desses recursos com o pagamento de: a) "despesas com pessoal e encargos sociais" (inciso I); b) "serviço da dívida" (inciso II) e, c) "qualquer outra despesa corrente não vinculada diretamente aos investimentos ou ações apoiados" (inciso III).

CAPÍTULO 4

A ORDEM SOCIAL, A ORDEM ECONÔMICA E FINANCEIRA, E OS DIREITOS SOCIAIS NA CONSTITUIÇÃO BRASILEIRA

A Constituição Federal de 1988 introduziu o rol dos direitos sociais em seu artigo 6º, passando a definir, originalmente, como ramos do direito social no Brasil, "a educação, a saúde, o trabalho, o lazer, a segurança, a Previdência Social, a proteção à maternidade e à infância e a assistência aos desamparados".

A Emenda Constitucional nº 26, de 14.02.2000, acrescentou no rol desses direitos sociais do artigo 6º da Constituição Federal de 1988, *a moradia*.

Marly A. Cardone[77] observa que no rol dos direitos sociais somente o Direito do Trabalho e a Previdência Social correspondem a direitos sociais sistematizados, os demais são direitos não sistematizados.

O Direito do Trabalho e a Previdência Social são os ramos sistematizados dos direitos sociais que se estruturam diretamente em função do objeto trabalho. No entanto, a Ordem Social também se estrutura no trabalho, não como *objeto*, mas como *valor*, como dispõe o artigo 193 da Constituição Federal de 1988. Como tal, podemos ampliar o elenco dos direitos sociais sistematizados para também abranger o Direito da Educação e o Direito Sanitário, por estarem estruturados na Lei de Diretrizes e Bases do Ensino e da Lei Orgânica da Saúde, respectivamente, que são leis gerais em torno das quais gravitam leis extravagantes sobre matéria de educação e de saúde; a educação preparando o cidadão para o trabalho e a saúde prevenindo e reparando sua higidez física e mental, indispensáveis para a vida e para o trabalho.

Estatui o artigo 193 da Constituição brasileira de 1988 que "a ordem social tem como base o primado do trabalho, e como objetivo

---

[77] *Previdência, assistência, saúde*: o não trabalho na Constituição de 1988, p. 26.

o bem-estar e a justiça sociais", desta forma apontando o "trabalho" como valor estruturante da organização social.

O trabalho é a força motriz da mobilidade social, pela qual a pessoa pode aspirar à "melhoria de sua condição social", como estatui o artigo 7º, *caput*, da Constituição brasileira de 1988.

O artigo 193 da Constituição brasileira de 1988 basicamente proclama o *dever social de trabalhar*, o que corresponde à técnica protetiva da autoproteção.

Quem tem um bom emprego ou exerce uma atividade profissional estável e financeiramente compensadora, em geral não passa por dificuldades existenciais de natureza material.

A questão social surge com a ausência desse emprego ou profissão, em circunstâncias juridicamente definidas como sendo de "risco social".

A noção de risco social é muito abrangente e sempre acompanhou a trajetória existencial da humanidade. Contudo, os riscos sociais se agravaram com o surgimento das fábricas, com a Revolução Industrial do Século XIX, tidas como locais muito perigosos.

Paul Pic, citado por Paul Durand,[78] explica que a expressão seguridade social surgiu como um elemento da legislação trabalhista[79] e, consequentemente, a noção de risco social era indiretamente definida pela legislação trabalhista, abrangendo apenas os riscos suscetíveis de atingir o empregado prestador de trabalho manual, excluindo outros tipos de empregados e, naturalmente, o empresário; por outro lado, como a legislação trabalhista era inerente à indústria, a noção de risco social negligenciava outras atividades profissionais, especialmente o trabalho rural.

O trabalho não é fator estruturante apenas da ordem social, porquanto também o é da ordem econômica, visto serem indissociáveis

---

[78] *La politique contemporaine de sécurité sociale*. Paris: Dalloz, 1953. p. 17-18.

[79] O surgimento do Direito do Trabalho, como ramo autônomo da Ciência do Direito, foi antecedido pelas formulações empíricas da legislação operária (*la législation ouvriére*). Nessa época, explica Paul Pic, a legislação assentou a premissa de que o empregador é responsável pela integridade do empregado enquanto estiver na fábrica, passando a regulamentar todos os aspectos da relação jurídica de trabalho, do momento em que é estabelecida, com a admissão, até o seu desligamento, ao mesmo tempo em que regulamentou as questões da duração do trabalho, do pagamento dos salários e, também, da proteção à saúde do trabalhador. Por isso, a legislação trabalhista envolvia uma série de questões que, só mais tarde, foram sendo delineadas como sendo inerentes à matéria trabalhista ou à matéria previdenciária. Por isso o Direito do Trabalho e o Direito Previdenciário surgiram na mesma época, no mesmo lugar e envolvendo os mesmos protagonistas, até se emanciparem cientificamente um do outro após a II Guerra Mundial.

as ordens econômica e social. Trabalho e Capital se interagem para instituir e manter as estruturas que dão sustentação à vida social. As Constituições brasileiras de 1946 e de 1967 continham um único capítulo dedicado à "Ordem Econômica e Social", mas a Constituição de 1988 separou a ordem econômica da ordem social, ao mesmo tempo em que cindiu a ordem social em duas partes: a) enunciou os direitos trabalhistas no Capítulo II ("Dos Direitos Sociais" – artigos 6º a 11) do Título II ("Dos Direitos e Garantias Fundamentais"); b) dispôs sobre os direitos previdenciários do Setor Privado na Seção III ("Da Previdência Social"), do Capítulo II ("Da Seguridade Social"), do Título VIII ("Da Ordem Social").

Não obstante esse remanejamento topográfico da ordem social na Constituição brasileira de 1988, o Título da "Ordem Econômica e Financeira" (Título VII), proclama em seu Capítulo I ("Dos Princípios Gerais da Atividade Econômica"), que a ordem econômica é "fundada na valorização do trabalho humano" e "tem por fim assegurar a todos existência digna, conforme os ditames da justiça social".

Na essência, a proteção do trabalhador está encastelada nos artigos 7º e 8º da Constituição brasileira de 1988, que versam sobre o regime celetista do Setor Privado, e nos artigos 40 e 142, que tratam dos regimes estatutários dos servidores públicos, ao passo que a matéria previdenciária está espalhada por todo o texto constitucional, do primeiro ao último artigo e, também, no Ato das Disposições Constitucionais Transitórias.

CAPÍTULO 5

OS SISTEMAS CONSTITUCIONAIS DE PROTEÇÃO SOCIAL

Sumário: 5.1 O sistema da seguridade social – **5.2** Os sistemas de proteção social exteriores ao sistema da seguridade social – **5.3** Os sistemas de previdência – **5.3.1** Os regimes de financiamento da previdência – **5.3.2** Os regimes jurídicos de previdência – **5.3.3** As entidades gestoras da previdência

Sendo a proteção social uma função assumida pelo Estado Moderno, desde 1883, na sua transposição de Estado Liberal, deflagrada pelo modelo constitucional alemão — o Modelo bismarkiano que introduziu o seguro coletivo compulsório — para Estado Neoliberal, promovido pelo modelo constitucional norte-americano — o Modelo do *Welfare State*, que deu o passo mais importante na institucionalização da substituição do seguro coletivo pelo seguro social —, tornou-se imperativo para a Constituição de cada país a definição do sistema de proteção social a ser implantado e executado.

Os países que subscreveram a Convenção nº 102, de 1952, da OIT — Organização Internacional do Trabalho (também conhecida como "Norma Mínima de Previdência"), se comprometeram a escolher e instituir em suas ordens jurídicas internas um sistema de Previdência Social ou um modelo de seguridade social, observando regras mínimas para a proteção social a ser desempenhada dentro do sistema escolhido.

Porém, ao mesmo tempo em que a Constituição define um modelo de proteção social oficial — se de Previdência Social ou de seguridade social — *ipso facto* também define, por exclusão, os sistemas de proteção exteriores ao sistema da seguridade social.

5.1 O sistema da seguridade social

Embora existam regras sobre uma padronização mínima dos sistemas oficiais de proteção social, não existe uma definição uniforme sobre o que seja um sistema de seguridade social e sobre as áreas da proteção social a ser desempenhada pelo Estado.

Assim como ocorre em todas as Ciências, pode haver uma diversidade muito grande de conceitos e de definições sobre o que seja um sistema de proteção social, já que cada Ciência lança um olhar diferente sobre o objeto de sua investigação.

A definição se torna ainda mais difícil devido ao caráter multidisciplinar dos sistemas de proteção social — seguridade social ou Previdência Social — com cada Ciência emitindo um juízo de valor diferente.

Qualquer que seja a definição, no entanto, estará presa a dois pressupostos sociológicos inarredáveis, que são as necessidades sociais e a existência de meios materiais para supri-las.

Cada país tem seus problemas sociais específicos, que embora sejam universais, vistos do ponto de vista das necessidades humanas básicas, perfeitamente delineadas na definição de salário-mínimo (alimentação, vestuário, habitação, etc.), variam fortemente de sociedade para sociedade e mesmo dentro da mesma sociedade.

Cada país também tem um grau de desenvolvimento econômico diferenciado, por isso sendo mais fácil implementar políticas de proteção social em Estados economicamente desenvolvidos ("Países de 1º Mundo"), do que em Estados economicamente subdesenvolvidos ("Países de 3º Mundo").

Para agravar a situação, o desenvolvimento tecnológico, os fluxos migratórios do campo para as cidades, o desemprego, o incessante surgimento de novas ameaças epidemiológicas, e outros problemas universais ou locais, pesam continuamente nas projeções dos cálculos atuariais, transmitindo uma sensação de falibilidade dos sistemas de proteção social.

Pessoalmente entendo que o maior perigo que pode rondar um sistema de proteção social é a sensação de que tudo vai bem, de que as soluções estão prontas e de que os mecanismos da proteção social são infalíveis.

Essa sensação de falibilidade dos sistemas de proteção social devem ser percebidas e administradas pelos Governos, sem, contudo, dela fazer instrumento de proselitismo político ou de terrorismo social, como vem ocorrendo generalizadamente no Mundo, no presente estágio do desenvolvimento histórico da Previdência Social — a fase do ceticismo — visto que mais do que garantir a proteção social é dever do Estado garantir à população uma sensação de proteção, que é um dos objetivos do sistema oficial de proteção social adotado pelo Estado, daí a expressão "Estado do Bem-estar social" ou *Welfare State*.

Um Estado que garante a proteção social, mas que transmite insegurança e sensação de desproteção aos cidadãos, como vem ocorrendo no Brasil desde a criação do INPS (Instituto Nacional da Previdência Social), em 1965, especialmente em relação ao reajuste das rendas mensais das aposentadorias e das pensões, na essência administra um sistema de caridade oficial, porque concede o benefício como se fosse uma esmola e mantém os segurados e seus dependentes em situação de baixa autoestima. Por isso, em certa época, o aposentado chegou a ser comparado, entre nós, a um vagabundo.

Cada Ciência tem lá suas razões, e em Direito *ubi societas, ibi jus*.

Não é possível desconsiderar, numa definição jurídica de sistema de proteção social, o maior ou menor peso das variáveis condicionantes do cálculo atuarial, posto que o Direito, como técnica racional de solução dos problemas da vida social, está condicionado pela realidade da vida, pois direito é *adequatio rei et intellectus*, e mais do que isso; no que se refere ao campo dos direitos sociais, a proteção jurídica carece dos meios materiais para a sua implementação, existindo, pois, uma correlação entre as necessidades e os meios, que deve ser equacionada pelo cálculo atuarial, como bem demonstra Alfredo Ruprecht.[80]

Cada ordem constitucional adota o sistema de proteção social que seja mais conveniente para o País, atenta às necessidades sociais e à capacidade financeira de solvê-las.

Encontramos as mesmas preocupações e opções por sistemas de proteção social nas constituições liberais-capitalistas, que ditaram os primeiros modelos de sistemas de Previdência Social e de seguridade social, assim como, também, nas constituições socialistas de economia aberta e de economia fechada, que adaptaram aqueles modelos às suas estruturas sociais.

No geral, o sistema de Previdência Social está fundamentado no seguro social, que impõe uma tendência expansionista da proteção social, mais conhecida como a "securitização" da proteção social, o mesmo ocorrendo com o sistema de seguridade social.

Todo sistema de seguridade social administra um ou mais de um sistema de Previdência Social, mas a recíproca não é verdadeira.

A doutrina busca, em vão, a adoção de uma metodologia universal para a definição da seguridade social.

---

[80] Sociologia da seguridade social. *Revista de Previdência Social*, São Paulo, v. 16, n. 143, p. 877-885, out. 1992.

O conceito de seguridade social é proteiforme, afirma Alfredo Ruprecht,[81] sendo difícil obtê-lo e sendo pouco precisos os seus contornos.

Falando sobre os riscos das desigualdades sociais e sobre o futuro da noção de risco social, sob o enfoque de uma Política de Seguridade Social emergente da definição de seguridade social contida no Preâmbulo da Constituição francesa de 1946, Paul Durand[82] traz a lume uma conclusão do Caderno do Instituto de Ciência Econômica, que estatui que "a noção de garantia social é mais rica sobre o plano doutrinário que eficaz sobre o plano das realizações, porque ela é ao mesmo tempo muito vasta e muito imprecisa no seu conteúdo, e porque ela agrupa os elementos heteróclitos... Essa possibilidade indefinida de extensão, esta ausência de limites precisos, constitui um grave defeito para uma idéia que pretende jogar uma regra construtiva, visto que ela reúne os elementos heterogêneos, sem medida comum, relevando domínios tão diferentes por sua natureza e pela qualidade das técnicas que requerem sua solução".

A definição de risco social no sistema de seguridade social da Nova Zelândia, por exemplo, prossegue Paul Durand, inclui dentre os seus riscos cobertos os danos de guerra causados à população civil, que são reparados pelos mesmos processos técnicos pelos quais são reparados outros riscos sociais. Poder-se-ia incluir numa futura noção de risco social, como matéria de seguridade social, a política de preços garantidos a favor dos agricultores e industriais, embora exista dúvida sobre a capacidade de o sistema de seguridade social abarcar todos os riscos sociais, porque é desprovido do sentido de agrupamento dos riscos vizinhos e da utilização das mesmas técnicas de proteção social.

De certa forma, podemos afirmar que todas as Constituições brasileiras abarcam, como questão de previdência ou de seguridade social, o problema da dívida interna decorrente do financiamento agrícola. Com a Abolição da escravatura pela Lei Áurea de 13 de maio de 1888, Dom Pedro II deliberou, por intermédio do Visconde de Ouro Preto, facilitar o acesso dos fazendeiros aos créditos, para que tivessem recursos para pagar salários aos recém-libertos escravos que para eles trabalhavam, como explica Aliomar Baleeiro.[83] Desta forma o

---

[81] Sociologia da seguridade social. *Revista de Previdência Social*, São Paulo, v. 16, n. 143, p. 877-885, out. 1992.

[82] *La politique contemporaine de sécurité sociale*. Paris: Dalloz, 1953. p. 22.

[83] *Constituições brasileiras*: 1891. Brasília: Senado Federal e Ministério da Ciência e Tecnologia, Centro de Estudos Estratégicos, 2001. v. 2, p. 13-14.

Banco do Brasil vem financiando, desde então, a produção agrícola e, sistematicamente, as Constituições brasileiras procedem à rolagem das dívidas internas, dentre elas as dívidas dos financiamentos agrícolas, além de reiteradamente também concederem anistias aos endividados. Isso, portanto, é matéria de seguridade social e já serviu de plataforma para uma política de preços mínimos para a agricultura, nos anos 1980, durante o mandato do Presidente João Figueiredo, sob o *slogan* "Plante que o João garante".

Duas concepções se destacam na definição da seguridade social nas Constituições, explica Alfredo Ruprecht:[84] a) a primeira dá ênfase aos fins visados, abstraindo-se dos meios utilizados para sua realização; aí se incluem as políticas destinadas a integrar o indivíduo na sociedade; b) a segunda leva em conta os meios utilizados, a fim de caracterizar a Seguridade Social como um sistema destinado a pôr em andamento técnicas específicas.

Esclarece Alfredo Ruprecht que é necessário deixar de lado as definições que consideram o Direito da Seguridade Social como parte do Direito do Trabalho (cita Arce Cano),[85] que procuram equipará-lo à seguridade econômica (cita Cetina Vargas)[86] ou que consideram beneficiários fundamentalmente os trabalhadores e subsidiariamente os demais habitantes (aponta como membros dessa corrente Moacyr Velloso Cardoso de Oliveira e Suarez Gonzales).

Afirma, ainda, Alfredo Ruprecht que também não é aceitável o conceito formulado pela Organização Internacional do Trabalho,[87] por dizer muito, o que praticamente é o mesmo que dizer nada, porque não especifica e nem determina qualquer conceito.

---

[84] Sociologia da seguridade social. *Revista de Previdência Social*, São Paulo, v. 16, n. 143, p. 877-885, out. 1992.

[85] Para Arce Cano, a seguridade social "é o instrumento jurídico do Direito do Trabalho, pelo qual uma instituição pública fica obrigada, mediante uma cota fiscal ou de outra índole, paga pelas empresas, pelos trabalhadores e pelo Estado, ou apenas por alguns deles, a proporcionar ao segurado ou seus dependentes, que devem ser trabalhadores ou pessoas economicamente débeis, assistência médica ou um benefício, quando ocorre um risco trabalhista ou um sinistro de caráter social".

[86] Para Cetina Vargas, a seguridade social "é a parte da política social que pretende organizar a economia com medidas e normas destinadas à prevenção, reparação e reabilitação das fontes subsidiárias de rendimentos em favor das pessoas cujos rendimentos normais se tenham estancado temporária ou permanentemente, valendo-se dos instrumentos técnicos indispensáveis, que garantam uma equitativa distribuição da riqueza".

[87] Para a Organização Internacional do Trabalho, "a Seguridade Social é um conjunto de disposições legislativas que criam determinadas categorias de pessoas em condições especificadas um direito a determinadas prestações".

Marly A. Cardone[88] concorda com Cesarino Júnior e Moacyr Velloso Cardoso de Oliveira, que consideram a seguridade social como a soma do seguro social (Previdência Social) e da assistência social, afirmando que de fato ela pode ser ou não esta soma: em busca de sua finalidade de liberar o ser humano das necessidades oriundas da realização das contingências humanas a segurança social pode se utilizar daquelas duas técnicas ou de outra, como fizeram a Nova Zelândia e a Austrália.

Cada ordem jurídica define, em sua Constituição, o regime de amparo social que adota, se de seguridade social, se de Previdência Social, ou se de previdência privada compulsória, como é o caso do Modelo Chileno.

Celso Barroso Leite[89] define o Modelo Chileno como sendo um misto de caderneta de poupança (na fase de acumulação das contribuições) com Fundo de Garantia do Tempo de Serviço (na fase da concessão dos benefícios), e conclui afirmando que não pode ser chamado de sistema de Previdência Social, face à ausência da solidariedade social.

Nenhuma das apontadas opções de sistemas de proteção social dispensa a intervenção do Estado, por mais que se fale, na atualidade, em crise do Estado do bem-estar social (*welfare state*). Mesmo no Modelo Chileno o Estado é o responsável pelos eventuais déficits da previdência, apesar de não administrá-la.

Ao abordar a seguridade social nos países membros da Comunidade Econômica Europeia, Danny Pieters[90] constata que os sistemas de proteção social, ainda que possam chegar a ter estruturas semelhantes, são fruto da evolução social, cultural e política de cada país e de cada sociedade, as quais têm sido circunstâncias distintas e, obviamente, resultados e experiências igualmente diferentes. Constata, também, que não existem, em nível europeu, sistemas contributivos puros nem tampouco sistemas universalistas puros. Ocorrem ambas essas manifestações, inclusive alguns países têm modificado a própria concepção de determinadas prestações, sem chegar a produzir uma mudança radical do conjunto do sistema. Assim, por exemplo, se pode observar

---

[88] *Previdência, assistência, saúde*: o não trabalho na Constituição de 1988. São Paulo: LTR, 1990. p. 25.

[89] Previdência e poupança. *Revista de Previdência Social*, São Paulo, v. 19, n. 173, p. 247-248, abr. 1995.

[90] *Introduccion al derecho de la seguridad social de los paises miembros de la comunidad economica europea*. Trad. de Eduardo Larrea Santaolalla. Madrid: Civitas, 1992. p. 13-14.

como determinadas prestações dos sistemas contributivos têm evoluído com fórmulas próprias dos sistemas universalistas (por exemplo, a assistência sanitária, as prestações familiares), e como manifestações de proteção próprias dos sistemas universalistas têm sido forçadas a adotar fórmulas dos sistemas contributivos (por exemplo, as pensões universais se complementam mediante as técnicas do sistema contributivo).

Observa, ainda, Danny Pieters, que o aspecto em que menos têm evoluído os sistemas de seguridade social diz respeito às fórmulas de financiamento, nas quais ainda é possível constatar um incremento constante da participação do Estado no financiamento dos sistemas, seja mediante o aporte global para todo o sistema protetor ou financiando uma prestação específica.

Alguns poucos países adotaram o modelo privatizado compulsório, mais conhecido como Modelo Chileno, estando espalhados pelos continentes da América do Sul, da América Central e da Ásia, tais como a Argentina, o Peru, o México, o Japão e outros.[91]

5.2 Os sistemas de proteção social exteriores ao sistema da seguridade social

Paul Durand[92] esclarece que o surgimento da seguridade social provocou um recuo das formas antigas de proteção contra os riscos sociais, quais sejam: a poupança, a propriedade, os seguros, a mutualidade, a responsabilidade, a assistência e a solidariedade familiar.

De uma maneira geral o surgimento da seguridade social provocou um recuo dessas formas antigas de proteção contra os riscos sociais, afirma Paul Durand, porque oferecia uma garantia de maior eficácia, uma proteção que era mais extensa quanto às pessoas e quanto aos riscos, em contraste com aquelas medidas de proteção tradicionais. Na medida em que a seguridade social passou a proteger melhor os indivíduos, as outras técnicas de proteção se tornaram inúteis e passaram a assumir um caráter meramente complementar, intervindo nos casos em que a seguridade social é inaplicável, porque não cobre todos os riscos da vida social ou porque a concessão de suas prestações estão subordinadas a condições que podem não ser cumpridas (*v.g.*, o pagamento da cotização mínima, o cumprimento de tempo de serviço, o cumprimento do prazo de carência); enfim, desde que a generalização

---

[91] *In*: CONGRESSO BRASILEIRO DE PREVIDÊNCIA COMPLEMENTAR, 1., 1994, São Paulo.

[92] *La politique contemporaine de sécurité sociale*, p. 593-594.

da seguridade social exclui certos grupos sociais da garantia da proteção social, esses grupos sociais excluídos são impelidos a buscar outras formas de proteção. O mesmo ocorre nas hipóteses de serem insuficientes as prestações da seguridade social, o que é frequente nos casos de aposentadoria por velhice e nas prestações de desemprego ou de morte.

O surgimento da seguridade social promoveu uma revisão na definição daquelas técnicas tradicionais de proteção social, que evoluíram paralelamente à evolução da seguridade social, passando a constituir, na atualidade, sistemas de proteção social que Roger Jambu-Merlin[93] denomina de "regimes de proteção social exteriores à seguridade social", e que consistem na mutualidade, nos regimes complementares, no seguro-desemprego e na assistência social.

Nem sempre as constituições estabelecem preceitos a respeito desses sistemas de proteção social, e quando o fazem estabelecem definições equivocadas e preceitos distorcidos, ora evidenciando o trabalho dos *lobbies* a serviço dos interesses privados dos grandes grupos financeiros (bancos, seguradoras e financeiras), ora evidenciando um domínio impreciso das definições jurídicas, posto haver distinções de grande complexidade na matéria jurídica entre a previdência complementar e a previdência privada, e entre ambas e o Direito do Trabalho.

Esses sistemas de proteção social exteriores à seguridade social são muito fecundos na prática constitucional e são tratados pela jurisprudência do Excelso Supremo Tribunal Federal, no Brasil, como matéria infraconstitucional, portanto sem referências diretas na Constituição brasileira ou somente sendo nelas inferidos por ilação das garantias de direitos individuais e coletivos, ou por extensão de direitos trabalhistas derivados do contrato de trabalho, a exemplo dos direitos trabalhistas complementares.

De um lado o sistema da seguridade social está assentado numa única fonte de direito, que é a lei, calcada sobre "situações jurídicas", das quais emergem as definições dos "tipos previdenciários", que estabelecem os requisitos de aquisição do direito do cidadão à proteção social a ser prestada pelo Estado, além de estabelecer a mensuração da extensão dessa proteção social (duração, valor, condições, etc.).

De outro lado, os sistemas de proteção exteriores à seguridade social estão todos calcados num patrimônio privado (as rendas decorrentes da remuneração da poupança individual ou da exploração do

---

[93] *La sécurité sociale.* Paris: Librairie Armand Colin, 1970. p. 282-307.

direito de propriedade) ou numa relação jurídica, assim considerado "o elo obrigacional que vincula duas pessoas, através de um contrato" (as rendas e as indenizações garantidas pelos seguros privados, pelos seguros coletivos, pelas mutualidades, pela responsabilidade civil, pela assistência, pela solidariedade familiar ou classista e pelas concessões patronais, contributivas ou não). Os contratos evoluíram muito e transcenderam ao modelo clássico do contrato bilateral, para atingir o nível dos "contratos plurilaterais" e dos "contratos relacionais", que os economistas e administradores de empresa também chamam de "união de contratos". Por outro lado, num mesmo contrato, como é o caso do contrato de trabalho, podem surgir tipos diferenciados de obrigações, que vão definir âmbitos distintos da proteção trabalhista: os direitos trabalhistas típicos e os direitos trabalhistas complementares.

5.3 Os sistemas de previdência

Gérard Lyon-Caen[94] adverte que não devemos confundir um *conceito de previdência* com uma *instituição de previdência*: a instituição é contingente e o conceito é necessário. No que tange à previdência como conceito, ela é uma virtude, tal como a economia; não é uma ciência como a previsão ou a prospectiva. O homem previdente é aquele que poupa para os dias de escassez, que se antecipa ao futuro. A previdência é irmã gêmea da poupança e como ela se opõe ao consumo. Dela exala um forte perfume que não é o que libera o Estado Providência (como na Seguridade Social), mas daquele Estado fundado sobre o individualismo egoísta e otimista. Quando começamos a nos preocupar com as categorias profissionais, o foi para lhes permitir uma poupança e uma previdência que, da mesma forma que o trabalho, as libertassem do pauperismo. No que concerne à previdência como instituição, o ato jurídico de previdência é orientado por dois princípios: é por essência facultativo, jamais diretamente obrigatório; é de origem individual mas pode ser racionalizado no âmbito coletivo. E arremata: nesse sentido é que foram instituídas a Previdência Social (obrigatória e básica) e a previdência privada (facultativa e acessória).

Dessa advertência emerge, então, a necessidade de definirmos os regimes de financiamento e os regimes jurídicos de previdência.

---

[94] La protection sociale complémentaire: la deuxième jeunesse de la prévoyance sociale. *Droit Social*, Paris, n. 4, p. 290-291, avr. 1986.

5.3.1 Os regimes de financiamento da previdência

Do ponto de vista econômico, os regimes de previdência correspondem às "pilastras" ou "colunas" de sustentação financeira da previdência, como os definem os economistas: a) a *Previdência Social*; b) a *previdência complementar*; c) a *previdência privada*; d) a *previdência da quarta idade*.

Um quinto tipo de previdência, que é importante na fase de formação da Previdência Social, e que ainda é importante para a expansão dos sistemas de proteção social exteriores ao sistema da seguridade social, tem sido relegado ao esquecimento: a previdência coletiva.

Por desconhecimento dos especialistas (especialmente dos juristas) e por conveniência mercadológica das instituições financeiras, a previdência coletiva vem sendo amordaçada pela rotulação genérica de "previdência privada" ou de "previdência privada complementar", tanto no Direito brasileiro (como consta da redação do artigo 202 da Constituição brasileira de 1988, introduzida pela Emenda Constitucional nº 20, de 15.12.1998) como no Direito Comparado.

Paul Durand[95] esclarece que a previdência coletiva é realizada por dois procedimentos: a) a mutualidade, e, b) os seguros coletivos.

Claudio Bazzano[96] explica que a previdência é dividida em três, ou quatro, "pilastras" (ou "colunas") de sustentação financeira, vale dizer que é dividida nos seguintes "regimes financeiros": a) a Previdência Social, que é administrada pelo Estado, segundo o sistema de repartição; b) a previdência complementar, erigida ao flanco da Previdência Social, que é administrada por entidades autorizadas, segundo o regime de capitalização; c) a previdência privada, por ele designada como "previdência integrativa" ou "previdência adicional individual", que é administrada por entidades prepostas na gestão de produtos, segundo o sistema de capitalização, e que já está desenvolvida há muitos anos e que consiste na integração individual do trabalhador, independentemente de obrigação trabalhista e de contrato coletivo, por sua iniciativa pessoal, estimulada pela entidade que constituiu o fundo financeiro; d) a previdência da quarta idade, que consiste no traslado total ou parcial e/ou na integração das previdências das segunda e terceira pilastras para uma entidade gestora de um fundo de proteção social, objetivando o provisionamento de recursos materiais para fazer frente

---

[95] *La politique contemporaine de la sécurité sociale*, p. 31-38.

[96] *La previdenza complementare e integrativa*: dal primo al quarto pilastro. Milão: Cosa & Come, 1997. p. 3-5.

aos elevados gastos de previdência e de assistência futuros na velhice ("quarta idade"), e que não são cobertos pela seguridade social.

Mas a previdência, qualquer que seja o seu regime de financiamento, carece da definição dos riscos sociais a serem cobertos, razão pela qual precisa de um plano de benefícios, ao qual se junta para formar um regime jurídico de previdência, que é entregue à gestão de uma entidade previamente definida.

5.3.2 Os regimes jurídicos de previdência

Juridicamente, um sistema de proteção social é definido por uma fonte de direito, pela manifestação de vontade de uma pessoa jurídica de direito público ou privado, que institui um sistema de proteção social: por lei, na primeira hipótese; por regulamento privado ou contrato, na segunda hipótese.

Ao assumir a responsabilidade pela proteção social, o Estado organiza sistemas de proteção social, razão pela qual as Constituições, normalmente, se referem a mais de um sistema de administração pública das áreas de proteção social abrangidas pela definição de seguridade social que adota.

As demais áreas de proteção social, não abrangidas pelo Sistema da Seguridade Social, também se organizam mediante sistemas — os Sistemas de Proteção Social Exteriores ao Sistema da Seguridade Social — que são administrados pela iniciativa privada, coletiva ou social.

O fato de o Estado administrar a proteção social não autoriza afirmar que existe uma "Previdência Pública", porque a proteção social — a própria designação o diz — é organizada para a proteção da sociedade. O Estado apenas institui e administra o Sistema da Seguridade Social e os Sistemas de Previdência Social.

O sistema de proteção social é complexo, razão pela qual é composto de "Sistemas" e de "Regimes" jurídicos.

Celso Barroso Leite[97] esclarece que, em princípio, ao menos no tocante à organização administrativa da área social, um *regime* integra um *sistema*, e que, normalmente, *regime* diz respeito a determinado grupo ou setor, enquanto *sistema* pressupõe mais de um regime.

Por isso existem diversos sistemas de previdência na Constituição brasileira — o *Sistema da Previdência Social*, o *Sistema da Previdência Complementar* e o *Sistema da Previdência Privada* — e múltiplos *regimes de previdência* dentro de cada um desses sistemas.

---

[97] *Dicionário enciclopédico de Previdência Social*. São Paulo: LTR, 1996. p. 137-138.

Celso Barroso Leite[98] observa que a Constituição se refere, meio de passagem, a um sistema de seguridade social e cogita mais formalmente, no capítulo da seguridade social, de um "sistema único de saúde" (com iniciais minúsculas), o que contrasta com as áreas financeira e tributária, que têm os Sistemas Nacionais respectivos, cada qual objeto de um capítulo específico. Embora prevendo um sistema único de saúde, a Constituição não faz o mesmo com a Previdência Social, nem com a assistência social, cuja Lei Orgânica, porém, se refere, meio de passagem também, à organização das ações da área desta em "sistema descentralizado e participativo"; da mesma maneira, apenas na sua Lei Orgânica (basicamente o seu Plano de Custeio) é que vamos encontrar o Sistema Nacional de Seguridade Social. Em outras palavras, prossegue o autor, na letra expressa da Constituição, o todo, seguridade social, é menos sistema que uma das suas partes, saúde, concluindo que um sistema de seguridade social só existe indiretamente no texto constitucional; e um sistema de Previdência Social não figura expressamente na Constituição ou na legislação.

Curiosamente, arremata Celso Barroso Leite, ao dispor sobre a contagem recíproca, para efeito de aposentadoria, do tempo de contribuição na administração pública e na atividade privada, a Constituição estabelece que "os diversos sistemas de Previdência Social" se compensarão financeiramente, donde se infere que não existe apenas um, porém alguns sistemas de Previdência Social, o que não lhe parece próprio.

Após apontar o Regime Geral de Previdência Social e o Regime Facultativo Complementar de Previdência Social (cuja denominação é complicada ou contraditória) na Constituição brasileira, Celso Barroso Leite[99] conclui que, conceitualmente, regime é parte e sistema o todo.

Celso Barroso Leite reconhece que essa conceituação não é tão tranquila como pode parecer, mas faz sentido, pois nas suas origens regime significa normas e diretrizes, e sistema significa conjunto organizado, inclusive de regimes, esclarecendo que as entidades internacionais e a Associação Internacional da Seguridade Social contornam essa questão polêmica utilizando as expressões "esquema de Previdência Social" ou "programa de Previdência Social".

No nosso entendimento, a Constituição brasileira contém um Sistema da Seguridade Social, que corresponde a um sistema de

---

[98] *Dicionário enciclopédico...*, p. 137.
[99] *Dicionário enciclopédico...*, p. 138.

coordenação político-jurídico-administrativo-financeiro dos Sistemas da Previdência Social, da Saúde e da Assistência Social, que, a seu turno, se desdobram em inúmeros regimes.

5.3.3 As entidades gestoras da previdência

Cada sistema de proteção social é administrado por uma entidade de natureza diferente, sendo que, normalmente, o Estado administra o Sistema da Previdência Social e as Entidades Privadas administram os Sistemas de Proteção Social Exteriores ao Sistema da Seguridade Social.

O Sistema da Previdência Social é administrado pela União Federal, que também administra Regimes de Previdência Social (o Regime Geral do artigo 201 e os Regimes Especiais do artigo 40 e 142 da Constituição da República Federativa do Brasil, de 1988), juntamente com os Estados Membros, o Distrito Federal e os Municípios, que também possuem competência concorrente para legislar sobre a instituição de "regimes próprios" para a proteção previdenciária dos servidores públicos a seu serviço (artigo 24, inciso XII, da mesma Constituição).

Os regimes de Previdência Social instituídos pela União, pelos Estados Membros, pelo Distrito Federal e pelos Municípios, são administrados pelas entidades instituídas pelos respectivos Planos de Benefícios. A propósito, a Emenda Constitucional nº 47, de 2005, deu nova redação ao artigo 40 da Constituição da República, de 1988, acrescentando-lhe o §20, que estabelece a vedação da instituição de mais de um regime especial de Previdência Social para os servidores públicos titulares de cargos efetivos, e de mais de um órgão gestor do respectivo regime de previdência em cada ente estatal, salvo no que se refere ao regime próprio de Previdência Social dos servidores militares, com expressa remissão ao artigo 142, §3º, inciso X, da mesma Constituição.

As demais previdências são administradas por entidades privadas, salvo, excepcionalmente, nas hipóteses de regimes complementares compulsórios.

Capítulo 6

Elementos Característicos da Definição do Sistema de Previdência Social na Constituição Brasileira

Sumário: 6.1 A distinção entre o Sistema da Previdência Social e os demais sistemas de proteção social na Constituição brasileira – **6.1.1** A distinção entre o Sistema da Previdência Social e o sistema da seguridade social – **6.1.2** A distinção entre o Sistema da Previdência Social e o sistema de saúde – **6.1.3** A distinção entre o Sistema da Previdência Social e o sistema da assistência social – **6.1.4** A distinção entre o Sistema da Previdência Social e o sistema da previdência privada – **6.1.5** A distinção entre o Sistema da Previdência Social e o Sistema da Previdência Complementar – **6.1.6** A distinção entre o sistema da Previdência Social e o Sistema da Previdência Sobrecomplementar – **6.1.7** A distinção entre o Sistema da Previdência Social e o Sistema da Previdência da Quarta idade – **6.1.8** A distinção entre o Sistema da Previdência Social e o sistema do Direito do Trabalho

São elementos característicos da definição de Previdência Social: a) a solidariedade social; b) a compulsoriedade; c) a vinculação laboral dos seus beneficiários; d) a contributividade; e) a formação de poupança coletiva; f) a proteção material básica, sob a técnica dos seguros sociais e em valores econômicos mínimos; g) a responsabilidade do Estado pelos eventuais déficits do sistema.

A Constituição Federal de 1988 não estabelece claramente esses elementos característicos da Previdência Social, que ficam, assim, subentendidos no texto constitucional em relação ao Regime Geral de Previdência Social no artigo 201, mas passou a ser parcialmente explicitado em relação ao Regime Especial de Previdência Social do Servidor Público Efetivo da União com a nova redação dada ao *caput* do artigo 40 pela Emenda Constitucional nº 41, de 2003, o qual destaca o "caráter solidário" desse regime de Previdência Social.

A compulsoriedade distingue a Previdência Social das demais modalidades de previdência, salvo, excepcionalmente, em algumas ordens constitucionais que admitem regimes de previdência complementar compulsórios.

Essa compulsoriedade é destacada em relação ao Regime Geral de Previdência Social pelo *caput* do artigo 201 da Constituição Federal de 1988, sob a expressão "filiação obrigatória".

A compulsoriedade também está presente nos Regimes Especiais de Previdência Social dos servidores públicos federais, estaduais, distritais e municipais, a despeito do silêncio da Constituição Federal de 1988 em seus artigos 40, *caput* e parágrafo 20; e 42, p §1º e §2º.

A vinculação laboral dos beneficiários da Previdência Social está explicitamente apontada no artigo 193 da Constituição Federal de 1988, no qual o trabalho é apontado como princípio ("primado") da Ordem Social, juriscizando a lei sociológica do "dever social de trabalhar". É com o trabalho que o indivíduo irá prover os meios do próprio sustento ("autoproteção"), destinando-se a proteção previdenciária a cobrir a ausência desses meios quando o segurado estiver privado de obtê-los, por fatores alheios à sua vontade.

No Regime Geral de Previdência Social a vinculação laboral determina a compulsoriedade da participação do trabalhador, como segurado, no sistema de proteção social oficial, correspondendo aos postulados do princípio jurídico da universalidade da cobertura e do atendimento para as populações urbanas e rurais (art. 194, parágrafo único, inciso I, da Constituição Federal de 1988).

Para os Regimes Especiais de Previdência Social a vinculação laboral também determina a compulsoriedade da vinculação do servidor público aos sistemas de Previdência Social instituídos pela Administração Pública para os seus próprios servidores, na forma do que dispõe a Seção II (*Dos Servidores Públicos*), do Capítulo VII (*Da Administração Pública*), do Título III (*Da Organização do Estado*), da Constituição brasileira de 1988, para os servidores públicos efetivos federais, estaduais, distritais e municipais (art. 40, *caput*), e para os servidores públicos militares estaduais, distritais, municipais e dos territórios (art. 42, §1º e §2º).

A contributividade vem explicitamente referenciada pela Constituição Federal de 1988, no seu artigo 201, *caput*, para o Regime Geral de Previdência Social (*de caráter contributivo*), e no seu artigo 40, *caput*, para os Regimes Especiais de Previdência Social dos servidores públicos efetivos da União, dos Estados, do Distrito Federal e dos Municípios (*de caráter contributivo*).

Nos regimes especiais de Previdência Social dos servidores militares dos Estados, do Distrito Federal, dos Municípios e dos Territórios, a contributividade está apenas implícita no artigo 42, §1º e §2º, da Constituição brasileira em vigor.

A formação de poupança coletiva, no caso dos regimes de Previdência Social, por adotarem o regime financeiro de repartição, é uma característica que vem referenciada sob a exigência de serem observados o equilíbrio financeiro e atuarial ou os critérios técnicos de previsão atuarial, uma vez que neles não há a formação de "fundos de previdência", ou de "fundos de pensão", mas existem provisionamentos orçamentários. Para o Regime Geral de Previdência Social, o artigo 201, *caput*, da Constituição Federal de 1988, exige que sejam "observados os critérios que preservem o equilíbrio financeiro e atuarial". Para os Regimes Especiais de Previdência Social dos servidores públicos efetivos da União, dos Estados, do Distrito Federal e dos Municípios, o artigo 40, *caput*, da mesma Constituição (com redação dada pela Emenda Constitucional nº 41, de 2003), determina igualmente que sejam "observados os critérios que preservem o equilíbrio financeiro e atuarial".

A característica da proteção material básica sob a técnica dos seguros sociais e em valores econômicos mínimos, vem referenciada indiretamente pela Constituição Federal de 1988 por intermédio de princípios jurídicos, no artigo 194, parágrafo único, incisos II (princípio da uniformidade e equivalência dos benefícios e serviços às populações urbanas e rurais), III (princípio da seletividade e da distributividade na prestação dos benefícios e serviços) e IV (princípio da irredutibilidade do valor dos benefícios), assim como no artigo 7º, parágrafo único, que restringe os benefícios previdenciários do trabalhador doméstico, no artigo 195, §8º, que define o segurado especial e também determina restritivamente que "farão jus aos benefícios nos termos da lei", e no artigo 201, §12 (introduzido pela Emenda Constitucional nº 47, de 2005) que instituiu o Regime Especial de Previdência Social Inclusiva "garantindo-lhes acesso a benefícios de valor igual a um salário mínimo".

A característica de proteção dos sistemas de Previdência Social não está expressamente referenciada no texto constitucional, porém, a Emenda Constitucional nº 20, de 15.12.1998, introduziu os artigos 249 e 250 na Constituição Federal de 1988, para instituir Fundos de resseguro social "com o objetivo de assegurar recursos para o pagamento de proventos de aposentadoria e pensões concedidas" pelos regimes especiais de Previdência Social (artigo 249) e pelo Regime Geral de Previdência Social (artigo 250).

Além dos mencionados Fundos de resseguro social, a característica de proteção financeira do sistema de Previdência Social está expressamente proclamada na legislação infraconstitucional. Ao regulamentar o Regime Geral de Previdência Social, o artigo 16, parágrafo único, da Lei nº 8.212, de 24.07.1991, proclama que "a União é responsável pela cobertura de eventuais insuficiências financeiras da Seguridade Social, quando decorrentes do pagamento de benefícios de prestação continuada da Previdência Social, na forma da Lei Orçamentária Anual".

6.1 A distinção entre o Sistema da Previdência Social e os demais sistemas de proteção social na Constituição brasileira

O Sistema da Previdência Social se aproxima e se confunde com outros sistemas de proteção social, tais como o sistema da seguridade social, o sistema da saúde, o sistema da assistência social, o sistema da previdência privada, o Sistema da Previdência Complementar, o Sistema da Previdência Sobrecomplementar, o Sistema da Previdência da Quarta Idade e o sistema do Direito do Trabalho.

A confrontação dos elementos característicos da definição do Sistema da Previdência Social com os elementos de identidade desses outros sistemas de proteção social nos permite estabelecer as fronteiras delimitadoras das áreas de ação de cada um deles.

6.1.1 A distinção entre o Sistema da Previdência Social e o sistema da seguridade social

O Sistema da Previdência Social se distingue do sistema da seguridade social em três aspectos distintos: a) quanto aos destinatários da proteção social; b) quanto ao custeio do sistema; c) quanto à extensão das prestações.

A primeira diferença existente entre o Sistema da Previdência Social e o sistema da seguridade social diz respeito aos destinatários. O sistema da seguridade social se abstrai da proteção social por âmbito de categorias profissionais ou por grupos de pessoas contribuintes, diversamente do que ocorre com o Sistema da Previdência Social. O sistema da seguridade social leva mais adiante o princípio da universalidade, pois contempla direitos subjetivos públicos aos cidadãos em geral, independente de vinculação laboral, independente de seus beneficiários auferirem renda ou de terem patrimônio que lhes permita prover a subsistência com recursos próprios, ou de terem-na provida por pessoas em relação às quais sejam dependentes economicamente. O Sistema da Previdência Social é caracteristicamente voltado ao amparo social restrito aos cidadãos que possuem condições de prover o sustento próprio através de seu trabalho (segurados), assim como o sustento das pessoas que delas dependam economicamente (dependentes). Por isso, a noção de seguridade social engloba a noção de Previdência Social em todos os modelos constitucionais que adotam a técnica protetiva da seguridade social, mas com ela não se confunde, embora às vezes seja difícil identificá-las em separado. O beneficiário do Sistema da Previdência Social é formalmente inscrito como segurado ou como dependente. Os beneficiários do sistema da seguridade social são simplesmente os "cidadãos", sejam eles inscritos ou não no Sistema da Previdência Social, muito embora sejam *a priori* apenas os cidadãos não inscritos no Sistema da Previdência Social, ao qual o texto constitucional se refere como "todos" (artigo 196) ou "quem dela necessitar" (artigo 203, *caput*), e que são, por natureza, os cidadãos miseráveis e os cidadãos indigentes.

A segunda característica que diferencia o sistema da seguridade social do Sistema da Previdência Social é a capacidade contributiva do cidadão protegido. Quem aufere renda pode participar do financiamento do sistema da previdência (qualquer dos tipos de sistema de previdência), sendo essa a razão pela qual a Constituição Federal de 1988 passou a destacar como componente do salário mínimo, no preceito do artigo 7º, inciso IV, a parcela relativa à contribuição previdenciária do segurado empregado. No sistema da seguridade social só é possível vincular a aquisição do direito à prestação da proteção social no âmbito do Sistema da Previdência Social. O sistema da seguridade social é não contributivo em relação aos destinatários da sua proteção social, mas é financiado pelos destinatários do Sistema da Previdência Social, como deixa evidente o preceito do artigo 195, *caput*, incisos e parágrafos, da Constituição brasileira de 1988, que é regulamentado pela Lei nº 8.212, de 24.07.1991 — Lei do Plano de Custeio da Seguridade Social — dispondo de um orçamento próprio (artigo 165, §5º, inciso III).

A terceira diferença existente entre o sistema da seguridade social e o Sistema da Previdência Social consiste no espectro da cobertura dos infortúnios. O sistema da seguridade social é contingente, pois engloba o Sistema da Previdência Social, que é conteúdo.

O sistema da seguridade social possui maior número de espécies de prestações destinadas à cobertura dos riscos sociais a que estão submetidos os cidadãos necessitados, porque não está comprometida exclusivamente com os objetivos classistas que caracterizam a Previdência Social, mas, basicamente, só presta serviços, que configuram suas demais áreas de ação: a) a área de ação dos serviços de assistência médica, ou da "saúde" social — o Sistema Único de Saúde (artigos 196 a 200 da Constituição brasileira), e, b) a área de ação dos serviços de assistência social (artigos 203 e 204 da mesma Constituição).

No Sistema da Previdência Social as prestações consistem, precipuamente, em benefícios, que são rendas mensais cuja natureza jurídica é de "substitutivo de salário", ou seja, toda vez que o trabalhador se afasta do trabalho por fatores alheios à sua vontade, por ter sido acometido por infortúnio, é privado da renda que lhe garante a subsistência, razão pela qual os benefícios previdenciários substituem essa renda da qual o segurado foi privado.

6.1.2 A distinção entre o Sistema da Previdência Social e o sistema de saúde

A saúde definida pelo artigo 194, *caput*, da Constituição brasileira de 1988, como área de ação do sistema da seguridade social, corresponde à "saúde social", como já vem sendo designada por especialistas dessa área, pois consiste num Sistema Único de Saúde que não se confunde com o sistema de saúde pública, com o sistema de proteção da saúde do trabalhador ou com o sistema privado de saúde.

A assistência médica era assegurada, no Brasil, até o advento da Constituição Federal de 1988, apenas ao segurado empregado e ao seu dependente, mas passou a ser assegurada de forma universal pelo artigo 196, *caput*, nos seguintes termos: "A saúde é direito de todos e dever do Estado, garantido mediante políticas sociais e econômicas que visem à redução do risco de doença e de outros agravos e ao acesso universal e igualitário às ações e serviços para sua promoção, proteção e recuperação".

Marly Cardone[100] esclarece que, a despeito de a Constituição Federal de 1988 não fazer qualquer referência ao trabalhador em seu artigo 196, não significa que este tenha sido excluído do atendimento de saúde, uma vez que o trabalhador também é um cidadão, e como tal está implicitamente referenciado no mencionado dispositivo constitucional.

---

[100] *Previdência, assistência, saúde*: o não trabalho na Constituição de 1988, p. 26.

A assistência médica universal, como área de atuação da seguridade social, é regulamentada pela Lei nº 8.080, de 19 de setembro de 1990 (Lei Orgânica da Saúde), em cujo Título III, Capítulo II, está disciplinada a "participação complementar" dos serviços privados de assistência à saúde, "quando as suas disponibilidades forem insuficientes para garantir a cobertura assistencial à população de uma determinada área, o Sistema Único de Saúde (SUS) poderá recorrer aos serviços ofertados pela iniciativa privada" (art. 24, *caput*) mediante contrato ou convênio, observando-se as normas de Direito Público (parágrafo único), com preferência para a contratação das entidades filantrópicas e das entidades sem fins lucrativos (art. 25). Não há aqui complementação de serviços de saúde no sentido técnico, mas a aquisição pelo Poder Público de serviços de saúde prestados pela iniciativa privada, mediante contratos ou convênios de prestação de serviços, no âmbito do Setor Terciário da Economia. Nesse mesmo sentido, o artigo 8º da Lei Orgânica da Saúde utiliza a expressão "mediante participação complementar da iniciativa privada", no Título II, Capítulo II, que dispõe sobre a organização, a direção e a gestão do Sistema Único de Saúde (SUS).

No Direito Comparado, Danny Pieters[101] esclarece que, na Bélgica, o seguro de enfermidade e invalidez dos trabalhadores autônomos está limitado às denominadas "grandes contingências", tais como a internação hospitalar, a grande cirurgia, o parto e a assistência especializada. Tais contingências também são cobertas de forma igual para os trabalhadores assalariados. As "pequenas contingências", a exemplo das consultas médicas, da assistência odontológica e da assistência medicamentosa, estão excluídas do seguro obrigatório. Em consequência, muitos trabalhadores autônomos se inscrevem voluntariamente nos seguros complementares de enfermidade, a fim de cobrir essas contingências menores.

Não há qualquer limitação imposta pela Constituição brasileira ao direito do cidadão às ações de saúde prestadas pelo Sistema Único de Saúde, o que cria a falsa expectativa de que ela é ilimitada. Porém, as limitações são impostas, na prática, pela baixa transferência de recursos orçamentários destinados ao financiamento das ações de saúde do Sistema Único de Saúde, ou pela burocracia imposta pelo Ministério da Previdência Social, responsável pela má distribuição dos recursos

---

[101] *Introduccion al derecho de la seguridad social de los paises miembros de la comunidad economica europea*, p. 49.

materiais, pela escassez de medicamentos, pela má remuneração dos procedimentos médicos, etc., o que impele, muitas vezes, o cidadão, a buscar a garantia de acesso ao atendimento de saúde perante o Poder Judiciário.

6.1.3 A distinção entre o Sistema da Previdência Social e o sistema da assistência social

A Constituição Federal de 1988 introduziu a assistência social na área de ação da seguridade social, e universalizou o acesso dos cidadãos às suas ações de proteção social, dispondo em seu artigo 203, *caput*, que "a assistência social será prestada a quem dela necessitar, independentemente da contribuição à seguridade social".

Logo emerge o caráter não contributivo da proteção social prestada pelo sistema da assistência social, o que corresponde a um dos traços distintivos que possui em relação ao Sistema da Previdência Social.

O Sistema da Previdência Social também é diferenciado do sistema da assistência social no que se refere aos destinatários. A clientela do sistema da assistência social são os cidadãos excluídos do mercado de trabalho ou os trabalhadores informais, especialmente aqueles que estão fora da faixa etária economicamente produtiva, que abrange a idade adulta (ou "meia-idade"), consistindo nas crianças e nos jovens impedidos de ter emprego formal antes dos 16 (dezesseis) anos de idade, nas pessoas portadoras de deficiências que não têm condições de trabalhar ou que não têm oportunidade de emprego, assim como nas pessoas idosas, que não possuem mais saúde ou vigor físico ou mental para exercitar trabalho (além de serem discriminadas pelo Mercado de Trabalho).

Os destinatários da proteção da assistência social estão apontados juntamente com a indicação dos objetivos dessa proteção social no *caput* e nos incisos do artigo 203 da Constituição Federal: "...tem por objetivos: I – a proteção à família, à maternidade, à infância, à adolescência e à velhice; II – o amparo às crianças e adolescentes carentes; III – a promoção da integração ao mercado de trabalho; IV – a habilitação e reabilitação das pessoas portadoras de deficiência e a promoção de sua integração à vida comunitária; V – a garantia de um salário mínimo de benefício mensal à pessoa portadora de deficiência e ao idoso que comprovem não possuir meios de prover à própria manutenção ou de tê-la provida por sua família, conforme dispuser a lei".

Celo Barroso Leite[102] aponta a assistência social como um dos numerosos e variados programas de proteção social, ao lado da Previdência Social, da previdência privada e da poupança. É um programa de proteção social destinado às pessoas necessitadas, no sentido mais preciso do termo, independente de terem contribuído, que tem por finalidade apenas o atendimento das suas necessidades básicas, proporcionando-lhes o que a legislação considera como "mínimos sociais".

Definindo a assistência social, Wladimir Novaes Martinez[103] afirma que a relação jurídica assistenciária depende da instituição propriamente dita, podendo ser visualizada como o conjunto de atividades particulares e estatais vocacionadas para o atendimento de hipossuficientes, consistindo os bens oferecidos em prestações mínimas em dinheiro, serviços de saúde, fornecimento de alimentos e outras atenções conforme a capacidade do gestor. Em princípio, não é atribuição da assistência social administrar benefícios, mas apenas serviços. Entretanto, o que define a solidariedade social para com as pessoas necessitadas é a vontade popular expressada em lei, como objetivo de Política Social. Desta forma, tudo vai depender de quanto o Poder Público está disposto a despender (como investimento social) com o atendimento às pessoas necessitadas, para o atendimento de objetivos mais amplos, de longo prazo, como intervenções na estrutura social visando à mobilidade ascendente dos assistidos rumo à autonomia econômica e à valorização como pessoa humana. Vale dizer, além de dar um peixe ao faminto, o Estado ensina-o a pescá-lo.

A assistência social atua para além da prestação de serviços sociais, através da concessão de subsídios econômicos às populações situadas abaixo da linha da pobreza, entre os miseráveis e os indigentes.

Na opinião de Iso Chaitz Scherkerkewitz,[104] a garantia de um padrão mínimo social não se dá exclusivamente com o fornecimento de uma quantia pré-estipulada de dinheiro mas, certamente, tal benefício ajudará à restauração de um mínimo de dignidade social, impedindo a miséria absoluta, a desnutrição total e, principalmente, possibilitará a reabilitação de quem, por qualquer contingência, não consegue manter-se sem a ajuda do Estado, abrindo a possibilidade para a desmarginalização de uma parcela considerável da população.

---

[102] Considerações sobre Previdência Social. *Revista de Previdência Social*, São Paulo, v. 22, n. 214, p. 725, 726, set. 1998.

[103] *Curso de direito previdenciário*. São Paulo: LTR, 1988. v. 2, p. 219.

[104] Renda mínima. *Revista dos Tribunais*, São Paulo, n. 735, p. 76, jan. 1997.

Da mesma forma que existe uma distinção entre a Previdência Social e a assistência social, que são medidas de proteção social "básicas", existe distinção entre as definições jurídicas de previdência complementar e de assistência social no aspecto em que fornece subsídios econômicos às populações carentes.

Percebemos através do exame do Direito Comparado, nas Constituições dos países que integram a Comunidade Econômica Europeia, nas quais predomina para a proteção social o conceito de seguridade social, que não há a preocupação em se delimitar áreas de atuação específicas para a Previdência Social e para a assistência social, logo não havendo, em princípio, uma preocupação quanto à delimitação teórica dos campos de atuação da previdência complementar e da assistência social, mas essas delimitações aparecem na prática com a regulamentação dos regimes de previdência complementar, resultando na definição dos regimes complementares contributivo para a área de Previdência Social (ou dos seguros coletivos) e não contributivo para a área de assistência social.

A assistência social atua no sentido de uma proteção social imediata, prestando serviços, e atua num sentido mediato (secundário) concedendo subsídios em dinheiro aos miseráveis e indigentes, que são pessoas desprovidas de renda ou que possuem renda inferior ao mínimo de subsistência ("salário mínimo"). Nesse sentido mediato, ou secundário, a assistência social possui um caráter misto, sendo *complementar* em se tratando dos miseráveis e *suplementar* em se tratando de indigentes. A ela correspondem os regimes complementares não contributivos existentes no Direito Comparado.

Na ordem constitucional brasileira existe um tipo de benefício proveniente de cada uma dessas modalidades de "regimes complementares não contributivos", que não são definidos por lei como regimes de previdência complementar, mas sim como áreas de atuação da assistência social.

Identificamos, portanto, na ordem constitucional brasileira a existência de uma assistência social em sentido amplo (*lato sensu*) e três assistências sociais em sentido estrito (*stricto sensu*): a "assistência complementar" ou *serviço social*; a assistência social complementar, representada pela *renda mínima*; e, a assistência social alimentar, consubstanciada na *renda mensal vitalícia* ou "benefício de prestação continuada".

A assistência social em sentido amplo circunscreve-se à prestação de serviços, ao passo que a assistência social em sentido estrito concede benefícios, sob a forma de subsídios econômicos, que complementam uma renda familiar inferior ao mínimo existencial ou que concedem uma renda integral a um indivíduo impossibilitado de consegui-la por seus próprios esforços, segundo *contingências sociais* definidas na lei como requisitos de aquisição do amparo material sem qualquer relação com a ideia de risco social (ou infortúnio previdenciário).

As prestações do Sistema da Previdência Social estão direcionadas prevalentemente para o amparo material, ao passo que as prestações do sistema da assistência social consistem basicamente em serviços que objetivam, acima de tudo, o amparo espiritual no sentido amplo ("bem-estar social"), para resgatar a autoestima do cidadão atendido, essencial para que ele possa, com o passar do tempo, superar a situação social em que se encontra e poder se autossustentar com seus próprios meios, inserindo-o ou reinserindo-o no convívio social. A prática constitucional brasileira, contudo, ampliou a ação da assistência social para o campo da proteção material, com a instituição do Programa "Bolsa Família", que é, na essência, um verdadeiro sistema de Previdência Social não contributivo, acessível a pessoas de baixa renda listadas segundo as exigências do Programa, e que concede uma "pensão alimentícia" ou um "subsídio de segurança alimentar", como resultado da evolução do Programa "Fome Zero".

6.1.4 A distinção entre o Sistema da Previdência Social e o sistema da previdência privada

Claudio Bazzano[105] define a previdência privada (por ele denominada de previdência integrativa ou adicional individual), como sendo aquela administrada por entidades prepostas na gestão de produtos, segundo o sistema de capitalização, e que consiste na integração individual do trabalhador independente de obrigação e de contrato coletivo, por iniciativa pessoal e individual do trabalhador, estimulada pela sociedade interessada que constitui o fundo financeiro.

A previdência privada integra o Sistema Financeiro Nacional, que é disciplinado pela Constituição brasileira de 1988, no Capítulo IV ("Do Sistema Financeiro Nacional"), do Título VII ("Da Ordem Econômica e Financeira"), artigo 192.

A Constituição Federal de 1988 estabeleceu originalmente na redação do seu artigo 192, *caput*, incisos I e II e §1º, que:

---

[105] *La previdenza complementare e integrativa*: dal primo al quarto pilastro, p. 3-5.

108 Milton Vasques Thibau de Almeida
Fundamentos Constitucionais da Previdência Social

> O sistema financeiro nacional, estruturado de forma a promover o desenvolvimento equilibrado do País e servir aos interesses da coletividade, será regulado em lei complementar, que disporá, inclusive, sobre:
>
> I – a autorização para funcionamento das instituições financeiras, assegurado às instituições bancárias oficiais e privadas acesso a todos os instrumentos do mercado financeiro bancário, sendo vedada a essas instituições a participação em atividades não previstas na autorização de que trata este inciso;
>
> II – autorização e funcionamento dos estabelecimentos de seguro, resseguro, previdência e capitalização, bem como do órgão oficial fiscalizador (redação determinada pela Emenda Constitucional nº 13, de 21.08.1996);
>
> (...)
>
> §1º. A autorização a que se referem os incisos I e II será inegociável e intransferível, permitida a transmissão do controle da pessoa jurídica titular, e concedida sem ônus, na forma da lei do sistema financeiro nacional, a pessoa jurídica cujos diretores tenham capacidade técnica e reputação ilibada, e que comprove capacidade econômica compatível com o empreendimento;
>
> (...).

Com a promulgação da Emenda Constitucional nº 40, de 29.05.2003, a redação do artigo 192 da Constituição Federal de 1988 sofreu alteração, com a revogação de todos os seus incisos e parágrafos, passando a dispor que:

> O sistema financeiro nacional, estruturado de forma a promover o desenvolvimento equilibrado do País e a servir aos interesses da coletividade, em todas as partes que o compõem, abrangendo as cooperativas de crédito, será regulado por leis complementares que disporão, inclusive, sobre a participação do capital estrangeiro nas instituições que o integram.

A Lei nº 6.435, de 15 de julho de 1977, que regulamentou pela primeira vez a previdência privada ("entidades abertas") e a previdência complementar ("entidades fechadas") no Brasil, definia claramente em seu artigo 7º, *caput*, que "as entidades abertas integram-se no Sistema Nacional de Seguros Privados", sob a supervisão normativa do Conselho Monetário Nacional (art. 15, §1º, §2º e §3º).

Arnoldo Wald[106] também destaca que as Entidades Abertas de Previdência Privada integram o Sistema Financeiro Nacional, sendo

---

[106] Aspectos constitucionais e legais do regime jurídico das entidades fechadas de previdência privada. *Carta Mensal*, Rio de Janeiro, v. 39, n. 461, p. 43, ago. 1993.

regidas pelos artigos 21, inciso VIII (competência legislativa da União) e 192, inciso II, da Constituição Federal de 1988.

Não é possível vislumbrar a previdência privada no artigo 202 da Constituição Federal de 1988 (com redação dada pela Emenda Constitucional nº 20, de 1998), no qual o legislador constituinte, visivelmente tangido pelo empirismo conceitual dos tecnocratas do Conselho Monetário Nacional e da Superintendência de Seguros Privados, reitera o equívoco da definição legal ditada pelo artigo 1º, *caput*, da Lei nº 6.435, de 15 de julho de 1977, pela qual "entidades de previdência privada, para os efeitos da presente Lei, são as que têm por objeto instituir planos privados de concessão de pecúlios ou de rendas, de benefícios complementares ou assemelhados aos da Previdência Social, mediante contribuição de seus participantes, dos respectivos empregadores ou de ambos". Por essa definição legal, a previdência privada seria gênero que comportaria duas espécies: a previdência privada fechada (Fundos de Pensão) e a previdência privada aberta (FAPI e PGBL). Nada mais equivocado. O tratamento legal que é dado à previdência complementar e à previdência privada pode até decorrer do fato de serem sistemas de poupança coletiva, que carecem de regulamentação e de fiscalização pelo Sistema Financeiro do Estado, mas diferem no que diz respeito aos seus objetivos.

Celso Barroso Leite[107] assevera que a previdência privada aberta não tem qualquer relação com a Previdência Social, salvo quanto à identidade de objetivos, cuja natureza é antes de poupança do que de seguro.

A previdência privada possui alguns regimes regulamentados no Brasil, de conformidade com a previsão constitucional do artigo 192 da Constituição Federal de 1988, que são: a) o FAPI, e, b) o PGBL.

O FAPI (Fundo de Aposentadoria Programada Individual) foi instituído pela Lei nº 9.477, de 24 de julho de 1997.

O PGBL (Plano Gerador de Benefícios Livres) foi instituído pela Lei nº 6.435, de 1977, que foi recepcionada pela Constituição Federal de 1988, e passou a ter regulamentação pela Resolução SUSEP nº 6, de 17 de novembro de 1997 e pela Circular SUSEP nº 101, de 30 de julho de 1999.

Saindo do plano dos interesses públicos e sociais, para o plano do interesse individual, na previdência privada o objetivo é a constituição

---

[107] Considerações sobre Previdência Social. *Revista de Previdência Social*, São Paulo, v. 22, n. 214, p. 726, set. 1998.

de rendas e de pecúlios (como estatuía o art. 14, *caput*, da Lei nº 6.435, de 15.07.1977), sendo que essas várias espécies de rendas e de pecúlios não estão vinculadas à ocorrência de qualquer risco social para o qual o participante já não esteja minimamente coberto por outra modalidade qualquer de proteção social, não se exigindo sequer que o participante seja inscrito como segurado obrigatório da Previdência Social ou que tenha renda proveniente de trabalho assalariado ou autônomo. No caso do FAPI (Fundo de Aposentadoria Programada Individual) sequer há a contratação da constituição de uma renda durante o "prazo de captação", o que permite ao participante resgatar a reserva matemática e dissipá-la com o consumo. No caso do PGBL (Plano Gerador de Benefícios Livres) o mesmo pode ocorrer, além de haver risco de perdas de reservas matemáticas e não haver garantia de remuneração mínima (art. 26, incisos I e II, da Circular SUSEP nº 101, de 30.07.1999).

A previdência privada comercializa "produtos bancários", que são referenciados na Súmula nº 93 do Tribunal Superior do Trabalho como sendo "papéis" ou "valores mobiliários" (ao garantir a remuneração ao bancário que os vender).

Gérard Lyon-Caen[108] chama de "mercado da previdência", a exploração desse nicho do mercado financeiro destinado aos "produtos" da previdência voltados para as aplicações financeiras e para a proteção social complementar.

Naturalmente que, quanto mais o cidadão tiver a percepção da insegurança, da sensação de desproteção face aos riscos sociais ou do achatamento da renda mensal da sua aposentadoria futura, mais tenderá a contratar um plano de benefício complementar ou a aderir a um plano de capitalização financeira da previdência privada. Para tanto foi conveniente para as entidades de previdência privada alardear a suposta falência da Previdência Social pelo Brasil afora, para vender seus "produtos bancários", tendo contado com a conivência da própria autarquia previdenciária federal, por ocasião da Reforma da Previdência, que satanizou os servidores públicos, apresentando-os como vilões responsáveis por um suposto déficit da Previdência Social que nunca existiu no Brasil desde que o INPS (Instituto Nacional de Previdência Social) sucedeu, em 1965, os antigos IAPs (Institutos de Aposentadoria e Pensão) organizados por categorias profissionais.

---

[108] La protection sociale complémentaire: la deuxième jeunesse de la prévoyance sociale. *Droit Social*, Paris, n. 4, p. 290-291, avr. 1986.

6.1.5 A distinção entre o Sistema da Previdência Social e o Sistema da Previdência Complementar

O Sistema da Previdência Complementar não se confunde com o Sistema da Previdência Social, a despeito de ter sido inserido no artigo 202 da Constituição brasileira de 1988, pela Emenda Constitucional nº 20, de 15 de dezembro de 1998, como sendo integrante da Seção III ("Da Previdência Social"), do Capítulo II ("Da Seguridade Social"), do Título VIII ("Da Ordem Social").

A previdência complementar possui característica de direito social, mas deveria ter sido inserida numa Seção especificamente dedicada a ela na Constituição brasileira vigente, já que não integra o Sistema da Previdência Social, assim como, também, não é um princípio jurídico fundamental da Previdência Social, como está erroneamente estatuído na legislação infraconstitucional em desacordo com a Constituição, no artigo 2º, inciso VII, da Lei nº 8.213, de 24 de julho de 1991, já que constitui um sistema de proteção social autônomo (como estatui o *caput* do artigo 202 da Constituição Federal de 1988), com provisionamento próprio ("fundo de pensão"), não sendo redutível, portanto, a um simples valor fundamental, assim como não comunga os mesmos princípios jurídicos informadores que são próprios da Previdência Social.

A previdência, como sistema institucionalizado de poupança coletiva, comporta várias espécies, que correspondem aos seus quatro pilares: a Previdência Social é um sistema de poupança coletiva compulsória e a previdência complementar é um sistema de poupança coletiva voluntária.

O Sistema da Previdência Complementar está contido no artigo 202 da Constituição brasileira de 1988, com a redação que lhe foi dada pela Emenda Constitucional nº 20, de 15 de dezembro de 1998, embora equivocadamente (de propósito) a ele se refira como um mero "regime de previdência privada de caráter complementar".

Diversamente do que estatui o artigo 202, *caput*, da Constituição brasileira de 1988, com a redação equivocada que lhe foi dada pela Emenda Constitucional nº 20, de 15.12.1998, o Sistema da Previdência Complementar não é um "regime de previdência privada de caráter complementar", pois é uma espécie do gênero "previdência", distinto do Sistema da Previdência Privada e do Sistema da Previdência Social, sendo, neste aspecto, correta a assertiva de que é "organizado de forma autônoma em relação ao Regime Geral de Previdência Social".

O fato de a previdência complementar ter característica privada não autoriza afirmar que ela seja uma "previdência privada", considerando que essa expressão é utilizada universalmente pelo Direito

Comparado para designar uma espécie autônoma de previdência, que enfatiza outra de suas características, que é o caráter complementar. Apesar da característica de Direito Privado, ela é instituída no âmbito do Direito Coletivo, das categorias profissionais organizadas em sindicato, no âmbito das empresas ou das entidades de fiscalização profissional, tendo de privado apenas a liberdade de o participante a ela aderir ("adesão") ou não, de nela permanecer ("permanência"), de se retirar ("resgate") ou de transferir sua reserva matemática de uma para outra entidade gestora de planos de benefícios complementares ("portabilidade").

Também é incorreta a afirmação de que "o regime de previdência privada de caráter complementar", feita no singular, no *caput* do artigo 202 da Constituição brasileira de 1988, de vez que tal norma constitucional se refere no *caput* ao *Sistema de Previdência Complementar* e prevê em seus parágrafos vários regimes de previdência complementar: a) o parágrafo 1º prevê a possibilidade de as Entidades de Previdência Privada instituírem "seus respectivos planos", referindo-se, portanto, aos *regimes de previdência complementar abertos*, aos quais pode aderir qualquer cidadão interessado em contratar um plano de benefícios previdenciários complementar; b) o parágrafo 2º contém a previsão da instituição dos *planos de previdência complementar fechados*, que são vinculados às empresas patrocinadoras (ali designadas como "empregador"), que somente são acessíveis à adesão dos empregados (ali designados como "participantes"); c) o parágrafo 3º dispõe sobre a proibição geral de o Poder Público federal, estadual, distrital ou municipal subvencionar Entidades de Previdência Privada, bem como introduz, como princípio jurídico a ser observado nos *regimes de previdência complementar instituídos por suas autarquias, fundações, "estatais"* (empresas públicas e sociedades de economia mista), ou mesmo quaisquer "outras entidades públicas", a regra de técnica atuarial da paridade das contribuições do patrocinador, a fim de que "em hipótese alguma, sua contribuição normal poderá exceder a do segurado"; d) o parágrafo 4º se refere expressamente às "entidades fechadas de previdência privada" e "suas respectivas entidades fechadas de previdência privada", deixando clara a distinção existente entre o gestor (a Entidade de Previdência Complementar) e a coisa gerida (o plano de previdência complementar, vulgarmente conhecido como "fundo de pensão"), ao mesmo tempo em que se refere aos regimes patronais de previdência complementar instituídos pelo Poder Público, mais conhecidos como *Fundos de Pensão das Estatais*; e) o parágrafo 5º submete as empresas privadas permissionárias ou concessionárias de prestação de serviços

Elementos Característicos da Definição do Sistema de Previdência Social na Constituição Brasileira | Capítulo 6 | 113

públicos às mesmas regras impostas aos *regimes patronais de previdência complementar* (ali referidos como "entidades fechadas de previdência privada", eis que o patrocínio do empregador é ao fundo de pensão e não à entidade gestora) instituídos pela Administração Pública; f) o parágrafo 6º, de forma bastante precisa e clara, introduz como princípio jurídico a participação dos servidores públicos, dos empregados públicos e dos empregados das estatais e das empresas permissionárias e concessionárias de prestação de serviços públicos "nos colegiados e instâncias de decisão em que seus interesses sejam objeto de discussão e deliberação", o que constitui uma característica distintiva entre esses *regimes estatais de previdência complementar* (ou "Fundos de Pensão das Estatais"), os *regimes abertos de previdência complementar* (definidos no parágrafo 1º) e os demais *regimes fechados de previdência complementar* (definidos no parágrafo 2º), que comportam uma infinidade de tipos distintos de *regimes patronais de previdência complementar*.

O correto seria o mencionado artigo 202 da Constituição brasileira proclamar que "a previdência complementar será regulada por lei complementar, observadas as características facultativa e contributiva, a natureza aberta ou fechada dos planos de benefícios complementares, e a personalidade jurídica do patrocinador".

As principais diferenças existentes entre o Sistema da Previdência Social e o Sistema da Previdência Complementar são as seguintes: a) o Sistema da Previdência Social adota o regime de repartição no seu financiamento, ao passo que o Sistema da Previdência Complementar adota o regime de capitalização; b) o Sistema da Previdência Social é administrado pelo Poder Público, ao passo que o Sistema da Previdência Complementar é administrado por entidades privadas que são definidas como "entidades (fechadas ou abertas) de previdência complementar" e que são muitas vezes vulgarmente designadas como "Fundos de Pensão";[109] c) o Sistema da Previdência Social adota a filiação

---

[109] A rigor jurídico, só pode ser designado como "Fundo de Pensão" o patrimônio acumulado pela poupança coletiva ("fundo de previdência") administrado por uma Fundação, isto é, a massa patrimonial que adquire personalidade jurídica própria. Na prática, a expressão "fundo de pensão" é utilizada com significados ambíguos, para designar a entidade gestora do plano de benefícios complementares ou a massa patrimonial formada pelas contribuições exclusivas dos participantes (regimes abertos) ou formada pelas contribuições conjuntas empregados participantes e dos empregadores patrocinadores (regimes fechados). Mui eventualmente um regime fechado pode ter como patrocinador uma entidade sindical ou um órgão de fiscalização do exercício de uma determinada profissão. Um "fundo de pensão" também pode ser instituído com a participação de vários regimes de previdência complementar (regimes mistos) ou por imposição legal (regimes públicos ou compulsórios), embora no Brasil não exista qualquer dessas modalidades de "fundo de pensão".

compulsória, com base no princípio da universalidade da cobertura e do atendimento (art. 194, parágrafo único, da Constituição Federal de 1988), ao passo que o Sistema da Previdência Complementar adota a inscrição facultativa[110] (artigos 40, §16, e 202, *caput*, da mesma Constituição, com suas redações ditadas pela E. C. nº 20, de 1998), tecnicamente denominada de "adesão", e que implica na possibilidade de o participante requerer sua desvinculação ("resgate"), sua permanência no plano mesmo após ter se desligado do emprego junto à empresa patrocinadora ("permanência"), ou a transferência de sua reserva matemática para ser administrada por outra entidade de previdência complementar ("portabilidade").

Consoante dispõe o artigo 202, *caput*, da Constituição Federal de 1988 (com redação dada pela E. C. nº 20, de 1998), o Sistema da Previdência Complementar tem autonomia em relação ao Sistema da Previdência Social.

O Sistema da Previdência Social é fundamentado nos princípios da seletividade e da distributividade na prestação dos benefícios e serviços (art. 194, parágrafo único, inc. III, da Constituição Federal de 1988) e assegura a proteção econômica em níveis mínimos.

O Sistema da Previdência Complementar ("previdência acessória") tem por finalidade aumentar os níveis econômicos mínimos das prestações concedidas pelo Sistema da Previdência Social ("previdência básica"), tendo como referência a renda auferida pelo participante por ocasião da aposentadoria, objetivando manter o padrão de vida que possuía ao tempo em que se encontrava em atividade.

Geralmente o Sistema da Previdência Complementar não integra o Sistema da Seguridade Social, mas isso pode ocorrer eventualmente, a exemplo do que ocorre na Constituição belga de 1994, cujo artigo 23, que é regulamentado pela Carta do Seguro Social (Lei de 11 de abril de 1995), integra a previdência complementar na seguridade social (art. 2º, nº 1, letra "f"), assim como também integra as entidades de previdência complementar na Administração Pública da seguridade social (art. 2º, nº 2, letra "c").

---

[110] Um sistema de previdência complementar também pode ter a mesma característica de compulsoriedade de um sistema de Previdência Social, quando for instituído por lei. Neste caso o sistema de previdência complementar seria dotado pelo legislador de um, ou de mais de um, regime público de previdência complementar. Não há no Brasil qualquer regime público de previdência complementar, a despeito da anterior previsão do artigo 201, §7º, da Constituição brasileira de 1988 (suprimida pela Emenda Constitucional nº 20, de 1998), que previa a instituição de um seguro coletivo de caráter complementar, a fim de impor aos segurados do Regime Geral da Previdência Social contribuições adicionais para o financiamento de planos de benefícios complementares.

O Sistema da Previdência Social e o Sistema da Previdência Complementar diferem do Sistema da Seguridade Social porque exigem a "vinculação laboral" do cidadão protegido (segurado ou participante), neles só se inscrevendo e permanecendo inscrito quem exerça uma atividade profissional (trabalho subordinado ou trabalho autônomo), o que não ocorre no Sistema da Seguridade Social, no qual a proteção social é concedida, por exclusão, a quem não exerce uma atividade profissional e, portanto, não é segurado da Previdência Social ou participante da previdência complementar (apesar de lhes assegurar o mínimo de proteção nas áreas de saúde e de assistência social).

6.1.6 A distinção entre o sistema da Previdência Social e o Sistema da Previdência Sobrecomplementar

Essa distinção interessa mais à exegese constitucional do artigo 202 da Constituição brasileira de 1988 (com a redação que lhe foi dada pela Emenda Constitucional nº 20, de 15 de dezembro de 1998), que trata do Sistema da Previdência Complementar Facultativa, que contrasta com o Sistema da Previdência Complementar Compulsória, que não é adotado no Brasil.

Embora a complementação de benefícios previdenciários seja normalmente administrada pela iniciativa privada, também é suscetível de ser administrada pelo Estado, através da seguridade social ou da Previdência Social, como estava previsto na redação original do §7º do artigo 201 da Constituição Federal de 1988, e que foi abandonada pela Emenda Constitucional nº 20, de 1998, que introduziu o Sistema da Previdência Complementar no artigo 202 da mesma Constituição.

O Sistema da Previdência Sobrecomplementar existe e funciona de forma autônoma, na França, em relação ao Sistema da Previdência Social e ao Sistema da Previdência Complementar.

Segundo Bernard Teyssié,[111] os regimes de previdência sobrecomplementares ('*surcomplémentaires*') são os regimes de proteção social organizados em complementação de regimes complementares, eles próprios chamados a assegurar aos seus beneficiários um volume de prestações mais elevado do que aquele ofertado pelos regimes de base, constituindo exemplo dessa adição os regimes de aposentadoria, na medida em que aos regimes de complementação obrigatórios instituídos

---

[111] La protection sociale complémentaire: la mise en place de la protection sociale complémentaire et le droit du travail. *Droit Social*, Paris, n. 4, p. 297, avr. 1986.

pelo legislador vêm se ajuntar os regimes sobrecomplementares para aqueles cuja adesão é facultativa.

A previdência sobrecomplementar, portanto, é facultativa e pressupõe a existência da filiação prévia do participante a um outro regime de previdência complementar de adesão compulsória. Em princípio, o Sistema da Previdência Sobrecomplementar na França parece coincidir com o Sistema da Previdência Complementar existente nos outros países, e que a expressão "previdência complementar" estaria reservada para a designação de um regime de previdência complementar compulsório voltado para a concessão do benefício previdenciário básico, juntamente com o regime de Previdência Social.

Existem dois grandes Sistemas de Previdência Complementar compulsórios na França, que são geridos pela *Association Générale des Institutions de Retraites des Cadres* (AGIRC) e pela *Association des Régimes de Retraites Complémentaires* (ARRCO).

François Durin[112] esclarece que a AGIRC e a ARRCO gerem regimes complementares que são obrigatórios por lei e mantidos por um sistema de compensação financeira permanente em nível nacional, uma vez que adotam regimes de repartição, por isso não podem ser considerados como fundos de pensão no sentido próprio da definição, embora sejam reconhecidamente viáveis financeiramente e eficazes na proteção social. A Lei francesa de 29 de dezembro de 1972 generalizou as disposições da proteção complementar historicamente criadas pela AGIRC e pela ARRCO, tornando obrigatória a concessão das aposentadorias complementares para todos os trabalhadores assalariados do Regime Geral da Previdência Social. A Lei de 31 de dezembro de 1989 organizou a previdência sobrecomplementar, fixou os princípios de manutenção dos direitos das pessoas protegidas e determinou as regras técnicas que garantem o respeito a esses princípios. Não obstante, as aposentadorias sobrecomplementares constituem um setor largamente inorganizado, nele operando algumas poucas regras impostas às "Instituições L. 732–1", no que concerne às aposentadorias. Algumas categorias profissionais usufruem das prestações AGIRC ou ARRCO e das prestações sobrecomplementares, a exemplo dos aeronautas, dos bancários, dos trabalhadores dos órgãos do Regime Geral da Seguridade Social. As prestações da previdência

---

[112]*Régimes surcomplémentaires et fonds de pension. Droit Social*, Paris, 2, p. 136-140, fév. 1992.

sobrecomplementar também são encontradas nos regimes especiais do setor público, nos regimes de aposentadoria das grandes empresas nacionais e nos regimes dos funcionários.

O Sistema de Previdência Social francês é constituído na base pelas Caixas de Aposentadoria e Pensão que são instituídas e administradas pelos Sindicatos. Como cada categoria profissional tem uma capacidade contributiva diferente, o Sistema da Previdência Complementar da AGIRC e da ARRCO constituem sistemas de compensação financeira que visam efetivar o que, na Constituição brasileira de 1988 (artigo 194, parágrafo único, inciso II), corresponde ao princípio jurídico da "uniformidade e equivalência dos benefícios e serviços às populações urbanas e rurais". Portanto, as ações de proteção social das Caixas de Aposentadoria e Pensão administradas pelos Sindicatos e das entidades de previdência complementar AGIRC e ARRCO, se somam para assegurar as prestações básicas da Previdência Social. Desta forma, a previdência complementar apenas nivela o valor das prestações em relação a um patamar econômico mínimo, como uma espécie de "fator previdenciário" ao contrário, que, em vez de atuar como um "fator redutor", que avilta o valor da renda mensal das aposentadorias, é utilizado como um "fator elevador" (ou complemento), para assegurar e garantir um patamar mínimo de garantia uniforme e equivalente para todas as categorias profissionais, independente da capacidade contributiva de cada uma delas.

O Sistema francês da Previdência Complementar Obrigatória atua, portanto, como um *critério atuarial de gerenciamento* da concessão de benefícios, que atua com visos à uniformização e à equivalência na concessão dos benefícios do Sistema da Previdência Social.

Desta forma, o Sistema da Previdência Sobrecomplementar corresponde ao Sistema da Previdência Complementar dos demais países da União Europeia, sendo "sobrecomplementar" porque vem depois do "complementar", complementando facultativamente o que já está complementado compulsoriamente.

O Sistema da Previdência Sobrecomplementar possui a característica da facultatividade.

O fato de os Sistemas de Previdência Complementar AGIRC e ARRCO operarem sob o regime financeiro de capitalização decorre de uma exigência técnica e não de elemento essencial da definição, afirma François Durin,[113] acrescentando que os regimes de complementação da

---

[113] *Op. cit.*, p. 137.

AGIRC e da ARRCO constituem um tipo particular de regime básico, não sendo regimes complementares, pois estes são classificados em duas categorias: os *regimes nacionais* e os *regimes setoriais* ou *das empresas*, que não são submetidos às mesmas regras no que concerne ao relacionamento com os seus aderentes e ao seu funcionamento técnico.

6.1.7 A distinção entre o Sistema da Previdência Social e o Sistema da Previdência da Quarta idade

Claudio Bazzano[114] explica que a quarta pilastra da previdência consiste no traslado total ou parcial e/ou na integração das previdências da segunda e da terceira pilastras para a denominada "previdência da quarta idade", objetivando o provisionamento de recursos materiais para fazer frente aos elevados gastos de previdência e assistência futuros na quarta idade, que não são cobertos pela seguridade social.

Giovana Ciocca e Alberto Avio, citados por Marco Antônio César Villatore,[115] explicam que a previdência da quarta idade é uma previdência individual baseada em planos de poupança individuais ou "planos de poupança para a velhice", que foram instituídos na França, pela Lei de 17 de junho de 1987, com notáveis descontos fiscais.

A "renúncia fiscal" é da essência do regime financeiro da previdência coletiva, desde seus primórdios, como explica Paul Durand,[116] citando Charles Gide.[117]

Uma das consequências do avanço tecnológico dos métodos de diagnósticos (*v.g.*, a tomografia computadorizada e a ressonância magnética) e das técnicas de cirurgia, de tratamento e de cura das enfermidades (*v.g.*, as cirurgias de transplantes de órgãos, das correções das informações genéticas do DNA, etc.), é o encarecimento dos custos da medicina preventiva e da medicina reparatória, com imenso impacto nas perspectivas de gastos orçamentários dos Sistemas de Seguridade Social, que se agrava na medida em que propiciaram um aumento na perspectiva de vida da população, uma vez que as doenças se agravam e se multiplicam na idade avançada, aumentando os gastos na área de ação da saúde.

---

[114] *La previdenza complementare e integrativa*: dal primo al quarto pilastro. Milão: Cosa & Come, 1997. p. 3-5.

[115] Previdência complementar no direito comparado. *Revista de Previdência Social*, São Paulo, v. 24, n. 232, p. 254-256, mar. 2000.

[116] *La politique contemporaine de sécurité sociale*, p. 35.

[117] *Histoire des doctrines économiques*. Paris: [s. n.], 1909. p. 688-689.

Portanto, o Sistema da Previdência da Quarta Idade parte da premissa de que o Sistema da Seguridade Social não arca com os elevados gastos que são próprios da medicina geriátrica, que prolonga a vida com suporte nos avanços tecnológicos de diagnóstico, de cura e de tratamento. Se insere no contexto da poupança coletiva, é baseado no seguro coletivo, se aproxima, mas ao mesmo tempo se afasta, dos Planos de Saúde, especialmente no que se refere ao regime do incentivo fiscal.

6.1.8 A distinção entre o Sistema da Previdência Social e o sistema do Direito do Trabalho

Em sua origem, a Previdência Social foi instituída no âmbito das empresas, por isso se confundia com o Direito do Trabalho, com ele formando um só campo indissociável de proteção social, limitado aos seus empregados. Somente após o término da II Guerra Mundial é que a Previdência Social conseguiu obter o reconhecimento da sua autonomia científica em relação ao Direito do Trabalho.

Com a expansão da proteção do Sistema da Previdência Social para além dos limites dos estabelecimentos das empresas (por atuação do princípio da universalidade), o domínio do Direito Social se tornou complexo, inspirando soluções bastante variadas na organização da proteção social nas diversas ordens constitucionais.

Foi principalmente com a instituição do seguro-desemprego, pela Lei do Seguro Social norte-americana (*Social Security Act*), de 1935, que a Previdência Social passou a formar um sistema de transição entre duas situações de emprego, instituindo um sistema de alternância nas fontes de pagamento do trabalho e da ausência de trabalho: a) a renda trabalhista (as remunerações do Direito do Trabalho), e, b) a renda dos benefícios previdenciários.

Essa alternância de fontes de rendimentos para o trabalhador segurado institucionalizou um poderoso sistema de estabilização das relações sociais e um eficaz sistema de retroalimentação do sistema econômico capitalista, movido pelo consumo de subsistência.

Gérard Lyon-Caen[118] explica que a unidade do direito social não foi posta em dúvida até 1945, a partir de quando surgiu e se consumou a separação entre o Direito do Trabalho e a seguridade social, porém remanescendo fronteiras imprecisas entre esses ramos do Direito:

---

[118] *Droit social*. 5e éd. Atual. por Jeanne Tillhet-Pretnar. Paris: LGDJ, 1995. p. 7-9.

A) de um lado, existem relações entre as empresas e o pessoal que elas empregam. Essas relações se situam no quadro de um contrato de trabalho, mas de vez em quando eles são regidos por regras elaboradas coletivamente e de comum acordo pelas organizações profissionais. O Estado não se preocupa mais por suas intervenções além da garantia do mínimo (um salário mínimo, uma renda anual mínima). Este é o direito do trabalho;

B) de outro lado, os riscos sociais são percebidos como ameaças que atingem de vez em quando todos os cidadãos e não apenas os empregados. Daí a aparição de um serviço público no qual a regra é, sobre a base de uma solidariedade financeira mais ou menos alargada, conceder prestações de substituição a partir de um acidente, uma enfermidade, a idade avançada, que obriga à interrupção do trabalho. Este serviço é responsável pela política da saúde, da política familiar, da política da velhice, os quais serão visados neles próprios, a partir de então, e sem vínculo direto com o trabalho. Esta é a Seguridade Social;

C) após a cisão do direito social em dois campos distintos, o do direito do trabalho e o da seguridade social, sobreveio uma sensível reaproximação entre esses dois ramos do direito, como consequência da indivisibilidade da política social. Quando, por exemplo, os poderes públicos possuem uma política de emprego (procurar nas empresas a mão de obra que lhes é necessária e aos indivíduos um emprego lucrativo conforme suas aptidões), isso tem implicações tanto no direito do trabalho como na seguridade social. Segue que a seguridade social esboça um movimento de retorno ao direito do trabalho. De vez em quando ela se esforça, ela própria, para garantir aos segurados um mínimo correspondente aos benefícios elementares (v.g., uma aposentadoria mínima, um reembolso mínimo em caso de enfermidade); os acordos celebrados entre os empregadores e os sindicatos de empregados acrescentam a esta prestação de base uniforme os complementos (pensão de aposentadoria complementar, reembolso do salário integral em caso de doença). Este é o fenômeno dos denominados regimes complementares;

D) paralelamente, o direito do trabalho persegue os objetivos de vez em quando vizinhos aos da seguridade social: assegurar aos trabalhadores a segurança do emprego e do ganho. Quando o Fundo nacional de emprego se preocupa em manter os recursos do trabalhador durante o período no qual ele procede à sua reconversão profissional, consecutivamente à perda do emprego, ela opera como uma Caixa de seguridade social. Quando uma empresa garante um salário mensal constante ao seu pessoal, qualquer que seja o número de horas trabalhadas, ela pratica uma política de seguridade social. Quando uma empresa concede uma indenização de licenciamento (*"indemnité de licenciement"*) a um empregado, em caso de perda do emprego, ela o indeniza em decorrência da verificação de um risco.

Desta forma, o reconhecimento doutrinário e legislativo quanto à autonomia científica da Previdência Social em relação ao Direito do Trabalho gerou dois campos de direitos sociais sistematizados mas, também, reservou espaço para a ampliação dos Sistemas de Proteção Social Exteriores ao Sistema da Seguridade Social, dentre eles dois novos campos de direitos sociais mesclados: a) o do *Direito Previdenciário Complementar*, voltado para a ampliação do valor do benefício básico das aposentadorias concedidas pelo Sistema da Previdência Social; b) o do *Direito do Trabalho Complementar*, que cumpre o mesmo objetivo do Direito Previdenciário Complementar, porém de forma circunscrita aos empregados "participantes" de um mesmo empregador "patrocinador", mas vai muito além disso, pois também atua no plano da proteção social dos seguros coletivos e das mutualidades — com ou sem a mediação das entidades sindicais ou das entidades gestoras dos planos de previdência complementar —, pela via dos acordos e das convenções coletivas de trabalho e dos regulamentos de empresa.

O Sistema da Previdência Complementar — por lidar com a economia popular — é fiscalizado pela União Federal, que assume, desta forma, responsabilidade objetiva pelas eventuais quebras e calotes das Entidades de Previdência Complementar, na forma do que está assegurado nas Leis Complementares nº 108 (Regime de Previdência Complementar do setor público) e nº 109 (Regime de Previdência Complementar do setor privado).

O Sistema do Direito do Trabalho Complementar (assim como o Sistema da Previdência Complementar) é exterior ao Sistema da Seguridade Social e tem como única referência constitucional o preceito do artigo 202, §2º, da Constituição brasileira de 1988 (com a redação que lhe foi dada pela Emenda Constitucional nº 20, de 1998), que estatui que o contrato de trabalho não é integrado pelas contribuições, benefícios e condições decorrentes do contrato de previdência complementar. No mais, é quase integralmente constituído por fontes não estatais de direito — os regulamentos de empresa, os acordos e as convenções coletivas de trabalho — salvo no que diz respeito à sua regulamentação sistematizadora pela jurisprudência dos Tribunais e pelas leis que estabelecem as medidas de renúncia fiscal ou de desburocratização inerentes às políticas de estímulo à instituição e ao desenvolvimento das práticas de proteção mutualista e de proteção securitária coletiva ("seguros coletivos").

François Durin[119] observou que na Inglaterra vigora a flexibilidade e a abstinência de uma regulamentação legal para o setor das

---

[119]Régimes surcomplémentaires et fonds de pension. *Droit Social*, Paris, 2, p. 140, fév. 1992.

Milton Vasques Thibau de Almeida
Fundamentos Constitucionais da Previdência Social

complementações de benefícios, sendo essa atividade regulamentada pelas regras internas das empresas, com a possibilidade do controle judicial em último caso, o que implica em deixar que o Poder Judiciário se manifeste sobre o cumprimento do objeto estatutário dos fundos de pensão e se suas "regras da arte" (estatutos) foram respeitadas. Na França, os técnicos e os atuários, que são os instituidores das "regras da arte" se habituaram a respeitar a regulamentação do setor, apoiando-se em princípios gerais de prudência e de rentabilidade, de sorte a permitir que o Poder Judiciário aplique as regras de direito, mas, ao mesmo tempo, não permitir que ele as crie ou estabeleça uma regulamentação judiciária.

A realidade brasileira, desta forma, é diversa da realidade inglesa e francesa, eis que as empresas, por reiterado descumprimento das regras que elas próprias estabeleceram em seus regulamentos empresários e Planos de Benefícios Complementares, cederam ao Poder Judiciário a prerrogativa da regulamentação judiciária, que se estabeleceu por intermédio das Súmulas[120] e das Orientações Jurisprudenciais[121] do Tribunal Superior do Trabalho, desde a década de 1970.

---

[120]Súmulas de número 51, 52, 72, 87, 92, 97, 106, 174, 288, 295, 311, 326, 327, 332, 342, 345, 355 e 382 do Tribunal Pleno do Tribunal Superior do Trabalho.

[121]Orientações Jurisprudenciais Transitórias de número 01, 07, 09, 11, 15, 24, 25, 27, 32, 39, 40, 41, 42, 46, 51, 61, 62, 63, 64, 67 da Seção de Dissídios Individuais 1 (SDI-1), e Orientações Jurisprudenciais de número 18, 21, 26, 41, 44, 56, 129, 136, 155, 156, 157, 224, 270, 276, 289, 322, 339, 346, 356, 361, da mesma Seção de Dissídios Individuais 1 (SDI-1), do Tribunal Superior do Trabalho.

CAPÍTULO 7

OS REGIMES JURÍDICOS DE PREVIDÊNCIA SOCIAL NA CONSTITUIÇÃO BRASILEIRA

Sumário: 7.1 Princípios constitucionais aplicáveis aos regimes de Previdência Social – **7.2** A distinção entre "regimes especiais de previdência" e "condições especiais de concessão de benefícios" – **7.3** O regime especial dos ex-combatentes – **7.4** As condições especiais de concessão de benefícios previdenciários aos anistiados – **7.5** O Regime Geral da Previdência Social – **7.6** Os regimes especiais de Previdência Social

Um *regime de previdência*, que muitas pessoas tratam indistintamente como sendo um *sistema de previdência*, corresponde à conjugação de dois requisitos essenciais: a) a definição de um *Plano de Benefícios e de seu respectivo custeio*, e b) a definição da *entidade de administração* (se regime de administração privado) ou do *órgão gestor* (se regime de administração público) ao qual é atribuída a administração do Plano de Benefícios Previdenciários e de suas correspondentes fontes de custeio.

Como a nossa abordagem está centrada nos preceitos constitucionais relativos à Previdência Social, não vamos tratar dos regimes de previdência privada ou dos regimes de previdência complementar, salvo algumas referências que reputamos necessárias para a distinção entre a Previdência Social e essas modalidades de previdência.

Como regimes de Previdência Social temos o *Regime Geral da Previdência Social (RGPS)*, para os segurados do setor privado no artigo 201, que se insere na Seção III (Da Previdência Social), do Capítulo II (Da Seguridade Social), do Título VIII (Da Ordem Social) da Constituição Federal de 1988, e os *Regimes Especiais (ou Próprios) de Previdência Social (REPS ou RPPS)*, para os segurados do setor público, nos artigos 40 e 42, que se inserem respectivamente nas Seções I ("Dos Servidores Públicos") e II ("Dos Militares dos Estados, do Distrito Federal e dos

Territórios"), no Capítulo VII ("Da Administração Pública"), do Título III ("Da Organização do Estado") da mesma Constituição.

Temos também o *Regime Especial do Ex-combatente*, que era um regime de Previdência Social em extinção, mas que ganhou sobrevida na Constituição Federal de 1988, no Ato das Disposições Constitucionais Transitórias, em seus artigos 53 e 54, e que deverá ser incorporado ao *Regime Especial dos Militares*, que tramita no Congresso Nacional por determinação das Emendas Constitucionais 19 e 20, ambas de 1998.

Como os Estados Membros, o Distrito Federal e os Municípios sempre puderam instituir seus *regimes próprios de Previdência Social* no constitucionalismo brasileiro, o alvo prioritário das Emendas Constitucionais nº 20, de 1998, nº 41, de 2003, e nº 47, de 2005, foram exatamente esses regimes especiais de Previdência Social, a fim de que adequem atuarialmente seus Planos de Benefícios (E.C. nº 20/1998), de que adotem o *regime de contribuição definida* de suas previdências complementares (E.C. nº 41, de 2003) e de unificarem seus regimes próprios de Previdência Social num *regime único* (E.C. nº 41, de 2003).

Previu, ainda, a Emenda Constitucional 47, de 2005, a instituição de um *Regime de Previdência Social Inclusivo*, que carece de regulamentação infraconstitucional, mas que tem forte conotação assistencialista, vale dizer, está mais para a área da Assistência Social (onde já são concedidas rendas mensais para os idosos, portadores de deficiência e donas de casa de baixa renda) do que propriamente para a área da Previdência Social.

Existem, atualmente, em vigor no Brasil quatro regimes de Previdência Social no âmbito federal, regidos pelas disposições analíticas da Constituição Federal de 1988: a) o Regime Geral da Previdência Social (artigo 201); b) o Regime Especial de Previdência Social do Servidor Público Titular de Cargo Efetivo (artigo 40); c) o Regime Especial de Previdência Social dos Servidores Públicos Militares (artigo 142, §3º, inciso X); d) o Regime Especial dos Ex-Combatentes (artigos 53 e 54 do Ato das Disposições Constitucionais Transitórias).

Eram cinco, antes da vigência da Constituição de 1988, que extinguiu o regime de Previdência Social do trabalhador rural (PRORURAL), ao determinar a sua unificação ao regime de previdência do trabalhador urbano, surgindo, assim, o Regime Geral de Previdência Social (RGPS), que é o regime de previdência sobre o qual dispõe o artigo 201 da Constituição Federal.

Apesar de extinto formalmente durante a tramitação da PEC nº 33, que resultou na Emenda Constitucional nº 20, de 1998, continua a vigorar no plano constitucional brasileiro o Regime de Previdência

Social dos Congressistas (IPC). Pouco após a apresentação da Proposta de reforma da Previdência Social, a imprensa obteve acesso a inúmeras informações sobre o Regime de Previdência Social dos congressistas, administrado pelo IPC (Instituto de Previdência dos Congressistas), e que eram de pouco conhecimento da opinião pública, mesmo dos especialistas. Acuado o Congresso Nacional, no momento em que lhe cabia proceder à reforma da Previdência Social, resolveu extinguir o seu regime próprio de Previdência Social, com eficácia resolutiva para após o término do mandato legislativo então em curso, ressalvando direitos adquiridos aos seus segurados congressistas e anunciando que outro regime especial seria instituído em seu lugar. Recentemente chegou ao conhecimento público que o IPC, então renovado, teria concedido aposentadoria ao Deputado Roberto Jefferson, que foi cassado pela CPI do Mensalão, instalada pelo Congresso Nacional em 2005.

Ao assegurar direitos adquiridos aos segurados congressistas, o Congresso Nacional não teve como deixar de reconhecer os direitos adquiridos aos demais segurados dos outros regimes de Previdência Social, ao promulgar a Emenda Constitucional nº 20, de 1998, desta forma rejeitando a tese de que contra a Constituição não haveriam direitos adquiridos, insistentemente propalada pelo Poder Executivo àquela época e com alguma ressonância dentro do Supremo Tribunal Federal.

Durante os debates das reformas administrativa e da Previdência Social, foi instituído outro regime especial de Previdência Social, para prestar amparo social especial aos militares, retirando-os do regime especial da Previdência Social do servidor público civil da União federal.

Os quatro regimes de Previdência Social instituídos pela Constituição Federal de 1988 são administrados pela mesma autarquia federal denominada de Instituto Nacional do Seguro Social (INSS).

Além dos regimes de Previdência Social federais, existem os regimes especiais de Previdência Social dos servidores públicos dos Estados, do Distrito Federal e dos Municípios, sobre os quais passa a tratar a Constituição Federal de 1988 após a Emenda Constitucional nº 20, de 15 de dezembro de 1998.

Com a reforma constitucional da Previdência Social, pela Emenda Constitucional nº 20, de 1998, foi ampliado o tratamento dispensado à previdência complementar, com a revogação da norma contida anteriormente pelo artigo 201, §7º, com a determinação de nova redação ao artigo 202 e com o acréscimo dos parágrafos 14, 15 e 16 ao artigo 41 da Constituição Federal de 1988.

7.1 Princípios constitucionais aplicáveis aos regimes de Previdência Social

A Constituição Federal de 1988 não sistematiza os princípios jurídicos a serem observados na implantação e no funcionamento dos regimes de Previdência Social.

Apesar de proclamar em seu Preâmbulo, como valores de uma "sociedade fraterna" a serem preservados a segurança e o bem-estar, o artigo 3º, inciso I, da Constituição Federal de 1988, parte da premissa de que essa sociedade fraterna ainda não existia ou estava em vias de construção, ao fixar como objetivo fundamental da República Federativa do Brasil a construção de "uma sociedade livre, justa e solidária".

Essa é a única vez em que a solidariedade social é afirmada no texto da Constituição Federal de 1988, na mencionada disposição do inciso I do artigo 3º, não como um valor social, mas como um objetivo do Estado, como se este pudesse "construir" aquele valor em vez de meramente administrá-lo.

Não conhecemos qualquer Constituição que tenha pretendido, tão demagogicamente, "construir" uma sociedade, em vez de tomá-la como um dado apriorístico da realidade.

O princípio da solidariedade social não é proclamado expressamente pelo texto da Constituição brasileira de 1988, mas encontra-se implicitamente albergado na nossa ordem jurídica.

A Constituição da República Federativa do Brasil, de 1988, arrola os princípios fundamentais do Sistema da Seguridade Social, dentre os quais a maior parte diz respeito à Previdência Social, e que são todos aqueles que se referem a segurados, a custeio e a benefícios, que constituem elementos de definição que se encontram ausentes nas áreas de saúde e de assistência social.

Não obstante, alguns princípios jurídicos são arrolados no texto da Constituição da República de 1988 especificamente direcionados aos regimes de Previdência Social, todos eles possuindo em comum a finalidade de prover o equilíbrio atuarial dos planos de benefícios.

Para o Regime Geral da Previdência Social (RGPS), temos vários princípios de natureza tributária dispostos no artigo 195 da Constituição Federal de 1988, porém destacando-se como princípios próprios de regimes de previdência o de que "nenhum benefício ou serviço da seguridade social poderá ser criado, majorado ou estendido sem a correspondente fonte de custeio total" (§5º), que impõe limitação ao princípio da seletividade, o princípio da concessão de isenção de contribuições sociais às Entidades Filantrópicas (§7º), e o princípio da proibição da concessão de remissão ou de anistia das contribuições sociais para débitos em montante superior ao fixado em lei complementar (§11). Temos no artigo 201 da Constituição Federal de 1988, para o Plano de Benefícios do Regime Geral, o princípio jurídico da vedação de filiação dos segurados de outros regimes de Previdência Social na condição de segurados facultativos (§5º), o princípio da concessão de condições especiais de benefícios a certas categorias de segurados (§8º) e o princípio da contagem recíproca do tempo de contribuição (§9º).

O artigo 201 da Constituição Federal de 1988 teve acrescido o §13 pela Emenda Constitucional nº 47, de 05.07.2005, para instituir o princípio da redução das alíquotas e das carências no regime inclusivo de Previdência Social. Observamos que, em que pese a Constituição Federal tratar esse regime inclusivo como um regime de Previdência Social, na essência o define apenas como um sub-regime do Regime Geral, fundamentando-o no princípio da concessão de condições especiais de benefícios para os trabalhadores de baixa renda e para a dona-de-casa de baixa renda, conforme a disposição do §12 do mesmo artigo 201 (também acrescido pela E.C. nº 47, de 2005)

Para o Regime Especial de Previdência Social dos Servidores Públicos Titulares de Cargo Efetivo da União Federal, a Constituição Federal de 1988 estabelece, em seu artigo 40, como princípios a serem observados para o Plano de Benefícios: a) o princípio do afastamento compulsório do serviço ativo, com a automática concessão de aposentadoria, que antes ocorria com proventos integrais e agora (desde a E.C. nº 20, de 1998) ocorre com proventos proporcionais ao tempo de contribuição (§1º, inciso II); b) o princípio da limitação do valor dos benefícios ao limite-teto (§2º e §11); c) o princípio da proibição da adoção de requisitos e critérios diferenciados para a concessão de aposentadoria, salvo exceções previstas em leis complementares (§4º, com redação dada pela E.C. nº 47, de 2005), para os portadores de deficiência (inciso I), para os servidores que exerçam atividade de risco (inciso II), para os servidores que exerçam atividades em condições especiais que prejudiquem a saúde ou a integridade física (inciso III); d) o princípio das condições especiais de concessão do benefício previdenciário da aposentadoria por tempo de contribuição aos professores em funções de magistério (§5º); e) o princípio da vedação de acúmulo de benefícios previdenciários concedidos por esse regime especial de Previdência Social, salvo exceções previstas na própria Constituição (§6º); f) o princípio da contagem recíproca do tempo de contribuição (§9º); g) o princípio da proibição da contagem de tempo de contribuição fictício (§10); h) o princípio da integração normativa supletiva dos requisitos e critérios do Regime Geral de Previdência Social (§12); i) o princípio da exportação dos servidores não efetivos ocupantes de cargos em comissão para o Regime Geral de Previdência Social (§13); j) o princípio da complementariedade dos valores dos benefícios por regime de previdência complementar (§14). E como princípios de custeio desse Regime Especial de Previdência Social dos Servidores Públicos Titulares de Cargo Efetivo, a Constituição Federal de 1988 estabelece, em seu artigo 40, o princípio da contributividade dos inativos (§18 e §21), sendo que por breve período foi adotado pela Emenda Constitucional nº 20, de 1998 o princípio da isenção da contribuição dos servidores que permanecerem em atividade apesar de terem tempo de contribuição suficiente para requerer a aposentadoria, tendo sido substituído pela concessão de abono de permanência pela Emenda Constitucional nº 41, de 2003 (§19).

Como os Estados Membros, o Distrito Federal e os Municípios sempre puderam instituir seus *regimes próprios de Previdência Social* no constitucionalismo brasileiro, o alvo prioritário das Emendas Constitucionais nº 20, de 1998, nº 41, de 2003, e nº 47, de 2005, foram exatamente esses regimes especiais de Previdência Social, para que promovessem a adequação atuarial dos seus Planos de Benefícios (E.C. nº 20, de 1998), para que adotem o *regime de contribuição definida* para as suas previdências complementares (E.C. nº 41, de 2003) e para que unifiquem seus regimes próprios de Previdência Social num *regime único* (E.C. nº 41, de 2003).

7.2 A distinção entre "regimes especiais de previdência" e "condições especiais de concessão de benefícios"

Não podemos confundir um *regime especial de Previdência Social* com as *condições especiais de concessão de benefícios*.

Um *regime de Previdência Social*, que é composto de um Plano de Benefícios dotado de fonte de financiamento próprio, confiado a uma entidade de administração ou órgão gestor. Na essência, um Plano de Benefícios é um feixe articulado de seguros sociais, cada um deles visando à cobertura de um infortúnio (ou risco social) específico, com a respectiva previsão atuarial das fontes de custeio, entregue a uma administração única.

Um regime de Previdência Social é especial (*regime especial de Previdência Social*) por se cingir a uma única categoria profissional e em contraposição ao Regime Geral, que é o resultado evolutivo da unificação dos anteriores regimes de Previdência Social dos extintos Institutos de Aposentadoria e Pensão instituídos pelo critério da organização sindical, que vigorava para a proteção social dos trabalhadores do setor privado até a década de 1960, por último englobando o regime de Previdência Social do trabalhador rural (PRORURAL) por força dos preceitos dos artigos 7º, *caput*, 194, parágrafo único, inciso II, e 201, *caput*, da Constituição da República de 1988.

As *condições especiais de concessão de benefícios* são apenas regras jurídicas inseridas no "tipo previdenciário", que objetivam dar maior proteção previdenciária a determinadas categorias de segurados, em decorrência de determinadas condições de trabalho prestado durante o período de contagem do tempo de contribuição. São encontradas em qualquer dos regimes de Previdência Social.

As *condições especiais de concessão de benefícios* promovem o encurtamento da carência necessária à obtenção do benefício previdenciário, a exemplo do que ocorre com os segurados do sexo feminino, que se aposentam com menos 5 (cinco) anos de contribuição do que é exigido para os segurados do sexo masculino, também tendo sido encurtado para esses tipos de segurados o requisito da exigência de idade na mesma proporção, seja no Regime Geral (artigo 201, §7º, incisos I e II, da Constituição Federal de 1988), seja nos Regimes Especiais (artigo 40, §1º, inciso III, alíneas "a" e "b", da mesma Constituição).

As *condições especiais de concessão de benefícios* também promovem o encurtamento da carência necessária à obtenção da aposentadoria voluntária, reduzindo em 5 (cinco) anos o tempo de contribuição exigido por lei para os segurados professores que comprovem exercício exclusivo de magistério na educação infantil e no ensino fundamental e médio, tanto no Regime Geral (art. 201, §8º, da Constituição Federal de 1988, com redação ditada pela Emenda Constitucional nº 20, de 1998) quanto nos Regimes Especiais (art. 40, §5º, da mesma Constituição e com redação determinada pela mesma Emenda Constitucional nº 20, de 1998).

As *condições especiais de concessão de benefícios* justificam, ainda, a criação de um tipo específico de benefício previdenciário, como ocorre com a *aposentadoria especial*, que reduz drasticamente a carência necessária para a obtenção do benefício previdenciário da aposentadoria, para os trabalhadores que trabalhem em condições especiais, que os submetem a trabalho em contato com agentes físico-químico-bacteriológicos prejudiciais à saúde ou à integridade física, ou para os trabalhadores portadores de deficiência, tanto no Regime Geral (art. 201, §1º, da Constituição Federal de 1988, com redação determinada pela Emenda Constitucional nº 47, de 2005) como nos Regimes Especiais (art. 40, §4º, incisos I, II e III, da mesma Constituição, com redação ditada pela mesma E.C. nº 47, de 2005).

Para o Regime Especial de Previdência Social dos Militares, a Constituição Federal de 1988, dispõe em seu artigo 142, §3º, inciso X (com redação dada pela Emenda Constitucional nº 18, de 05.02.1998) que assegura a observância das *condições especiais de concessão de benefícios* na expressão "outras situações especiais dos militares, consideradas as peculiaridades de suas atividades". Essas condições especiais já foram construídas em boa parte pela jurisprudência dos Tribunais brasileiros, especialmente pelas Súmulas do extinto Tribunal Federal de Recursos.

Também podemos ter as *condições especiais de concessão de benefícios* aglutinadas sob a roupagem de um regime de Previdência Social, como ocorre com o regime de Previdência Social dos ex-combatentes, que na essência não criou um Plano de Benefícios próprio para os ex-combatentes, pois apenas lhes assegura a obtenção da aposentadoria em condições especiais em outro regime de previdência (que na época ainda eram instituídos por categorias profissionais). Historicamente, no entanto, essas condições especiais sempre foram tratadas pela lei e pela doutrina como sendo um regime de Previdência Social, pelo que não fazemos objeção e dele trataremos a seguir.

Por último, a Emenda Constitucional nº 47, de 05.07.2005, acrescentou ao Regime Geral da Previdência Social o *regime especial de inclusão* (art. 201, §12 e §13, da Constituição Federal de 1988), que tecnicamente não é um regime especial de Previdência Social, apesar da errônea denominação que lhe é atribuída pelo legislador constituinte, porquanto: a) apenas inclui no Regime Geral (por força do princípio da universalização) os segurados de baixa renda e os trabalhadores sem renda própria do âmbito doméstico (§12), vale dizer, os miseráveis[122] que pertencem à categoria profissional dos trabalhadores autônomos "trabalhadores avulsos propriamente ditos" (que não possuem vínculo

---

[122] A definição de "miserável" depende de uma metodologia, explica Bronislaw Geremek (*A piedade e a força...*, p. 7-11). Do ponto de vista de uma metodologia econômica e que também é social, miserável é quem aufere renda mensal inferior ao salário mínimo, porém superior a 60% do valor do salário mínimo. A Lei Orgânica da Assistência Social (Lei 8.742, de 07.12.1993), que na essência lida primordialmente com os miseráveis (embora também conceda "benefícios eventuais" aos indigentes), adota como metodologia econômica o teto de 1 (um) salário mínimo (artigo 20, *caput*) e o piso de 1/4 (um quarto) do salário mínimo *per capita*, ao definir o "indigente" (art. 20, §3º), que está abaixo do miserável na escala da organização social.

de emprego e que não recebem a extensão da proteção trabalhista conferida aos "avulsos sindicais" pelo artigo 7º, inciso XXXIV, da Constituição Federal de 1988); b) expressamente determina a adoção de "alíquotas e carências inferiores às vigentes para os demais segurados do Regime Geral de Previdência Social" (§13).

7.3 O regime especial dos ex-combatentes

O regime especial de Previdência Social dos Ex-Combatentes, nunca foi um regime de previdência por completo, uma vez que, desde sua origem, não instituiu benefícios próprios, tendo apenas disposto sobre algumas condições mais vantajosas de cumprimento de requisitos para a obtenção de benefícios concedidos por outros regimes de Previdência Social.

Essas condições mais vantajosas para a obtenção dos benefícios previdenciários foram concedidas aos Ex-Combatentes em reconhecimento dos relevantes serviços prestados à Nação pelos Oficiais e Pracinhas que lutaram na Força Expedicionária Brasileira (FEB) durante a II Guerra Mundial e para os seringueiros que participaram do esforço de guerra, àquela época.

Tais vantagens consistem no encurtamento de carência para a obtenção de aposentadoria e de condições especiais para o pagamento de pensões para os dependentes, na forma do que dispõem os artigos 53 e 54 do Ato das Disposições Constitucionais Transitórias da Constituição de 1988.

Dispõe o art. 53 do Ato das Disposições Constitucionais Transitórias da Constituição Federal de 1988 que "ao ex-combatente que tenha efetivamente participado de operações bélicas durante a Segunda Guerra Mundial, nos termos da Lei nº 5.315, de 12 de setembro de 1967, serão assegurados os seguintes direitos: I – aproveitamento no serviço público, sem a exigência de concurso, com estabilidade; II – pensão especial correspondente à deixada por segundo-tenente das Forças Armadas, que poderá ser requerida a qualquer tempo, sendo inacumulável com quaisquer rendimentos recebidos dos cofres públicos, exceto os benefícios previdenciários, ressalvado o direito de opção; III – em caso de morte, pensão à viúva ou companheira ou dependente, de forma proporcional, de valor igual à do inciso anterior; IV – assistência médica, hospitalar e educacional gratuita, extensiva aos dependentes; V – aposentadoria com proventos integrais aos vinte e cinco anos de serviço efetivo, em qualquer regime jurídico; VI – prioridade na aquisição

132 Milton Vasques Thibau de Almeida
Fundamentos Constitucionais da Previdência Social

da casa própria, para os que não a possuam ou para suas viúvas ou companheiras. **Parágrafo único.** A concessão da pensão especial do inciso II substitui, para todos os efeitos legais, qualquer outra pensão já concedida ao ex-combatente".

Dispõe o art. 54 do Ato das Disposições Constitucionais Transitórias da Constituição Federal de 1988 que "os seringueiros recrutados nos termos do Decreto-Lei nº 5.813, de 14 de setembro de 1943, e amparados pelo Decreto-Lei nº 9.882, de 16 de setembro de 1946, receberão, quando carentes, pensão mensal vitalícia no valor de dois salários mínimos. §1º. O benefício é estendido aos seringueiros que, atendendo a apelo do Governo brasileiro, contribuíram para o esforço de guerra, trabalhando na produção de borracha, na Região Amazônica, durante a Segunda Guerra Mundial. §2º. Os benefícios estabelecidos neste artigo são transferíveis aos dependentes reconhecidamente carentes. §3º. A concessão do benefício far-se-á conforme lei a ser proposta pelo Poder Executivo dentro de cento e cinquenta dias da promulgação da Constituição".

Quanto ao financiamento do regime especial de Previdência Social dos ex-combatentes, silencia a Constituição Federal, mas o financiamento não se encontra nesse regime de previdência e sim nos demais regimes de Previdência Social que com ele se comunicam.

O regime especial de Previdência Social dos ex-combatentes não é tecnicamente um regime de Previdência Social, mas um regime de condições especiais de obtenção de benefícios que opera junto ao regime de Previdência Social no qual o ex-combatente esteja filiado obrigatoriamente no momento do requerimento do benefício, sendo para este regime de previdência que o ex-combatente terá de contribuir efetivamente para a obtenção do benefício da aposentadoria, na forma do dispositivo do artigo 53, inciso V, do Ato das Disposições Constitucionais Transitórias (ADCT) da Constituição Federal de 1988.

Além das mencionadas condições especiais para obtenção de aposentadoria com proventos integrais, o artigo 53 do Ato das Disposições Constitucionais Transitórias dispõe também sobre os benefícios previdenciários da pensão especial para o ex-combatente com renda mensal "equivalente à deixada por segundo-tenente das Forças Armadas", imprescritível e inacumulável com outros rendimentos recebidos dos cofres públicos, exceto quanto a outro benefício previdenciário, garantido o direito de opção (inciso II), pensão por morte à viúva ou companheira e dependentes, com renda mensal proporcional calculada na forma do inciso II (inciso III), e assistência médica e hospitalar (reminiscência de uma época em que a assistência médica era ação exclusiva da Previdência Social aos seus segurados), extensiva aos dependentes (inciso IV).

O artigo 142, §3º, inciso X, da Constituição Federal de 1988 teve a sua redação alterada pela Emenda Constitucional nº 18, de 1998, dispondo que "a lei disporá sobre o ingresso nas Forças Armadas, os limites de idade, a estabilidade e outras condições de transferência do militar para a inatividade, os direitos, os deveres, a remuneração, as prerrogativas e outras situações especiais dos militares, consideradas as peculiaridades de suas atividades, inclusive aquelas cumpridas por força de compromissos internacionais e de guerra".

Em nota divulgada pelo Estado-Maior das Forças Armadas em 05 de março de 1999,[123] será encaminhado ao Congresso um projeto de lei que inclui os militares entre os contribuintes da Previdência Social, atingindo os militares da ativa, os inativos e os pensionistas, inclusive os 44 mil pensionistas especiais, veteranos da II Guerra Mundial e o pessoal envolvido no dito esforço de guerra. Segundo o porta-voz da Presidência da República, Sérgio Amaral, a ideia do Governo com esse projeto "é completar todas as medidas que são necessárias para o ajuste fiscal", que o Governo tinha duas opções, "ou procrastinava e estendia esse processo ou tomava agora as medidas que são necessárias" e que a decisão de propor logo essas mudanças "foi para não ampliar as dificuldades atuais por muito tempo".

Significa, então, que o regime especial de Previdência Social dos ex-combatentes será extinto, com sua incorporação ao regime especial de Previdência Social dos militares.

7.4 As condições especiais de concessão de benefícios previdenciários aos anistiados

O artigo 8º, *caput*, do Ato das Disposições Constitucionais Transitórias da Constituição Federal de 1988 concedeu anistia "aos que, no período de 18 de setembro de 1946 até a data da promulgação da Constituição, foram atingidos, em decorrência de motivação exclusivamente política, por atos de exceção, institucionais ou complementares, aos que foram abrangidos pelo Decreto Legislativo nº 18, de 15 de dezembro de 1961, e aos atingidos pelo Decreto-Lei nº 864, de 12 de setembro de 1969".

---

[123]Projeto do governo prevê que militar contribua à Previdência. *Folha de S.Paulo*, São Paulo, 06 mar. 1999. C. 1, p. 5.

Por essa mesma disposição do *caput* do artigo 8º do Ato das Disposições Constitucionais Transitórias da Constituição Federal de 1988, foram "asseguradas as promoções, na inatividade, ao cargo, emprego, posto ou graduação a que teriam direito se estivessem em serviço ativo, obedecidos os prazos de permanência em atividade previstos nas leis e regulamentos vigentes, respeitadas as características e peculiaridades das carreiras dos servidores públicos civis e militares e observados os respectivos regimes jurídicos".

Essas mesmas condições especiais para a obtenção de benefícios previdenciários concedidas pelo *caput* do artigo 8º do Ato das Disposições Constitucionais Transitórias da Constituição Federal de 1988, aos servidores civis e militares, foram estendidas aos trabalhadores do setor privado, dirigentes e representantes sindicais que "por motivos exclusivamente políticos, tenham sido punidos, demitidos ou compelidos ao afastamento das atividades remuneradas que exerciam, bem como aos que foram impedidos de exercer atividades profissionais em virtude de pressões ostensivas ou expedientes oficiais sigilosos".

A anistia concedida pela Constituição Federal de 1988, embora ampla, não foi irrestrita, pois deu tratamento diferenciado às várias categorias de anistiados, excluindo de seus efeitos algumas categorias e anistiados ou reconhecendo-lhes vantagens trabalhistas e não vantagens previdenciárias imediatamente, como previsto no §5º do artigo 8º do Ato das Disposições Constitucionais Transitórias da Constituição Federal de 1988: a) "a anistia concedida nos termos deste artigo aplica-se aos servidores públicos civis e aos empregados em todos os níveis de governo ou em suas fundações, empresas públicas ou empresas mistas sob controle estatal", desta forma assegurando-a aos servidores públicos da administração pública direta e indireta da União, dos Estados, do Distrito Federal e dos Municípios; b) dela não se beneficiaram os servidores públicos militares da União, lotados nos "Ministérios militares", "que tenham sido punidos ou demitidos por atividades profissionais interrompidas em virtude de decisão de seus trabalhadores" (vale dizer, em caso de deserção), "bem como em decorrência do Decreto-lei nº 1.632, de 4 de agosto de 1978", ou aqueles punidos "por motivos exclusivamente políticos"; c) mas assegurou o direito à readmissão dos anistiados "que foram atingidos a partir de 1979" nos quadros da Administração Pública direta e indireta da União, dos Estados Membros, do Distrito Federal e dos Municípios, na premissa de que ainda não tivessem tempo de serviço suficiente para a aposentadoria.

Não sendo possível ao Poder Constituinte determinar a readmissão dos trabalhadores do setor privado aos empregos dos quais foram demitidos por seus empregadores, e nem reconduzir aos cargos de representação sindical os dirigentes e representantes sindicais, só lhes foi reconhecida como vantagem da anistia a obtenção dos benefícios previdenciários pelo Regime Geral de Previdência Social instituído pela mesma Constituição Federal de 1988 (com unificação do PRORURAL ao anterior regime de Previdência Social do trabalhador urbano).

A Constituição Federal de 1988 reconheceu, ainda que provisoriamente e de forma restrita, como infortúnio previdenciário, o benefício da indenização contida no §3º do artigo 8º do Ato das Disposições Constitucionais Transitórias, a exemplo das indenizações de guerra adotadas pela seguridade social neozelandesa logo após a II Guerra Mundial, e que constituem, na ordem jurídica brasileira, a "indenizações de guerrilha". Dispõe a apontada norma constitucional sobre o direito à "reparação de natureza econômica", na forma do que dispuser a lei, "aos cidadãos que foram impedidos de exercer, na vida civil, atividade profissional específica, em decorrência das Portarias Reservadas do Ministério da Aeronáutica nº S-50-GM5, de 19 de junho de 1964, e nº S-285-GM5".

Aos vereadores que "por força de atos institucionais, tenham exercido gratuitamente mandato eletivo", a Constituição Federal de 1988 assegurou o cômputo do tempo de serviço prestado, sem as correspondentes contribuições, durante os respectivos períodos de mandato eletivo, *"para efeito de aposentadoria no serviço público e Previdência Social"* (artigo 8º, §4º, do Ato das Disposições Constitucionais Transitórias).

Os efeitos pecuniários da anistia concedida foram ressalvados para o exercício orçamentário seguinte ao da promulgação da Constituição Federal de 1988.

De se observar, porém, que a Constituição Federal de 1988 estabeleceu em seu Ato das Disposições Constitucionais Transitórias a alocação de receitas para o orçamento da seguridade social (criado pelo artigo 165, §5º, no Título IV, *"Da Tributação e do Orçamento"*) no artigo 56, e sobre o parcelamento da dívida previdenciária dos Estados Membros, do Distrito Federal e dos Municípios no artigo 57, objetivando o aumento de recursos necessários face ao aumento da previsão com o desembolso de recursos orçamentários da seguridade social com o pagamento dos benefícios previdenciários assegurados pela mesma Constituição Federal.

7.5 O Regime Geral da Previdência Social

O Regime Geral da Previdência Social (RGPS) corresponde ao regime de Previdência Social disciplinado pelo artigo 201 da Constituição, abrangendo os trabalhadores urbanos e rurais, sejam eles empregados, domésticos, autônomos, equiparados a autônomos ou avulsos, os empresários e os facultativos.

Tal regime de previdência passou a abranger também os servidores públicos comissionados, os servidores temporários e os empregados públicos, por determinação do Decreto nº 2.173, de 05 de março de 1997, que foi constitucionalizado pelo parágrafo 13 do artigo 40 da Constituição Federal de 1988, que foi acrescentado pela Emenda Constitucional nº 20, de 1998.

A Emenda Constitucional nº 20, de 1998, abriu espaço para o disciplinamento do regime de previdência complementar no artigo 202 da Constituição Federal de 1988, transferindo para o artigo 201 as regras relativas ao benefício da aposentadoria.

A Constituição Federal de 1988 dispunha em seu artigo 201, inciso I, para o Regime Geral de Previdência Social, a cobertura dos infortúnios de doença, invalidez, morte (inclusive a decorrente de acidente de trabalho), velhice e reclusão. Porém, a Emenda Constitucional nº 20, de 1998, modificou a redação dessa norma constitucional para suprimir a cobertura do infortúnio de morte decorrente de acidente de trabalho e a cobertura do infortúnio decorrente de reclusão (que é benefício típico dos dependentes do segurado). Além disso, por um simples preconceito tipicamente brasileiro, o legislador externou seu pavor em relação ao infortúnio "velhice", substituindo sua referência pela expressão "idade avançada", não havendo qualquer fundamento metajurídico para essa alteração, mesmo se considerarmos um ligeiro aumento na longevidade do cidadão brasileiro (no mundo inteiro tal risco social é referido por palavras que expressam a degeneração física e mental do cidadão protegido e não apenas um simples transcorrer do tempo).

No artigo 201, inciso II, a Constituição Federal de 1988 dispunha sobre a "ajuda à manutenção dos dependentes dos segurados de baixa renda". Esse inciso foi renumerado e teve sua redação modificada pela Emenda Constitucional nº 20, de 1998, que passou a dispor sobre a concessão de "salário-família e auxílio-reclusão para os dependentes dos segurados de baixa renda". A alteração é significativa, porque foram suprimidas as coberturas dos infortúnios de auxílio às famílias de prole numerosa ("salário-família") e o auxílio-reclusão para os dependentes dos segurados que não se enquadrem na definição legal de

Os Regimes Jurídicos de Previdência Social na Constituição Brasileira

"segurado de baixa renda", que deverá ser estabelecida pela legislação infraconstitucional.

Os incisos III e IV do artigo 201 da Constituição Federal de 1988 foram apenas renumerados, respectivamente, para incisos II e III pela Emenda Constitucional nº 20, de 1998, dispondo sobre a "proteção à maternidade, especialmente à gestante" (que tecnicamente não é um infortúnio, mas um direito trabalhista que a Previdência Social assumiu por uma questão de política social) e sobre a "proteção ao trabalhador em situação de desemprego involuntário".

O inciso V do artigo 201 da Constituição Federal de 1998 dispõe sobre a garantia de "pensão por morte do segurado, homem ou mulher, ao cônjuge ou companheiro e dependentes, obedecido o disposto no §5º e no art. 202". A Emenda Constitucional nº 20, de 1998 alterou apenas a parte final da redação desse inciso, por ter alterado todo o contexto do artigo 202 da Constituição (para abrir espaço para a inserção da previdência complementar), para determinar que seja "observado o disposto no §2º". O artigo 202 da Constituição Federal de 1998 dispunha sobre o benefício da aposentadoria, não havendo mais, na atualidade, qualquer referência constitucional de garantia de manutenção dos valores das prestações decorrentes das pensões em relação aos valores das prestações das aposentadorias. O §5º anteriormente referido foi renumerado para §2º do mesmo artigo 201 da Constituição Federal de 1988, dispondo que "nenhum benefício que substitua o salário de contribuição ou o rendimento do trabalho do segurado terá valor mensal inferior ao salário mínimo".

O benefício previdenciário da aposentadoria, outrora regido pelo artigo 202 da Constituição Federal de 1988, em sua redação original, foi comprimido em dois parágrafos do artigo 201 pela Emenda Constitucional nº 20, de 1998.

Dispunha o artigo 202 da Constituição Federal de 1998 sobre as aposentadorias especiais, por tempo de serviço (inclusive a subespécie proporcional) e por velhice, nos seguintes termos: "É assegurada aposentadoria, nos termos da lei, calculando-se o benefício sobre a média dos trinta e seis últimos salários de contribuição, corrigidos monetariamente mês a mês, e comprovada a regularidade dos reajustes dos salários de contribuição de modo a preservar seus valores reais e obedecidas as seguintes condições: I – aos sessenta e cinco anos de idade, para o homem, e aos sessenta, para a mulher, reduzido em cinco anos o limite de idade para os trabalhadores rurais de ambos os sexos e para os que exerçam suas atividades em regime de economia familiar, neste incluídos o produtor rural, o garimpeiro e o pescador artesanal; II – após

138 | Milton Vasques Thibau de Almeida
Fundamentos Constitucionais da Previdência Social

trinta e cinco anos de trabalho, ao homem, e, após trinta, à mulher, ou em tempo inferior, se sujeitos a trabalho sob condições especiais, que prejudiquem a saúde ou a integridade física, definidas em lei; III – após trinta anos, ao professor, e, após vinte e cinco, à professora, por efetivo exercício de função de magistério. §1º. É facultada aposentadoria proporcional, após trinta anos de trabalho, ao homem, e, após vinte e cinco, à mulher. §2º. Para efeito de aposentadoria, é assegurada a contagem recíproca do tempo de contribuição na administração pública e na atividade privada, rural e urbana, hipótese em que os diversos sistemas de Previdência Social se compensarão financeiramente, segundo critérios estabelecidos em lei".

A Emenda Constitucional nº 20, de 1998, suprimiu o dispositivo do *caput* do artigo 202 da Constituição Federal, que havia gerado muita polêmica sobre se a correção monetária do valor da renda mensal da aposentadoria era ou não autoaplicável, prevalecendo a tese governista pela negativa, referendada que foi pelo Excelso Supremo Tribunal Federal.

O §2º do artigo 202 da Constituição Federal de 1988 foi renumerado para §9º do artigo 201, pela Emenda Constitucional nº 20, de 1998, que alterou sua redação num pequeno detalhe de definição doutrinária: atualmente não se fala mais em "sistemas" de previdência e sim em "regimes" de previdência. Desta forma, dispõe atualmente, o mencionado preceito constitucional, que "para efeito de aposentadoria, é assegurada a contagem recíproca do tempo de contribuição na administração pública e na atividade privada, rural e urbana, hipótese em que os diversos regimes de Previdência Social se compensarão financeiramente, segundo critérios estabelecidos em lei".

Nos moldes programáticos dos parágrafos 7º e 8º do artigo 201 da Constituição Federal de 1988, com suas redações determinadas pela Emenda Constitucional nº 20, de 1998, o benefício previdenciário da aposentadoria foi substancialmente reduzido quanto ao valor e significativamente ampliado quanto aos requisitos de sua obtenção, da seguinte forma: "É assegurada aposentadoria no Regime Geral de Previdência Social, nos termos da lei, obedecidas as seguintes condições: I – 35 (trinta e cinco) anos de contribuição, se homem, e 30 (trinta) anos de contribuição, se mulher; II – 65 (sessenta e cinco) anos de idade, se homem, e 60 (sessenta) anos de idade, se mulher, reduzido em 5 (cinco) anos o limite para os trabalhadores rurais de ambos os sexos e para os que exerçam suas atividades em regime de economia familiar, nestes incluídos o produtor rural, o garimpeiro e o pescador artesanal" (§7º); "Os requisitos a que se refere o inciso I do parágrafo anterior serão reduzidos em 5 (cinco) anos, para o professor que comprove exclusivamente tempo de efetivo exercício das funções de magistério na educação infantil e no ensino fundamental e médio" (§8º).

Foi suprimida do texto constitucional a aposentadoria proporcional por tempo de serviço, que passou a ser tratada pela Emenda Constitucional nº 20, de 15 de dezembro de 1998, como um direito intertemporal, em seu artigo 9º, §1º, com as seguintes limitações: "Observado o disposto no art. 4º desta Emenda e ressalvado o direito de opção a aposentadoria pelas normas por ela estabelecidas para o Regime Geral de Previdência Social, (...) §1º. O segurado de que trata este artigo, desde que atendido o disposto no inciso I do caput, e observado o disposto no art. 4º desta Emenda, pode aposentar-se com valores proporcionais ao tempo de contribuição, quando atendidas as seguintes condições: I – contar tempo de contribuição igual, no mínimo, à soma de: a) 30 (trinta) anos, se homem, e 25 (vinte e cinco) anos, se mulher; e b) um período adicional de contribuição equivalente a 40 (quarenta por cento) do tempo que, na data da publicação desta Emenda, faltaria para atingir o limite de tempo constante da alínea anterior; II – o valor da aposentadoria proporcional será equivalente a 70% (setenta por cento) do valor da aposentadoria a que se refere o caput, acrescido de 5% (cinco por cento) por ano de contribuição que supere a soma a que se refere o inciso anterior, até o limite de 100% (cem por cento);" (...)

Não apenas com relação à aposentadoria proporcional, mas também ao seu gênero — aposentadoria por tempo de serviço —, a Emenda Constitucional nº 20, de 1998, passou a exigir como requisito de aquisição do direito a tal benefício a comprovação de efetivo "tempo de contribuição", abandonando o critério do mero decurso de tempo de filiação à Previdência Social sem comprovação de contribuição para com o custeio da seguridade social ("tempo de serviço"). Então, já não existe mais a "aposentadoria por tempo de serviço", por ter sido substituída pela "aposentadoria por tempo de contribuição".

A Emenda Constitucional nº 20, de 1998, também ampliou o tempo de contribuição como regra de direito intertemporal, instituindo o chamado "pedágio" para a obtenção da aposentadoria proporcional, equivalente a "um período adicional de contribuição equivalente a 40% (quarenta por cento) do tempo que, na data da publicação desta Emenda, faltaria para atingir o limite de tempo constante da alínea anterior".

Além disso, a Emenda Constitucional nº 20/98 passou a exigir um requisito novo para a obtenção do direito à aposentadoria, como regra de direito intertemporal, consistente em idade mínima de 53 anos para os homens e de 48 anos para as mulheres.

Relativamente à aposentadoria especial, foi eliminada a anterior referência do inciso II do artigo 202 da Constituição Federal de 1988 quanto a tempo de trabalho inferior a 35 anos "se sujeitos a trabalho sob condições especiais, que prejudiquem a saúde ou a integridade física, definidas em lei". A Emenda Constitucional nº 20, de 1998, incluiu um dispositivo novo na Constituição Federal de 1998, consistente no §1º do artigo 201, para impor vedação constitucional ao poder de legislar do legislador ordinário: "É vedada a adoção de critérios diferenciados para a concessão de aposentadoria aos beneficiários do Regime Geral de Previdência Social, ressalvados os casos de atividades exercidas sob condições especiais que prejudiquem a saúde ou a integridade física, definidos em lei complementar". Embora a definição dos requisitos de concessão do benefício da aposentadoria especial constitua uma exceção a essa limitação do poder de legislar, tornou-se mais difícil estabelecer e alterar tais requisitos, por ter passado a exigir o legislador constituinte, no processo legislativo, a observância de lei complementar.

No Regime Geral de Previdência Social (RGPS), o financiamento da seguridade social é disciplinado pelo artigo 195, cuja atual redação foi determinada pela Emenda Constitucional nº 20, de 15 de dezembro de 1998, estando baseado no regime de repartição e na tríplice fonte de custeio, nos seguintes termos: "A seguridade social será financiada por toda a sociedade, de forma direta e indireta, nos termos da lei, mediante recursos provenientes dos orçamentos da União, dos Estados, do Distrito Federal e dos Municípios, e das seguintes contribuições sociais: I – do empregador, da empresa e da entidade a ela equiparada na forma da lei, incidentes sobre: a) a folha de salários e demais rendimentos do trabalho pagos ou creditados, a qualquer título, à pessoa física que lhe preste serviço, mesmo sem vínculo empregatício; b) a receita ou o faturamento; c) o lucro; II – do trabalhador e dos demais segurados da Previdência Social, não incidindo contribuição sobre aposentadoria e pensão concedidas pelo Regime Geral de Previdência Social de que trata o art. 201; III – sobre a receita do concurso de prognósticos".

A Emenda Constitucional nº 20 de 1998 reformulou a redação original do artigo 195, inciso I, da Constituição Federal de 1988, em decorrência da equivocada interpretação que lhe deu o Excelso Supremo Tribunal Federal em relação ao significado jurídico da expressão "folha de salários", ao declarar a inconstitucionalidade de dispositivo da Lei nº 8.212, de 24 de julho de 1991 (Lei Orgânica da Seguridade Social). Desta forma, passa a ser esclarecido na atual alínea "a" do inciso I do art. 195, que além da "folha de salários" (com o sentido trabalhista que lhe emprestou o Excelso STF), a base de incidência das contribuições

Capítulo 7
Os Regimes Jurídicos de Previdência Social na Constituição Brasileira — 141

sociais "do empregador, da empresa e da entidade a ela equiparada na forma da lei" (inciso I) também abrange os "demais rendimentos do trabalho pagos ou creditados, a qualquer título, à pessoa física que lhe preste serviço, mesmo sem vínculo empregatício".

As empresas contribuem com a alíquota única de 20% sobre o fato gerador "folha de salários e demais rendimentos do trabalho pagos ou creditados, a qualquer título", conforme disposto no artigo 195, inciso I, alínea "a", da Constituição Federal com a redação dada pela Emenda Constitucional nº 20, de 15.12.1998, que recepciona o artigo 22, inciso I, da Lei nº 8.212, de 24 de julho de 1991. As empresas nas quais haja risco de acidente do trabalho contribuem adicionalmente com alíquotas de 1%, 2% e 3%, segundo o grau desse risco ser leve, médio e grave, respectivamente, conforme dispõe o artigo 22, inciso II, alíneas "a" a "c", da Lei nº 8.212, de 1991. Entretanto, o seguro contra acidentes do trabalho foi desmembrado da área da Previdência Social e voltou a ser administrado por empresas de seguros privados. As empresas também contribuem com a alíquota de 2% aplicada sobre "a receita ou o faturamento" (art. 23, inciso I, da Lei nº 8.212/91) e com a alíquota de 10% sobre "o lucro" (art. 23, inciso II, da mesma Lei), conforme dispõe o art. 195, inciso I, alíneas "b" e "c", da Constituição Federal de 1988, com a nova redação dada pela Emenda Constitucional nº 20, de 1998, sendo, no entanto, remetida para a legislação ordinária a definição das respectivas bases de incidência. Contribuem adicionalmente para o custeio da seguridade social com a alíquota de 2,5% (artigo 22, §1º, da Lei nº 8.212/91) aplicada sobre a mesma base de incidência definida no art. 195, inciso I, alínea "a", da Constituição Federal de 1988, as empresas do setor bancário, financeiro, securitário, de arrendamento mercantil e as entidades de previdência privada (abertas e fechadas).

Para as contribuições previdenciárias das empresas, o parágrafo 9º do artigo 195 da Constituição Federal de 1988 (acrescentada pela Emenda Constitucional nº 20, de 1998) passa a dispor que "poderão ter alíquotas ou bases de cálculo diferenciadas, em razão da atividade econômica ou da utilização intensiva de mão de obra".

A Emenda Constitucional nº 20, de 1998, como regra de disposição transitória, em seu artigo 12, dispõe que "até que produzam efeitos as leis que irão dispor sobre as contribuições de que trata o art. 195 da Constituição Federal, são exigíveis as estabelecidas em lei, destinadas ao custeio da seguridade social e dos diversos regimes previdenciários".

Relativamente à contribuição dos segurados, a Emenda Constitucional nº 20, de 1998, alterou a redação do inciso II do artigo 195 da Constituição de 1988 para acrescentar à expressão "trabalhadores" (que é insuficiente para a definição de Previdência Social) a designação "dos demais segurados da Previdência Social" (que abrange os trabalhadores avulsos, os autônomos, os equiparados a autônomos e os segurados especiais), assim como para também esclarecer que sobre eles não incidirá a contribuição previdenciária adicional sobre os proventos da aposentadoria e da pensão concedidas aos trabalhadores urbanos e rurais no Regime Geral.

A Emenda Constitucional nº 20, de 1998, também modificou a redação do parágrafo 8º do artigo 195 da Constituição Federal de 1988, para suprimir "o garimpeiro" do elenco dos segurados especiais que menciona ("o produtor, o parceiro, o meeiro e o arrendatário rurais e o pescador artesanal"), para os quais impõe a contribuição sobre "o resultado da comercialização da produção". Desta forma, o garimpeiro passou a ser enquadrado legislativamente como segurado contribuinte individual, pela legislação infraconstitucional.

Por ocasião da entrada em vigor da Constituição Federal de 1988, tornou-se voz corrente afirmar que a Previdência Social urbana, contributiva, foi inviabilizada pela concessão de direitos previdenciários aos trabalhadores rurais, que nunca contribuíram para com esse sistema de previdência. Essa assertiva não é verdadeira, porque a Constituição Federal mantém, no artigo 195, §8º, basicamente o mesmo sistema de contribuição social outrora existente no PRORURAL, que se fundamenta no Direito Comparado, tomando por paradigmas os regimes previdenciários europeus da década de 1960. Os segurados rurais tinham um regime previdenciário contributivo próprio, ainda que nele o financiamento se desse de forma diferente e incipiente. As peculiaridades da vida rural fizeram com que esse regime de previdência surgisse tardiamente, em relação ao regime de previdência das demais categorias profissionais. Tais peculiaridades da vida no campo também foram responsáveis pelo maior número de metamorfoses pelos quais passou o regime de Previdência Social dos trabalhadores rurais até a sua unificação com o regime de previdência do trabalhador urbano, promovido pela Constituição Federal de 1988, dando lugar ao surgimento do Regime Geral de Previdência Social (RGPS). O fato de ter sido dispensado das contribuições mensais para o financiamento da Previdência Social, não significa que o trabalhador rural nunca tenha contribuído, significando apenas que as regras do seu financiamento eram diferenciadas. Por sinal, a Constituição Federal de 1988 simplificou profundamente o sistema de contribuição previdenciária no meio rural, nela remanescendo apenas parte do mecanismo de contributividade do PRORURAL, aplicável apenas aos segurados especiais definidos pela mesma Lei Maior.

Mozart Victor Russomano[124] explica que desde os primórdios da implantação da Previdência Social Rural no Brasil, os legisladores concluíram que os baixos níveis de remuneração do camponês desaconselhavam e, até mesmo, impediam sua participação no custeio. No regime do PRORURAL, manteve-se essa orientação, quebrando a linha traçada pelo direito anterior, por excluir o trabalhador e a União dos encargos pecuniários da Previdência Social. Tendo em vista, em particular, as peculiaridades do meio agrário e os inevitáveis embaraços para a fiscalização eficaz da arrecadação e do recolhimento das contribuições segundo os critérios tradicionais, o legislador indicou as seguintes fontes de receita, para custeio da Previdência Social Rural: a) Contribuição de dois por cento (2%) sobre o valor comercial dos produtos rurais; b) Contribuição obrigatória da indústria urbana, como ocorre desde a época do advento do Serviço Social Rural (SSR). Essa contribuição era de três décimos por cento (0,3%) da folha de pagamento dos empregados da empresa industrial, havendo passado a dois e seis décimos por cento (2,6%), dos quais dois e quatro décimos (2,4%) são canalizados para os cofres da Previdência Social Rural. Posteriormente, o Decreto-Lei nº 1910, de 29 de dezembro de 1981, determinou a elevação das contribuições do segurado empregador-rural, nestes termos: a) 1,44% do valor da respectiva produção rural do ano anterior, apurada na forma do art. 86, do RGPS (item 5, inc. I); b) 0,72% do valor da parte da propriedade rural mantida sem cultivo, segundo a última avaliação feita pelo INCRA, na forma do art. 87, do RGPS (item 5, inc. II). A porcentagem sobre o valor comercial dos produtos rurais era paga diretamente pelo produtor, quando ele industrializava o produto ou o vendia diretamente ao consumidor. Nesse caso, o pagamento deveria ser efetuado até o último dia do mês seguinte àquele em que se realizava a venda ou a transformação do produto, sob pena de multa, correção monetária e juros de mora. A obrigação do pagamento da contribuição era sub-rogada na pessoa do comprador, consignatário ou cooperativa que receba os produtos rurais. O cálculo se fazia segundo o esquema oferecido por Cássio Mesquita Barros Júnior: a) pelo adquirente, sobre o valor da compra; b) pelo consignatário e pelo produtor que vender seus produtos no varejo, diretamente ao consumidor, sobre o valor da venda; c) pela cooperativa, sobre o valor creditado ou pago aos associados pela

---

[124]*Curso de previdência social*, p. 419-420.

venda de seus produtos; d) pelo produtor, quando industrialize os seus produtos, sobre o preço corrente do mercado.

Desta forma, a Constituição Federal de 1988, ao proceder à racionalização das contribuições sociais, eliminou as contribuições das indústrias urbanas e as contribuições sobre terras incultas, mantendo apenas as contribuições sociais incidentes sobre a produção rural comercializada ou consignada pelos segurados especiais. A Constituição Federal de 1988 unificou os regimes de Previdência Social urbana e rural, e impôs, em termos gerais, os mesmos encargos de financiamento para os segurados urbanos e os segurados rurais. Relativamente aos segurados rurais, houve evolução de sua definição jurídica, que agora contempla tipos diversificados, segundo suas capacidades contributivas, dividindo-os em dois universos — os de baixa renda e os de renda mais elevada. Em virtude das peculiaridades do financiamento da Previdência Social no meio rural decorrem, igualmente, peculiaridades no sistema de benefícios para os segurados rurais, razão pela qual o artigo 195, §8º, da Constituição Federal de 1988 estabelece que os benefícios para os segurados especiais serão definidos por lei.

O Estado, ou seja, a União, os Estados Membros, o Distrito Federal e os Municípios contribuem "mediante recursos provenientes dos orçamentos", conforme dispõe o artigo 195, *caput*, da Constituição Federal de 1988. Tais dotações orçamentárias não integram o orçamento da União (§1º da mesma norma constitucional). Conforme dispõe o artigo 16, parágrafo único, da Lei nº 8.212, de 24.07/1991, "a União é responsável pela cobertura de eventuais insuficiências financeiras da Seguridade Social, quando decorrentes do pagamento de benefícios de prestação continuada da Previdência Social, na forma da Lei Orçamentária Anual".

É a União Federal quem cria o déficit orçamentário nominal da seguridade social, ao promover desvios de verbas da seguridade social, provenientes do custeio do Regime Geral de Previdência Social, para o pagamento de proventos e pensões dos servidores públicos federais, conforme disposto no artigo 17 da Lei nº 8.212, de 24.07/1991, para pagamento dos Encargos Previdenciários da União (EPU).

Não há, como nunca houve na história da Previdência Social brasileira, déficits orçamentários reais.

Wladimir Novaes Martinez,[125] comentando o artigo 17 da Lei nº 8.212, de 1991, assevera que "o dispositivo quebra uma regra científica de Direito Previdenciário: a receita da Previdência Social origina-se

---

[125]*Comentários à lei básica da Previdência Social*. 3. ed. São Paulo: LTR, 1995. v. 1, p. 119.

Capítulo 7
Os Regimes Jurídicos de Previdência Social na Constituição Brasileira | 145

de orçamento próprio, não confundível com o da União, e destina-se exclusivamente às prestações dos seus beneficiários, entre os quais não estão incluídos os servidores federais" e que "em sua redação original, dizia o §2º do art. 231, da Lei nº 8.122/90: 'O custeio da aposentadoria é da responsabilidade do Tesouro Nacional'". Tal parágrafo foi vetado pelo Presidente da República e mantido pelo Congresso Nacional. Posteriormente, foi revogado o art. 17 da Lei nº 8.212/91 pela Medida Provisória nº 935/95.

Para cobrir esses déficits nominais do orçamento da seguridade social causados pela União, foram promulgadas a Emenda Constitucional de Revisão nº 1, de 1º de março de 1994, e a Emenda Constitucional nº 10, de 4 de março de 1996.

A Emenda Constitucional de Revisão nº 1, de 1º de março de 1994, incluiu os artigos 71, 72 e 73 no Ato das Disposições Constitucionais Transitórias e instituiu o Fundo Social de Emergência. Dispõe o artigo 71 que "Fica instituído, nos exercícios financeiros de 1994 e 1995, o Fundo Social de Emergência, com o objetivo de saneamento financeiro da Fazenda Pública Federal e de estabilização econômica, cujos recursos serão aplicados no custeio das ações dos sistemas de saúde e educação, benefícios previdenciários e auxílios assistenciais de prestação continuada, inclusive liquidação de passivo previdenciário, e outros programas de relevante interesse econômico e social".

A Emenda Constitucional nº 10, de 04 de março de 1996, alterou a redação do artigo 71 do Ato das Disposições Constitucionais Transitórias, ampliando o período de vigência do Fundos Social de Emergência por mais um ano e meio, desvinculando a aplicação dos recursos obtidos por seu intermédio nas áreas da saúde, da educação, da previdência e da assistência social com a simples inclusão do esclarecimento de que tal aplicação era prioritária (não mais exclusiva) e abrindo ilimitadamente a possibilidade de aplicação dos recursos de tal Fundo financeiro em "despesas orçamentárias associadas a programas de relevante interesse econômico e social", da seguinte forma: "Fica instituído, nos exercícios financeiros de 1994 e 1995, bem assim no período de 1º de janeiro de 1996 a 30 de junho de 1997, o Fundo Social de Emergência, com o objetivo de saneamento financeiro da Fazenda Pública Federal e de estabilização econômica, cujos recursos serão aplicados prioritariamente no custeio das ações dos sistemas de saúde e educação, benefícios previdenciários e auxílios assistenciais de prestação continuada, inclusive liquidação de passivo previdenciário, e *despesas orçamentárias associadas a programas de relevante interesse econômico e social*" (destacamos).

A Emenda Constitucional nº 20, de 1998, acrescentou o inciso XI ao artigo 167 da Constituição Federal de 1988, que rege as vedações constitucionais ao poder de tributar da União, proibir a alocação de recursos do orçamento da seguridade social em despesas que cabem ao Tesouro Nacional (ou Fazenda Pública Federal), assim dispondo: "São vedados: (...) XI – a utilização dos recursos provenientes das contribuições sociais de que trata o art. 195, I, 'a', e II, para a realização de despesas distintas do pagamento de benefícios do Regime Geral de Previdência Social de que trata o art. 201"; (...)

Dispõe o artigo 195, §2º, da Constituição Federal de 1988, que "a proposta de orçamento da seguridade social será elaborada de forma integrada pelos órgãos responsáveis pela saúde, Previdência Social e assistência social, tendo em vista as metas e prioridades estabelecidas na lei de diretrizes orçamentárias, assegurada a cada área a gestão de seus recursos".

A despeito do que estatui o referido artigo 195, §2º, da Constituição Federal de 1988, não foram assegurados à área de saúde os recursos gerados pela fonte de financiamento da seguridade social instituída pela Emenda Constitucional nº 12, de 15 de agosto de 1996, que incluiu o artigo 74 no Ato das Disposições Constitucionais Transitórias, que rege a instituição da contribuição provisória sobre movimentações financeiras (CPMF), em cujo parágrafo 3º está disposto que "o produto da arrecadação da contribuição de que trata este artigo será destinado integralmente ao Fundo Nacional de Saúde, para financiamento das ações e serviços de saúde". O desvio de tais verbas destinadas à área da saúde protagonizou a discordância e, posteriormente, a renúncia de um dos Ministros de Estado que ocupou a pasta da Saúde.

Outra fonte de custeio da seguridade social também é vinculada pela Constituição Federal à área de saúde, estando prevista no artigo 243, parágrafo único, que se insere no Título IX, dedicado às Disposições Constitucionais Gerais. Dispõe que "todo e qualquer bem de valor econômico apreendido em decorrência do tráfico ilícito de entorpecentes e drogas afins será confiscado e reverterá em benefício de instituições e pessoal especializados no tratamento e recuperação de viciados e no aparelhamento e custeio de atividades de fiscalização, controle, prevenção e repressão do crime de tráfico dessas substâncias".

Ainda no Título das Disposições Constitucionais Gerais, da Carta de 1988, temos mais três normas que tratam sobre o financiamento da seguridade social, com vinculação da fonte de custeio a uma das áreas de atuação da seguridade social.

A norma do artigo 240 da Constituição Federal de 1988 restringe a isenção de contribuições sociais concedidas pelo artigo 195, §7º, às entidades filantrópicas ("são isentas de contribuição para a seguridade social as entidades beneficentes de assistência social que atendam às exigências estabelecidas em lei"), dispondo que tal isenção não atinge as contribuições compulsórias destinadas às entidades assistencialistas vinculadas ao sistema sindical, assegurando, portanto, aportes financeiros para a área de assistência social, da seguinte forma: "Ficam ressalvadas do disposto no art. 195 as atuais contribuições compulsórias dos empregadores sobre a folha de salários, destinadas às entidades privadas de serviço social e de formação profissional vinculadas ao sistema sindical". Tratam-se das contribuições sociais conhecidas como "contribuições de terceiros", também conhecidas como *Sistema 5-S* (SESI, SESC, SENAI, SENAC E SEST/SENAT).

O artigo 250 da Constituição Federal de 1988 foi acrescentado pela Emenda Constitucional nº 20, de 15 de dezembro de 1998, e prevê a formação de um fundo financeiro destinado à cobertura de eventual déficit orçamentário oriundo do Regime Geral de Previdência Social (RGPS), desta forma afetando recursos financeiros destinados exclusivamente à área da Previdência Social, dispondo, de forma expressa e clara, que tais recursos se destinam ao pagamento dos benefícios do Regime Geral (todos os tipos de benefícios): "Com o objetivo de assegurar recursos para o pagamento dos benefícios concedidos pelo Regime Geral de Previdência Social, em adição aos recursos de sua arrecadação, a União poderá constituir fundo integrado por bens, direitos e ativos de qualquer natureza, mediante lei que disporá sobre a natureza e administração desse fundo".

7.6 Os regimes especiais de Previdência Social

O regime especial de Previdência Social dos servidores públicos titulares de cargos efetivos passou a ser assim designado pela Emenda Constitucional nº 20, de 1998, após a depuração iniciada pelo Decreto nº 2.173, de 5 de março de 1997, que incluiu no Regime Geral da Previdência Social os servidores públicos comissionados, os servidores públicos temporários e os empregados públicos, depois de tê-los excluído do antigo regime de Previdência Social dos servidores públicos civis e militares da União.

A Emenda Constitucional nº 18, de 5 de fevereiro de 1998, que trata do regime constitucional dos militares, instituiu um regime estatutário de trabalho próprio para essa categoria de servidores públicos (enfatizando o provimento de cargos, as promoções, a estabilidade no cargo e a remuneração), a par de instituir, também, um regime próprio de Previdência Social para os servidores públicos militares (para estabelecer regras de "transferência para a reserva"), ao alterar a redação do artigo 61, inciso II, alínea "f", da Constituição Federal de 1988 (que trata da competência do Presidente da República para a proposição de leis).

A Emenda Constitucional nº 20, de 1998, estendeu as disposições da Emenda Constitucional nº 18, de 1998, aos magistrados e aos Ministros do Tribunal de Contas da União, com a modificação da redação dos artigos 93, inciso VI, e 73, §3º, da Constituição de 1988, que tratam respectivamente das aposentadorias e das pensões desses Agentes Políticos, que passaram a ser regidas pelas mesmas disposições do artigo 40 da Constituição Federal de 1988, relativas ao regime de Previdência Social dos servidores públicos exercentes de cargos efetivos da União.

As Constituições Federais anteriores silenciavam sobre os *regimes especiais de Previdência Social dos servidores públicos e militares dos Estados, do Distrito Federal e dos Municípios*, mantendo a Constituição Federal de 1988 o mesmo silêncio em sua redação original. A Emenda Constitucional nº 20, de 1998, modificou substancialmente a redação do artigo 40, definindo no *caput* um regime de Previdência Social "de caráter contributivo" e dispondo nos parágrafos 14, 15 e 16, sobre o regime de previdência complementar: "A União, os Estados, o Distrito Federal e os Municípios, desde que instituam regime de previdência complementar para os seus respectivos servidores titulares de cargo efetivo, poderão fixar, para o valor das aposentadorias e pensões a serem concedidas pelo regime de que trata este artigo, o limite máximo estabelecido para os benefícios do Regime Geral de Previdência Social de que trata o art. 201" (§14); "Observado o disposto no art. 202, lei complementar disporá sobre as normas gerais para a instituição de regime de previdência complementar pela União, Estados, Distrito Federal e Municípios, para atender aos seus respectivos servidores titulares de cargo efetivo" (§15); "Somente mediante sua prévia e expressa opção, o disposto nos §§14 e 15 poderá ser aplicado ao servidor que tiver ingressado no serviço público até a data da sua publicação do ato de instituição do correspondente regime de previdência complementar" (§16).

As Constituições brasileiras nunca foram muito claras no que se refere ao financiamento da Previdência Social.

Mesmo a Constituição Federal de 1988, em sua redação original, só dispunha sobre o tríplice custeio (artigo 195), que é um regime de financiamento por repartição, que é típico dos regimes de Previdência Social.

Por ocasião da tramitação das Propostas de Emendas Constitucionais de Reforma da Previdência Social, o Governo Federal alardeou a existência de supostos déficits orçamentários da Previdência Social (apesar de esta não possuir um orçamento próprio, como a Seguridade Social), com o propósito de conseguir adesão popular às propostas por ele encaminhadas ao Congresso Nacional. Desta forma, a Emenda Constitucional nº 20, de 15 de dezembro de 1998, passou a explicitar de forma mais ampla quais são os encargos contributivos dentro de cada um dos regimes de Previdência Social.

Esse suposto déficit da Previdência Social, que nunca existiu, desde que a Previdência Social brasileira foi unificada administrativamente em 1965, na verdade corresponde a um déficit do Tesouro Nacional ou, como afirma Celso Barroso Leite,[126] corresponde a um déficit da Seguridade Social.

O discurso palaciano do déficit da Previdência Social acoberta uma ampliação da carga tributária, sob a modalidade de contribuições sociais, a fim de que o aumento de arrecadação não venha a ser partilhado pela União Federal com os Estados, o Distrito Federal e os Municípios.

Essa desvinculação das novas arrecadações tributárias com o orçamento fiscal da União ("Tesouro Nacional") criou a "desvinculação de receitas da União" (DRU), sob o beneplácito da Emenda Constitucional nº 27, de 1990, como explica Cid Heráclito, citado por Celso Barroso Leite.[127]

Em sua redação original, o artigo 40 da Constituição Federal de 1988 nada dispunha sobre o financiamento do regime especial de Previdência Social do servidor público. Também nada era disposto a respeito no artigo 42, §10, da Constituição Federal, que estendia aos servidores militares os mesmos benefícios previdenciários concedidos aos servidores públicos civis. Vimos que, historicamente, a prática constitucional brasileira de concessão de aposentadorias e pensões por conta do Tesouro Nacional surgiu com o Governo Provisório da I República e seu Ato nº 5, de 19 de novembro de 1889.

A Emenda Constitucional nº 3, de 17 de março de 1993, acrescentou o parágrafo 6º ao artigo 40 da Constituição Federal de 1988, para dispor sobre o sistema de financiamento da seguridade social relativamente ao regime especial de Previdência Social dos servidores públicos

---

[126]Déficit da seguridade social. *Revista de Previdência Social*, São Paulo, v. 29, p. 653-654, out. 2005.

[127]*Op. cit.*, p. 653.

civis, nos seguintes termos: "As aposentadorias e pensões dos servidores públicos federais serão custeadas com recursos provenientes da União e das contribuições dos servidores, na forma da lei".

A Emenda Constitucional nº 3, de 17 de março de 1993, também alterou a redação do parágrafo 10 do artigo 42 da Constituição Federal de 1988 para fazer remissão ao supratranscrito parágrafo 6º do artigo 40 da mesma Constituição, determinando, igualmente, a compulsoriedade das contribuições dos servidores públicos militares para com o financiamento do seu regime especial de Previdência Social, como foi regulamentado por lei ordinária.

Wladimir Novaes Martinez[128] observa que em sua redação original o §2º do artigo 231 da Lei nº 8.112, de 1990 (Estatuto do Regime Jurídico Único do Servidor Público Federal), dizia que "o custeio da aposentadoria é da responsabilidade do Tesouro Nacional". Embora o referido parágrafo tenha sido vetado pelo Presidente da República, foi mantido pelo Congresso Nacional. Observa, ainda, que a Constituição Federal não possui, a exemplo do parágrafo único do art. 149, norma sobre a parte "patronal" da União, concluindo que, diante da contributividade da Previdência Social, ela se impõe.

O aludido artigo 149, parágrafo único, da Constituição Federal dispõe, em caráter facultativo, que "os Estados, o Distrito Federal e os Municípios poderão instituir contribuição, cobrada de seus servidores, para o custeio, em benefício destes, de sistemas de previdência e assistência social".

Essa facultatividade, para que os Estados, o Distrito Federal e os Municípios imponham o custeio da Previdência Social aos seus respectivos servidores públicos, decorre da competência legislativa concorrente conferida aos Estados, ao Distrito Federal e aos Municípios para legislar sobre Direito Previdenciário (artigo 24, inciso I, da Constituição Federal de 1988).

Em consequência, para os Estados e Municípios que não tenham instituído regimes próprios de Previdência Social, seus servidores públicos serão enquadrados obrigatoriamente como segurados obrigatórios do Regime Geral de Previdência Social, conforme dispõe o artigo 13 da Lei nº 8.212, de 24 de julho de 1991, que impõe esse enquadramento legislativo por exclusão: "O servidor civil ou militar da União, dos Estados, do Distrito Federal e dos Municípios, bem como o das respectivas autarquias e fundações, é excluído do Regime Geral de

---

[128] *Comentários à lei básica da Previdência Social.* v. 1, p. 119.

Previdência Social consubstanciado nesta Lei, desde que esteja sujeito a sistema próprio de Previdência Social. Parágrafo único. Caso este servidor venha a exercer, concomitantemente, uma ou mais atividades abrangidas pelo Regime Geral de Previdência Social, tornar-se-á segurado obrigatório em relação a essas atividades".

Para esse Regime Geral de Previdência Social regido pela Lei 8.212, de 1991, foram deportados os servidores públicos civis comissionados, os servidores temporários e os empregados públicos, que foram expulsos do regime especial de Previdência Social do servidor público federal, por força do Decreto nº 2.173, de 05 de março de 1997. A despeito da inconstitucionalidade dessas alterações legislativas, a Emenda Constitucional nº 20, de 1998, veio referendá-las *a posteriori*, no parágrafo 13, que acrescentou ao artigo 40 da Constituição Federal de 1988: "ao servidor ocupante, exclusivamente, de cargo em comissão declarado em lei de livre nomeação e exoneração bem como de outro cargo temporário ou de emprego público, aplica-se o Regime Geral de Previdência Social".

Mesmo tendo sido revogado o artigo 17 da Lei nº 8.212, de 1991, que dispunha sobre a possibilidade de a União se apropriar de recursos do orçamento da seguridade social para o pagamento dos Encargos Previdenciários da União (EPU), e de ter sido acrescentado o inciso XI ao artigo 167 da Constituição Federal de 1988, pela Emenda Constitucional nº 20, de 1998, que proíbe a utilização de recursos orçamentários da seguridade social para esse fim ou de qualquer outro diverso do pagamento de benefícios do Regime Geral de Previdência Social, entendemos que ainda é válida a advertência feita por Wladimir Novaes Martinez[129] quanto à possibilidade de promiscuidade dos recursos orçamentários: "Levando em conta muitos municípios não possuírem regime próprio, seus servidores filiar-se-ão ao RGPS, em caráter especial. Mesmo não esquecendo o disposto no art. 9º do PCPS, tais ingressos municipais acabarão por prestar-se para pagamento dos benefícios de servidores federais, confundindo, no mínimo, a autonomia orçamentária dos entes políticos".

Com a ampla reformulação que a Emenda Constitucional nº 20, de 15 de dezembro de 1998, promoveu na redação do artigo 40 da Constituição Federal de 1988, o anterior parágrafo 6º emigrou para o *caput*, eliminando a especificação da pessoa dos contribuintes, mas aludindo expressamente ao caráter contributivo do regime de Previdência

---

[129] *Comentários à lei básica da Previdência Social.* v. 1, p. 119.

Social dos servidores públicos e a critérios ("princípios jurídicos") de preservação do equilíbrio financeiro e atuarial: "Aos servidores titulares de cargos efetivos da União, dos Estados, do Distrito Federal e dos Municípios, incluídas suas autarquias e fundações, é assegurado regime de previdência de caráter contributivo, observados critérios que preservem o equilíbrio financeiro e atuarial e o disposto neste artigo".

O caráter contributivo desse regime de previdência também é enfatizado pelo parágrafo 9º do artigo 40 da Constituição Federal de 1988, com redação dada pela Emenda Constitucional nº 20, de 1998, que passa a exigir efetivo "tempo de contribuição" para a concessão de aposentadoria no regime de previdência do servidor público, desta forma descartando a contagem do tempo de serviço durante o qual o servidor público não tenha contribuído para a Previdência Social, em qualquer de seus regimes. Nesse mesmo diapasão, o parágrafo 10 do artigo 40 da Constituição Federal de 1988, cuja redação também foi incluída pela Emenda Constitucional nº 20, de 1998, determina que "a lei não poderá estabelecer qualquer forma de contagem de tempo de contribuição fictício". Entretanto, o artigo 4º da Emenda Constitucional nº 20, de 1998, contempla norma de Direito Constitucional Intertemporal, dispondo que "observado o disposto no art. 40, §10, da Constituição Federal, o tempo de serviço considerado pela legislação vigente para efeito de aposentadoria, cumprido até que a lei discipline a matéria, será contado como tempo de contribuição".

Em seu último dispositivo, a Emenda Constitucional nº 20, de 1998, estatui que "revoga-se o inciso II do §2º do art. 153 da Constituição Federal" (artigo 17). Tal preceito constitucional dispunha que "o imposto previsto no inciso III (imposto de renda e proventos de qualquer natureza), não incidirá, nos termos e limites fixados em lei, sobre rendimentos provenientes de aposentadoria e pensão, pagos pela Previdência Social da União, dos Estados, do Distrito Federal e dos Municípios, a pessoa com idade superior a sessenta e cinco anos, cuja renda seja constituída, exclusivamente, de rendimentos do trabalho". Desta forma, a Emenda Constitucional nº 20, de 1998, abriu caminho para que o Governo Federal imponha contribuições sociais sobre os proventos da aposentadoria e sobre as pensões dos dependentes dos segurados. A mesma Emenda Constitucional nº 20/98, porém, ressalva a isenção ampla da incidência de tais contribuições sociais sobre os proventos das aposentadorias e pensões do Regime Geral de Previdência Social (artigo 195, inciso II, da Constituição Federal), porque seu objetivo é agravar a contribuição social dos servidores públicos. Mesmo assim, o artigo 3º, §1º, da Emenda Constitucional nº 20/98, concedeu isenção temporária ao servidor público que permaneça no cargo após o cumprimento dos requisitos para a percepção da aposentadoria, nos seguintes limites: "O servidor de que trata este artigo, que tenha completado as exigências para aposentadoria integral e que opte por permanecer em atividade fará jus à isenção da contribuição previdenciária até completar as exigências para aposentadoria contidas no art. 40, §1º, III, a, da Constituição Federal".

O mesmo que afirmamos anteriormente em relação ao artigo 250 da Constituição Federal de 1988, relativamente ao Regime Geral de Previdência Social, afirmamos para o artigo 249 da mesma Constituição, que foi acrescentado pela Emenda Constitucional nº 20, de 15 de dezembro de 1998, prevendo a formação de um fundo financeiro destinado à cobertura de eventuais déficits orçamentários oriundos, respectivamente, dos vários regimes especiais de Previdência Social, desta forma afetando as dotações orçamentárias de tais regimes de previdência, que se destinam exclusivamente às áreas de Previdência Social. Dispõe o preceito constitucional em apreço, de forma expressa e cristalina, que tais recursos se destinam exclusivamente ao pagamento dos dois benefícios mínimos dos regimes especiais, que são a aposentadoria e as pensões, da seguinte forma: "Com o objetivo de assegurar recursos para o pagamento de proventos de aposentadoria e pensões concedidas aos respectivos servidores e seus dependentes, em adição aos recursos dos respectivos tesouros, a União, os Estados, o Distrito Federal e os Municípios poderão constituir fundos integrados pelos recursos provenientes de contribuições e por bens, direitos e ativos de qualquer natureza, mediante lei que disporá sobre a natureza e administração desses fundos".

Capítulo 8

Os Princípios Jurídicos Fundamentais da Previdência Social

Sumário: 8.1 Os princípios jurídicos da seguridade social – **8.1.1** Princípio da universalidade da cobertura e do atendimento – **8.1.2** Princípio da uniformidade e equivalência dos benefícios e serviços às populações urbanas e rurais – **8.1.3** Princípio da seletividade e distributividade na prestação dos benefícios e serviços – **8.1.4** Princípio da irredutibilidade do valor dos benefícios – **8.1.5** Princípio da equidade na forma de participação no custeio – **8.1.6** Princípio da diversidade da base de financiamento – **8.1.7** Princípio do caráter democrático e descentralizado da administração da seguridade social – **8.2** Os princípios jurídicos específicos da Previdência Social

Até a promulgação da Constituição Federal de 1988 não havia consenso na doutrina brasileira acerca da classificação dos princípios jurídicos da seguridade social, mesmo em relação a princípios informadores consagrados, como observou Wladimir Novaes Martinez,[130] ao fazer a primeira incursão monográfica sobre esse assunto na doutrina do Direito Previdenciário brasileiro.

Basicamente, os princípios jurídicos arrolados pelo artigo 194, parágrafo único, da Constituição Federal de 1988, são princípios jurídicos informadores da Previdência Social, que foram apenas ampliados para também abranger as áreas de ação da saúde e da assistência social, uma vez que os princípios jurídicos que se referem aos segurados, aos benefícios e ao financiamento são diretrizes previdenciárias e, portanto, irrelevantes para as áreas de saúde e de assistência social, nas quais não há segurados, não existem benefícios e não há financiamento do sistema por parte dos destinatários dessas medidas de proteção social.

---

[130] *Princípios de direito previdenciário*. São Paulo: LTR, 1983. p. 25-26.

Milton Vasques Thibau de Almeida
Fundamentos Constitucionais da Previdência Social

Por isso, a legislação infraconstitucional repete para a Previdência Social os mesmos princípios jurídicos apontados pela Constituição como sendo princípios jurídicos da seguridade social, no artigo 3º, parágrafo único, da Lei nº 8.212, de 24.07.1991 (Lei do Plano de Custeio da Seguridade Social), no artigo 2º da Lei nº 8.213, de 24.07.1991 (Lei do Plano de Benefícios da Previdência Social), e no artigo 4º do Decreto nº 3.048, de 06.05.1999 (Regulamento da Previdência Social).

Ao nosso ver, o único princípio jurídico comum às três áreas de ação da seguridade social é o princípio da gestão democrática e descentralizada dos órgãos da seguridade social (artigo 194, parágrafo único, inciso VII, da Constituição Federal de 1988). Mesmo assim, este foi o único princípio jurídico fundamental da seguridade social retocado pela Reforma da Previdência Social (Emenda Constitucional nº 20, de 15.12.1998), o que implica no reconhecimento de que ele é muito mais um princípio da Previdência Social do que um princípio da saúde e da assistência social, já que na composição "quadripartite" (uma evolução do princípio jurídico da paridade, que era comum ao Direito do Trabalho e à Previdência Social) não existe qualquer assento destinado à representatividade dos doentes ou dos miseráveis e indigentes.

8.1 Os princípios jurídicos da seguridade social

A Constituição brasileira de 1988 enunciou, pela primeira vez, os princípios da seguridade social em seu artigo 194, parágrafo único, nos seguintes termos: "Compete ao Poder Público, nos termos da lei, organizar a seguridade social, com base nos seguintes objetivos: I – universalidade da cobertura e do atendimento; II – uniformidade e equivalência dos benefícios e serviços às populações urbanas e rurais; III – seletividade e distributividade na prestação dos benefícios e serviços; IV – irredutibilidade do valor dos benefícios; V – eqüidade na forma de participação no custeio; VI – diversidade da base de financiamento; VII – caráter democrático e descentralizado da administração, mediante gestão quadripartite, com participação dos trabalhadores, dos empregadores, dos aposentados e do Governo nos órgãos colegiados" (redação do inciso VII alterada pela Emenda Constitucional nº 20, de 1998).

Observa Sérgio Pinto Martins[131] que outros princípios da seguridade social são enunciados pela Constituição brasileira: a) o artigo 195, incisos I a III, dispõe sobre a forma tríplice de custeio, pelos

---

[131] *Direito da seguridade social*. São Paulo: Atlas, 1992. p. 42.

entes públicos, pelos empregadores e pelos trabalhadores; b) nenhum benefício ou serviço da seguridade social será criado, estendido ou majorado sem a correspondente fonte de custeio total.

Esse último princípio genericamente apontado por Sérgio Pinto Martins corresponde a uma regra técnica que foi guindada ao nível de consideração fundamental, como valor econômico-financeiro, que condiciona o ordenamento jurídico brasileiro. Trata-se do princípio técnico disposto no artigo 195, parágrafo 5º, da Constituição Federal de 1988.

Na essência, esses princípios apontados por Sérgio Pinto Martins no artigo 195 da Constituição Federal de 1988 são princípios jurídicos informadores da Previdência Social.

O mais importante princípio jurídico da seguridade social, que é o princípio da solidariedade social, não está arrolado no artigo 194, parágrafo único, da Constituição brasileira de 1988, embora esteja implícito, de forma difusa e fragmentária, no preâmbulo do texto constitucional, no qual existem referências vagas e genéricas ao "exercício dos direitos sociais", à "segurança", ao "bem-estar", a uma "sociedade fraterna".

8.1.1 Princípio da universalidade da cobertura e do atendimento

Esse princípio está sedimentado na ideia fundamental de que cabe ao Estado intervir nas relações jurídico-econômico-sociais para promover a solidariedade social.

Existem vários tipos de solidariedade, dentre eles uma solidariedade que é "social", aquela que, embora possa se manifestar naturalmente na vida social, só atua por ocasião dos grandes sinistros (enchentes, terremotos, etc.), mas que é institucionalizada pelo Estado, que a torna compulsória e permanente por mandamento de lei.

A solidariedade social abrange âmbitos menores de solidariedade, a exemplo da solidariedade familiar e da solidariedade classista, por isso que o Estado interage com a Sociedade, ou seja, com a "iniciativa privada" nas ações de proteção social. O Estado cria a possibilidade de garantir a todas as pessoas definidas por lei como destinatários da proteção social padrões diferenciados de amparo material e espiritual contra as adversidades da vida (riscos sociais ou infortúnios).

Mas a solidariedade social é menor do que a solidariedade por nacionalidade ("nacionalismo"), e que também está presente no ordenamento jurídico brasileiro. Seguindo uma tendência mundial, consequência da transnacionalização do capital e do trabalho, a legislação previdenciária brasileira assumiu eficácia jurídica extraterritorial, para também reger a proteção social do trabalhador brasileiro no exterior e, até mesmo, para os trabalhadores estrangeiros que prestam serviços a empresas brasileiras ou ao governo brasileiro no exterior.

Inicialmente a Previdência Social cobria apenas os riscos sociais que pairavam sobre os empregados de determinadas empresas. Posteriormente, o amparo social transcendeu os limites da empresa, para abarcar todos os empregados pertencentes a uma determinada categoria profissional. A seguir, o amparo social foi estendido aos empregados pertencentes às categorias profissionais não organizadas e aos trabalhadores autônomos. Assim, o campo de abrangência da atuação do amparo social foi aumentando.

Com o advento da Lei Orgânica da Previdência Social objetivou-se dar tratamento equitativo a todos os segurados, porque os Institutos de Aposentadoria e Pensão correspondentes às categorias profissionais melhor representadas tinham mais condições financeiras de dar uma cobertura mais abrangente contra os riscos sociais a seus segurados, o que não ocorria com os demais Institutos de Aposentadoria e Pensão. Com a unificação de todos os Institutos de Aposentadoria e Pensão classistas num único Instituto, o Instituto Nacional de Previdência Social (INPS), o princípio aqui considerado ampliou ainda mais o campo de atuação do amparo social, mas o empregado doméstico e o empregado rural tiveram que esperar mais tempo até ver a concretização de sua proteção pela Previdência Social.

Quem trabalha e tem renda torna-se, assim, por imposição da lei brasileira, segurado obrigatório da Previdência Social. Todas as pessoas que residem no Brasil, sejam brasileiros ou não, serão cobertos e atendidos pela seguridade social.

Somente a imposição da filiação compulsória ao Sistema da Previdência Social poderia sustentar a sua viabilidade financeira e permitir que os benefícios e serviços sejam garantidos às classes sociais de baixa renda, que são as que menos podem contribuir.

O princípio da universalidade da cobertura e do atendimento não se restringe ao amparo social dentro do território brasileiro, pois orienta a legislação infraconstitucional no sentido da abrangência dos brasileiros e dos estrangeiros que trabalham no exterior, para empresas brasileiras, para o Governo brasileiro ou em organismos internacionais dos quais o Brasil seja membro efetivo. Tornam-se, portanto, segurados obrigatórios da Previdência Social brasileira, salvo se já estiverem cobertos ou atendidos por um sistema de seguridade social estrangeiro que lhes proporcione maior proteção do que a propiciada pela seguridade social brasileira, face ao princípio jurídico informador do Direito Previdenciário Internacional, consagrado na Convenção nº 102, de 1952, da OIT (Organização Internacional do Trabalho), segundo o qual ninguém poderá ser obrigado a se filiar obrigatoriamente a mais de um regime de proteção social.

Sérgio Pinto Martins[132] afirma que a universalidade de cobertura deve ser entendida como a necessidade daquelas pessoas que foram atingidas por uma contingência humana, seja a impossibilidade de retornar ao trabalho, a idade avançada, a morte, etc. Outro significado possui a universalidade do atendimento, que se refere às contingências que serão cobertas, não às pessoas envolvidas, ou seja, as adversidades ou acontecimentos em que a pessoa não tenha condições próprias de renda ou de subsistência.

Isto significa que a universalidade de cobertura cinge-se à área da Previdência Social, ao passo que a universalidade de atendimento direciona o amparo social para as áreas da assistência social e da saúde.

Em minha opinião, o princípio da universalidade da cobertura e do atendimento é um princípio jurídico de natureza técnica atuarial, que expressa a força expansiva da securitização da proteção social e lhe impõe uma administração moldada no sistema de financiamento por repartição, único capaz de promover a inclusão social dos trabalhadores menos favorecidos pela sorte (a exemplo dos segurados especiais) e de constituir um sistema de redistribuição de rendas.

Embora os benefícios e serviços criados e mantidos pela seguridade social possuam natureza jurídica de direito subjetivo público, que é exercitável em face do Estado, somente pode ser exigido pelas pessoas que venham a ser atingidas pelos infortúnios. Esses infortúnios diferem por áreas de atuação específicas da seguridade social (Previdência Social, assistência social e saúde).

A universalidade de cobertura vincula a universalidade do atendimento na área de proteção da Previdência Social, na qual o direito aos benefícios e serviços estão condicionados à filiação (vinculação laboral) e à contribuição prévia para o Plano de Benefícios da Previdência Social.

Nas áreas de saúde e de assistência social, os destinatários da proteção social possuem uma cobertura desvinculada de qualquer atividade de trabalho, ao passo que a ideia fundamental da universalidade do atendimento implica no reconhecimento de que "a saúde é um

---

[132] *Op. cit.*, p. 43.

direito de todos" (artigo 196 da Constituição Federal de 1988) ou de que "a assistência social será prestada a quem dela necessitar" (artigo 203, *caput*, da mesma Constituição).

Wladimir Novaes Martinez[133] esclarece que a clientela protegida no seguro social (área da Previdência Social) corresponde aos beneficiários, definidos pela legislação brasileira como segurados e seus dependentes. Nessa área o princípio da universalidade é absoluto, estando abrangidos todos os elementos do conjunto, permitindo à legislação fixar condições, tais como a da capacidade previdenciária, a da filiação, a da inscrição e a da carência.

Segundo o mesmo autor, a universalidade é limitada no seguro social e praticamente ilimitada na seguridade social (áreas da assistência social e da saúde), embora se tenha como certo a existência de algum controle quanto à dimensão e as características da clientela protegida na seguridade social, pois os encargos crescem na razão direta dos seus destinatários.

Na essência, o princípio da universalidade do atendimento é limitado na área de ação da Previdência Social pelo "tipo previdenciário", que estabelece os requisitos para a concessão dos benefícios previdenciários, exigindo "vinculação laboral" (inscrição e manutenção da condição de segurado), carência (capacidade contributiva) e verificação do risco social (ou infortúnio). Nas áreas de ação da saúde e da assistência social o princípio da universalidade do atendimento é limitado tecnicamente, em muitos sentidos, pela Lei Orgânica da Saúde (Lei nº 8.080, de 19.09.1990) e pela Lei Orgânica da Assistência Social (Lei nº 8.742, de 07.12.1993), e, acima de tudo, pela disponibilização de verbas orçamentárias. Por isso alguns especialistas recomendam que, se você tiver que adoecer, adoeça no primeiro semestre, pois no segundo semestre as dotações orçamentárias da saúde escassearão ou acabarão e você estará numa situação de atendimento precário.

8.1.2 Princípio da uniformidade e equivalência dos benefícios e serviços às populações urbanas e rurais

Tal princípio jurídico parte da realidade social e econômica, que se assenta na existência de diferenças profundas entre as inúmeras classes de trabalhadores, sejam eles trabalhadores do campo ou trabalhadores urbanos.

---

[133] *Princípios de direito previdenciário*. 3. ed. São Paulo: LTR, 1995. p. 104.

Tal princípio jurídico tem por objetivo promover uma aproximação entre essas realidades socioeconômicas distintas, promovendo ao nivelamento mínimo e máximo dos conteúdos econômicos dos direitos previdenciários.

Esse princípio jurídico afasta-se do critério de Justiça Distributiva para adotar o critério de Justiça Equitativa.

A Justiça Distributiva, que foi definida no Direito romano, pelo *Digesto* de Ulpiano — *facere iustitia est suum cuique tribuere* ("fazer justiça é dar a cada um o que é seu") — expressa apenas um critério egoísta e patrimonialista de que o ordenamento jurídico reconhece ao cidadão aquilo que a ele pertence, ou seja, o patrimônio adquirido pelo indivíduo. Esse tipo de Justiça justifica uma das teorias monistas privatistas da Ciência do Direito, pela qual o Direito é eminentemente privado e que somente por excepcionalidade seria público, para distinguir o patrimônio pessoal do Imperador dos bens do Império, daí o brocardo romanístico de que "a César o que é de César, a Roma o que é de Roma".

A Justiça Distributiva é um dos mais relevantes fatores da exclusão social — a antissolidariedade social —, pois só contribui para aumentar, ainda mais, o fosso das desigualdades sociais. Foi ela a responsável pelo absenteísmo que caracterizou o Estado Liberal do Século XIX.

Em 1883, na Alemanha, o Chanceler Von Otto Bismarck inverteu a concepção iluminista de que "todos são iguais perante a lei", para introduzir o Estado na era intervencionista, em que o critério de Justiça aplicável é o da Justiça Equitativa.

A Justiça Equitativa foi definida por Aristóteles como sendo um critério para "tratar desigualmente os desiguais, na medida em que se desigualam". Por isso, Justiça Equitativa é sinônimo de Justiça Social. Começou a atuar segundo a lógica da igualdade profissional, nos primórdios da organização das instituições de Previdência Social — as Caixas de Aposentadoria e Pensão — quando, na verdade, atuava apenas a previdência coletiva (seguro coletivo) — e os Institutos de Aposentadoria e Pensão — que passaram a aplicar o seguro social (Previdência Social), embora fossem igualmente organizados segundo os critérios da organização sindical, por categorias profissionais (abrangendo a similitude e a conexidade).

A Previdência Social expandiu sua cobertura e transcendeu o critério de organização assentado sobre o modelo sindical. Essa transcendência ocorreu no Brasil com a Uniformização Legislativa de 1960, com a promulgação da Lei Orgânica da Previdência Social, e com a Uniformização Administrativa de 1965, com a instituição do Instituto

Nacional da Previdência Social e consequente extinção dos antigos Institutos de Aposentadoria e Pensão criados no âmbito das categorias profissionais.

A uniformização das regras da proteção social implica na aplicação da Justiça Equitativa, pois os segurados em geral terão acesso a padrões uniformes de acesso à proteção social, que partem da premissa de que a maioria dos segurados terá acesso aos mesmos tipos de proteção social, mas que a certas categorias de segurados o acesso a certas medidas de proteção será restrito ou mesmo vedado.

Por outro lado, a equivalência significa que o valor das prestações dos benefícios da Previdência Social será equitativo, proporcional, à capacidade contributiva do segurado em relação ao financiamento do regime de Previdência Social. O valor mínimo do benefício previdenciário, equivalente ao valor do salário mínimo é assegurado a todos os segurados e dependentes, mas os segurados que possuem um maior poder de financiamento terão valores de benefícios equitativamente mais elevados até o valor do limite máximo de contribuição (e que também é limite máximo para os benefícios) — o *limite-teto* — uma vez que sendo mais elevada sua renda mensal de contribuição (*salário-de-contribuição*) as despesas de sua manutenção pessoal e a de seus dependentes ("orçamento doméstico") será mais elevada, portanto, a reposição da renda cessada implica numa *renda mensal de benefício* (obtida a partir do fator atuarial de cálculo denominado *salário-de-benefício*) mais elevada, por ser o "patrimônio coberto" pelo "seguro social" mais valioso, refletindo, portanto, a progressividade do sistema de financiamento, sobre a qual repousa o critério da Justiça Social dos Tributos, que é muito bem explicada por Othon Sidou, em sua obra *O caráter social dos tributos.*

Wladimir Novaes Martinez[134] afirma que esse princípio sempre existiu nas Constituições brasileiras, mas isso não impediu a legislação ordinária de estabelecer, de fato e de direito, extraordinárias distinções entre o trabalhador rural e o urbano, do ponto de vista laboral, infortunístico e previdenciário, e que o legislador constituinte tratou desse tema com timidez.

Afirma, Sérgio Pinto Martins,[135] que essa uniformidade e equivalência deveria ser para todo o sistema, inclusive para os servidores civis, militares e congressistas, para os quais existem regimes próprios.

---

[134] *Princípios de direito previdenciário*. 3. ed. São Paulo: LTR, 1995. p. 191-193.
[135] *Idem, ibidem.*

Embora esse princípio afirme a equivalência dos benefícios e serviços entre as populações urbanas e rurais, a legislação infraconstitucional estabelece uma diversidade de tratamento, segundo a capacidade contributiva dos segurados rurais. Em larga medida seu objetivo foi cumprido, pois os empregados rurais e os empregadores rurais passaram a ser tratados uniformemente pelo mesmo regime jurídico trabalhista celetista (por força do preceito do artigo 7º, *caput*, da Constituição Federal de 1988), o que redundou no mesmo tratamento legislativo previdenciário uniforme pelo Regime Geral da Previdência Social (artigos 194, parágrafo único, inciso II, da Constituição Federal de 1988).

Embora os empresários rurais e os trabalhadores autônomos rurais, dentre eles a figura do "segurado especial", não estejam submetidos a qualquer regime jurídico de trabalho, foram enquadrados no Regime Geral da Previdência Social pelo princípio jurídico da universalidade da cobertura e do atendimento pelo fato de exercerem trabalho, que é o fator estruturante da Ordem Social (conforme ditame do artigo 193 da Constituição Federal de 1988), porém, dentro do regime previdenciário serão tratados com uniformidade e com equivalência segundo o mérito de sua capacidade contributiva para com o financiamento do Sistema da Seguridade Social. Segundo o critério constitucional de mérito contributivo, o legislador constituinte atribuiu um critério diferenciado de mérito contributivo aos "segurados especiais", mantendo o mesmo sistema contributivo do antigo regime de Previdência Social do trabalhador rural (o PRORURAL), no artigo 195, §8º, da Constituição Federal de 1988: "O produtor, o parceiro, o meeiro e o arrendatário rurais e o pescador artesanal, bem como os respectivos cônjuges, que exerçam suas atividades em regime de economia familiar, sem empregados permanentes, contribuirão para a seguridade social mediante a aplicação de uma alíquota sobre o resultado da comercialização da produção e farão jus aos benefícios nos termos da lei" (redação determinada pela Emenda Constitucional nº 20, de 1998).

Portanto, o próprio legislador constituinte estabeleceu uma inserção uniforme dos *segurados especiais* no Regime Geral da Previdência Social, a despeito do seu baixo potencial contributivo, e remeteu para a legislação infraconstitucional a responsabilidade de regulamentar o critério de equivalência dos benefícios e serviços da Previdência Social.

Afirma Sérgio Pinto Martins[136] que a uniformidade vai dizer respeito aos aspectos objetivos, aos eventos que irão ser cobertos. A

---

[136] *Idem, ibidem.*

equivalência vai tomar por base o aspecto pecuniário ou do atendimento dos serviços, que não serão necessariamente iguais, mas equivalentes, na medida do possível.

Segundo Wladimir Novaes Martinez,[137] esse princípio é de grande alcance e significa exatamente o prescrito no texto constitucional: para fins previdenciários, os filiados são iguais, não importando tratarem-se de pertencentes ao universo urbano ou rural. Nesse sentido andou mal o legislador de 1991, quando interpretou a equivalência sem levar em conta as condições socioeconômicas e históricas da área rural, exigindo período de carência para deferir a aposentadoria por tempo de serviço. O trabalhador rural sempre contribuiu indiretamente para a Previdência Social através de um salário miserável, indigno e aviltante. Assim, o legislador de 1991 acabou fazendo odiosa distinção, condenada pela Carta Magna, permitindo a existência dos trabalhadores rurais e segurados urbanos.

A despeito dos entendimentos doutrinários e jurisprudenciais que sustentam a existência de uma igualdade de tratamento entre os segurados da Previdência Social, os pressupostos constitucionais dos princípios jurídicos previdenciários partem da premissa de que ninguém é social e economicamente igual, pois os cidadãos são apenas pessoas humanas, realidades biológicas suscetíveis potencialmente aos mesmos "riscos sociais" (sinistros); a lei não pretende a desgraça a nenhum dos cidadãos, mas é impotente para evitar sua ocorrência. A lei apenas oferece o mesmo tipo de proteção às pessoas vitimadas (uniformidade) e lhes dá uma proteção material e espiritual equitativa em relação ao "prêmio" (valor da subscrição da apólice de seguro), ou seja, "equivalente" ao montante da "reserva matemática" acumulada pelo segurado junto ao sistema de financiamento do "seguro social". As pessoas somente são iguais perante a lei como realidades biológicas carentes de proteção material, sendo essa a única igualdade jurídica pressuposta pela legislação previdenciária, no mais as pessoas ascendem ou despencam na escala da valoração social pelo seu trabalho ("*status* social" e "papel social"), segundo os pressupostos sociológicos do ordenamento jurídico brasileiro proclamados nos preceitos dos artigos 7º, *caput* (as condições contratuais de trabalho como pressuposto de melhoria da condição social dos trabalhadores), 170, *caput* (a Ordem Econômica como instrumento da valoração do trabalho humano e de garantia de existência digna conforme os ditames da Justiça Social) e

---

[137] *Op. cit.*, p. 192.

193 (o Trabalho como fundamento da Ordem Social, do Bem-Estar e da Justiça Social) da Constituição Federal de 1988.

Os preceitos dos artigos 170, *caput*, e 193 da Constituição Federal de 1988 contêm menção expressa à Justiça Social e esta não se efetiva jamais com base no princípio jurídico da isonomia.

O princípio jurídico da isonomia é um postulado jurídico fundamental do Direito Privado e do Direito Público, mas tem aplicabilidade restritíssima nos Direitos Sociais. No Direito do Trabalho o empregado não é igual ao empregador perante a lei, sendo que a lei trabalhista os obriga de forma diferenciada; mesmo entre empregados somente tem direito à igualdade de tratamento jurídico aqueles que atenderem os pressupostos e os requisitos dos artigos 460 e 461 da CLT, que dizem respeito ao "trabalho de igual valor", sendo, portanto, a igualdade de trabalho que determina a igualdade perante a lei, não o contrário. No geral esses mesmos preceitos da legislação trabalhista sustentam a juridicidade do tratamento desigual entre empregados de uma mesma empresa, em nome da Justiça Social.

Portanto, a Justiça Social não é isonômica — é equitativa —, pois trata juridicamente de forma desigual os desiguais, para poder corrigir as desigualdades sociais e econômicas realisticamente existentes entre as pessoas.

Mesmo os iguais somente são iguais antes que a desgraça atinja apenas um deles, sendo essa a racionalidade jurídica que conduziu o legislador constituinte a guindar à condição de preceito constitucional, no artigo 194, parágrafo único, inciso VII, da Constituição Federal de 1988, o pressuposto jurídico de que não há solidariedade entre os trabalhadores ativos e os trabalhadores inativos, e que, portanto, são distintos os interesses jurídicos previdenciários de uns e de outros.

8.1.3 Princípio da seletividade e distributividade na prestação dos benefícios e serviços

O presente princípio jurídico indica a existência de uma gradação de prioridades no atendimento das necessidades humanas.

A seletividade é um critério de responsabilidade, que impõe primeiramente o atendimento das necessidades existenciais de manutenção biológica do organismo humano, para só após dar atendimento a outras prioridades secundárias do gênero humano, como, por exemplo, as que atendem o bem-estar emocional das pessoas, as cirurgias de mera correção estética, etc. Essa priorização da cobertura dos infortúnios e

166 | Milton Vasques Thibau de Almeida
Fundamentos Constitucionais da Previdência Social

do atendimento da população é condicionada pela disponibilidade de recursos materiais e financeiros, que são, obviamente opulentos nos sistemas de seguridade dos países industrializados e escassos nos sistemas de proteção dos países em vias de industrialização e nos subdesenvolvidos.

Para Wladimir Novaes Martinez,[138] seleção é a escolha, feita pelo legislador, de um plano de benefícios compatível com a força econômico-financeira do sistema nos limites das necessidades do indivíduo. Toma por base a distinção entre riscos programáveis e riscos não programáveis, para privilegiar as incapacidades em comparação a outras contingências protegíveis. Afirma o autor que, "o rol dos benefícios deve otimizar as coberturas imprescindíveis com vistas na proteção possível, arredando-se a criação de um sem-número de direitos capazes de distorcer a técnica protetiva adotada", não bastando observar o princípio da precedência do custeio, sendo necessário "arrolar faculdades nos limites da Previdência Social".

Mas a seletividade não atua apenas no campo da Previdência Social, pois diz respeito à seguridade social como um todo. Exemplo disto é que a Constituição Federal de 1988 instituiu um único benefício pago em dinheiro ao cidadão na área da assistência social, que é a renda mensal. O Congresso Nacional aprovou, em novembro de 1996, outro benefício na área da assistência social, que consiste na complementação da renda familiar em relação ao salário mínimo.

Para Wladimir Novaes Martinez,[139] a seleção não significa apenas a escolha das prestações, mas também as condições de concessão e a clientela protegida, justificando as pesquisas elaboradas pelo Congresso Nacional na direção de uma revisão da aposentadoria especial, intentada sem sucesso nos idos de 1994. Selecionar passa por uma ampla discussão das imprescindibilidades mínimas, desta forma sendo contrário ao princípio o fato de o seguro-desemprego não estar contido na legislação previdenciária e não ser um encargo do RGPS.[140]

Afirma Sérgio Pinto Martins[141] que a seleção das prestações vai ser feita de acordo com as possibilidades econômico-financeiras do sistema da seguridade social. Nem todas as pessoas terão benefícios: alguns o terão, outros não, gerando o conceito de distributividade. No entanto,

---

[138] *Princípios de direito previdenciário*. 3. ed. São Paulo: LTR, 1995. p. 179.

[139] *Idem, ibidem*.

[140] *Op. cit.*, p. 180.

[141] *Op. cit.*, p. 44.

Capítulo 7
Os Princípios Jurídicos Fundamentais da Previdência Social

167

a assistência médica será igual para todos, desde que as pessoas dela necessitem e haja previsão para tanto. Nada impede a complementação dos benefícios, por meio da Previdência Social privada.

A distributividade corresponde à justiça distributiva, significando que a prioridade do atendimento incide inicialmente sobre as camadas populacionais de baixa renda ou de escassos recursos de subsistência, devendo ser garantidos conteúdos mínimos existenciais à maior quantidade possível de pessoas necessitadas, em detrimento de garantir benefícios polpudos a um reduzido contingente populacional melhor aquinhoado pela sorte.

Na opinião de Sérgio Pinto Martins,[142] a ideia de distributividade também concerne à distribuição de renda, pois o sistema, de certa forma, nada mais faz do que distribuir renda. A distribuição pode ser feita aos mais necessitados, em detrimento dos menos necessitados, de acordo com a previsão legal.

Para Wladimir Novaes Martinez,[143] distributividade das prestações quer dizer a necessidade de serem concebidos direitos em maior número e qualidade a favor dos mais necessitados, no momento da elaboração do Plano de Benefícios, na área da Previdência Social, quando estão presentes duas forças sociais de grande realce — a solidariedade e a distribuição de rendas. Aponta como exemplo o salário-família, idealizado pela Lei nº 8.213/91, com dois valores: I – percentual do salário mínimo para segurados com remuneração não superior a 3/10 do limite do salário de contribuição; II – outro percentual, bem menor, para quem aufere salário acima desse patamar. Segundo ele, a aposentadoria por tempo de serviço, idealizada pela lei ordinária desde 1960, é contrária a esse princípio.

8.1.4 Princípio da irredutibilidade do valor dos benefícios

Esse princípio é de extrema importância em economias persistentemente inflacionárias, com a economia brasileira nas décadas de 1960, 1970, 1980 e metade da década de 1990 (com recidiva a partir de janeiro de 1999, com o naufrágio do Plano Real), mas significa mais do que isso.

Tal como o princípio da seletividade procede a uma escolha das necessidades existenciais mais prementes do ser humano, expressando

---

[142] *Idem, ibidem.*

[143] *Princípios de direito previdenciário.* 3. ed. São Paulo: LTR, 1995. p. 180.

168 | Milton Vasques Thibau de Almeida
Fundamentos Constitucionais da Previdência Social

um conteúdo protetivo mínimo, é necessário assegurar a manutenção desse conteúdo protetivo mínimo contra a incessante tendência dos cortes de despesas orçamentárias da seguridade social, bem como é necessário garantir a constante correção do conteúdo econômico do benefício em face das flutuações do poder aquisitivo da moeda.

Registra Sérgio Pinto Martins[144] que a Assembleia Nacional Constituinte preocupou-se muito com a redução dos benefícios previdenciários, pois ao longo dos anos o beneficiário vinha perdendo o poder aquisitivo que tinha quando se aposentou. A legislação salarial, ou correção do salário mínimo, nunca implicou a preservação real dos benefícios previdenciários. Nem a atual lei de benefícios (Lei nº 8.213, de 24.07.1991) irá proporcionar a manutenção do poder aquisitivo real dos benefícios, pois perdas salariais ocorrem costumeiramente. O constituinte assegurou, ainda, "o reajustamento dos benefícios de modo a preservar em caráter permanente o seu valor", porém remete o critério à lei ordinária (art. 201, §4º, da Constituição). Apontava como exemplo a aposentadoria, que deveria ser calculada conforme a média dos 36 últimos salários de contribuição corrigidos mês a mês (a norma do art. 202 da Constituição que assim dispunha foi modificada pela Emenda Constitucional nº 20, de 1998).

Para Wladimir Novaes Martinez,[145] é visível nesse princípio a existência de dois comandos imperativos, referindo-se aos artigos 201, parágrafo 2º, e 202 da Constituição Federal de 1988. Decorrem historicamente do processo inflacionário precedente a 1988, tendo buscado corrigir as distorções da legislação vigente. Neles é visível a influência da conjuntura e a preocupação do constituinte com o achatamento do valor das aposentadorias e pensões, ocorrido nos últimos 15 anos, fato circunstancial sedimentado num precioso postulado jurídico, dos mais importantes como expressão prática do princípio do direito adquirido.

Segundo Wladimir Novaes Martinez,[146] esse princípio significa, no mínimo, duas coisas: a) os benefícios não podem ser onerados; b) devem manter o poder aquisitivo do valor original, através de parâmetro a ser definido segundo a lei ordinária e com vistas às circunstâncias de cada momento histórico.

---

[144]*Idem, ibidem.*
[145]*Op. cit.*, p. 178.
[146]*Op. cit.*, p. 179.

8.1.5 Princípio da equidade na forma de participação no custeio

Esse princípio implica primeiramente na imposição legal da obrigatoriedade de filiação do maior contingente possível de pessoas economicamente ativas, na seguridade social, única forma de serem socializados os custos de manutenção dos benefícios. Por outro lado, traduz o ideal de Justiça distributiva — quem aufere rendas maiores tem uma carga contributiva maior; quem aufere rendas menores tem uma carga contributiva menor.

Só é aplicável esse princípio, evidentemente, no âmbito dos regimes contributivos da Previdência Social.

Afirma Sérgio Pinto Martins[147] que só contribuem da mesma forma as pessoas que estiverem em iguais condições contributivas. Como os trabalhadores não têm as mesmas condições financeiras das empresas, estas é que arcam com a maior parcela das contribuições previdenciárias. Mas, como as empresas incluem o custo da contribuição previdenciária no preço das mercadorias e dos serviços prestados, quem acaba custeando a seguridade social é o consumidor. No que tange às contribuições do trabalhador, a legislação ordinária já prevê certa equidade, pois estabelece três alíquotas, quais sejam, 8%, 9% e 11%,[148] de acordo com o salário que perceba. No que concerne às contribuições das empresas, deveria haver um tratamento diferenciado, porque as grandes empresas têm maiores condições contributivas do que as microempresas.

Wladimir Novaes Martinez[149] refere-se a esse princípio como sendo "princípio da capacidade contributiva", afirmando que a privação do patrimônio de cada contribuinte, sua contribuição pessoal e de quem se serve dos seus serviços e contribuem solidariamente (refere-se às empresas), é fixada em lei. Essa matéria é de relevância para o seguro social, representando diminuição do princípio constitucional da liberdade e da proteção do salário, o que se justifica pelo fato de possuir maior valor o bem jurídico tutelado pela seguridade social. O mecanismo legal mais aplicável é a contribuição variável, mas esse critério não é universal. O fulcro desse procedimento, alíquota única ou alíquota seletiva, é a capacidade contributiva. Caso contrário, não se cumpre o princípio da solidariedade social, como ocorre no sistema

---

[147] *Op. cit.*, p. 45.

[148] Alíquota majorada pelo artigo 22, *caput*, do Decreto nº 2.173, de 05.03.1997.

[149] *Princípios de direito previdenciário*. 3. ed. São Paulo: LTR, 1995. p. 134-135.

de taxa única, em que a contribuição não resulta igual socialmente para todos os contribuintes, mesmo proporcionalmente. O sistema de taxa progressiva é consentâneo com o princípio da capacidade contributiva. A capacidade contributiva dos contribuintes é essencial para o seguro social, não podendo ser desprezada pelo legislador. É imprescindível levar em conta a privação dos contribuintes, no momento da taxação das contribuições dos segurados e das empresas. Para que os objetivos da Previdência Social sejam alcançados, o legislador não pode aniquilar os contribuintes. Indaga sobre o limite desse princípio, ou seja, o coeficiente da contribuição a ser fixado. Situada a técnica de proteção social, delimitada a clientela de beneficiários e o plano de prestações, a contribuição deve ter a exata dimensão da necessidade do atendimento dos encargos com as prestações, com as despesas de administração e o suficiente para a geração de reservas técnicas. Deve ser levado em conta a "lucratividade" do sistema e não a mera possibilidade de aumentar a taxa de contribuição a cada nova prestação instituída.

8.1.6 Princípio da diversidade da base de financiamento

Esse princípio significa que a carga contributiva deve ser dividida pelos mais diversos segmentos da economia e da população, devendo ser criados fatos geradores de contribuições sociais o mais diversificado possível.

Segundo Wladimir Novaes Martinez,[150] esse princípio significa que o legislador pode buscar múltiplas fontes de custeio, compromissado tão somente com a técnica protetiva desejada. A origem desse princípio decorre de uma constatação histórica. Desde a Lei Eloy Chaves, de 1923, a Previdência Social busca a pluralidade de recursos, na tentativa de definir o seguro social com participação do indivíduo e da sociedade. Nos incisos I a III do artigo 195 da Constituição Federal são contempladas, pelo menos, três hipóteses de incidências diferenciadas.

A lei infraconstitucional poderá instituir outras fontes destinadas a garantir a manutenção e a expansão da seguridade social, ressalva o artigo 195, parágrafo 4º, da Constituição Federal, ressalvando apenas o que dispõe o seu artigo 154, inciso I, ou seja: a) que seja lei complementar; b) que se observe a não cumulatividade e que não incidam sobre o mesmo fato gerador ou a mesma base de cálculo já discriminados na Constituição.

---

[150] *Princípios de direito previdenciário*. 3. ed. São Paulo: LTR, 1995. p. 151.

Capítulo 7
Os Princípios Jurídicos Fundamentais da Previdência Social | 171

A Constituição Federal prevê em seu artigo 243, parágrafo único, uma fonte específica de financiamento, afetada às instituições e pessoal especializados no tratamento e recuperação de viciados em entorpecentes e drogas afins. Decorre do confisco de todo bem de valor econômico apreendido em decorrência do tráfico ilícito de entorpecente e drogas afins. Metade do valor obtido na hasta pública desses bens constituem receita da seguridade social, complementa o artigo 27, inciso VI, da Lei nº 8.212, de 24.07.1991.

Também dispõe o artigo 239, parágrafo 4º, da Constituição Federal que "o financiamento do seguro-desemprego receberá uma contribuição adicional da empresa cujo índice de rotatividade da força de trabalho superar o índice médio da rotatividade do setor, na forma estabelecida por lei".

O artigo 27 da Lei nº 8.212, de 1991 — Plano de Custeio da Seguridade Social — e o artigo 36 do Decreto nº 612, de 21.07.0992 — Regulamento da Organização e do Custeio da Seguridade Social — ampliam essas previsões constitucionais, seguindo o figurino do princípio da diversidade da base de financiamento.

8.1.7 Princípio do caráter democrático e descentralizado da administração da seguridade social

Como a própria denominação indica, esse princípio diz respeito à organização da Administração Pública da seguridade social, nela sendo inseridos órgãos colegiados, que serão compostos com a participação dos trabalhadores, dos aposentados, dos empresários e dos representantes do Governo.

Segundo afirma Sérgio Pinto Martins,[151] essa regra é também mencionada no artigo 10 da Lei Fundamental, que assegura aos trabalhadores e empregadores a participação nos colegiados dos órgãos públicos onde seus interesses profissionais ou previdenciários sejam objeto de discussão ou de deliberação.

Entretanto há uma diferença fundamental entre o artigo 10 e o artigo 194, parágrafo único, inciso VII, da Constituição Federal. O artigo 10 cinge-se ao trabalhador ativo, pois apenas nessa condição pode ser escolhido para compor os órgãos públicos que menciona. Interpretamos o art. 10 da Constituição como tendo por destinatário o trabalhador ativo

---

[151] *Op. cit.*, p. 45-46.

172 | Milton Vasques Thibau de Almeida
Fundamentos Constitucionais da Previdência Social

sindicalizado, pois só pode haver "interesse profissional" quando existe uma categoria profissional organizada, não bastando a ela pertencer de forma passiva (não sindicalizado), é necessário participar do movimento sindical, ou seja, ser filiado ao sindicato, a este cabendo a indicação. Já o artigo 194, parágrafo único, inciso VII, distingue claramente o trabalhador e o aposentado. Essa norma constitucional pressupõe que o trabalhador que menciona é segurado, isto é, um filiado obrigatório da Previdência Social na categoria de trabalhador, não significando necessariamente que deva ser empregado. Já o aposentado é o segurado inativo, pouco importando qual tenha sido o tipo da sua filiação.

A inserção do aposentado nesse princípio corresponde a uma mobilização histórica da sociedade brasileira. Antes de 1988 só o segurado economicamente ativo tinha participação na gestão da seguridade social. Na década de 1980 os segurados que mais sofreram as consequências perversas da manipulação das metodologias dos índices de cálculos dos reajustes dos benefícios foram os inativos (aposentados e pensionistas), por isso se organizaram (constituíram até um partido político), marcharam sobre Brasília, onde lotaram as galerias do Congresso Nacional, pressionaram e obtiveram espaço político junto à Assembleia Nacional Constituinte.

Marly A. Cardone[152] assinala que a descentralização é outro comando do preceito, já tendo sido implementada nas diversas autarquias do Sistema Nacional de Previdência e Assistência Social (SINPAS), em nível nacional, estadual, regional e municipal, sendo que em vários dispositivos são feitos apelos à participação dos Estados e Municípios para que participem nas tarefas pertinentes à seguridade social.

A redação original do inciso VII do parágrafo único do artigo 194 da Constituição Federal de 1988 previa a participação da comunidade na composição dos órgãos da seguridade social. A doutrina questionou o sentido vago, impreciso dessa regra constitucional relativamente ao papel da comunidade, de forma que qualquer entidade de representação comunitária poderia reivindicar sua participação nos órgãos da seguridade social, tais como as comunidades de bairro, as Organizações Não Governamentais e outras associações desprovidas de representatividade profissional. Alertado sobre essa possibilidade, o legislador constituinte derivado alterou a redação do texto constitucional, via Emenda Constitucional nº 20, de 1998, suprimindo a expressão "com a participação da comunidade" e enfatizando a presença

---

[152] *Previdência, assistência, saúde*: o não trabalho na Constituição de 1988, p. 33.

"do Governo" nos órgãos da seguridade social (como se tais órgãos não fossem públicos e neles já não houvesse a presença dos servidores públicos nomeados pelo Poder Executivo).

8.2 Os princípios jurídicos específicos da Previdência Social

Além dos princípios jurídicos fundamentais da seguridade social que lidam com o custeio, os benefícios e os segurados (artigo 194, parágrafo único, da Constituição Federal de 1988), que se referem à área de atuação da Previdência Social, temos outros princípios arrolados no artigo 3º, parágrafo único, da Lei nº 8.212, de 24.07.1991, e no artigo 2º, parágrafo único, da Lei nº 8.213, promulgada na mesma data.

A listagem desses princípios da Previdência Social não se faz de forma uniforme em ambos os mencionados diplomas legais, embora repitam alguns daqueles princípios apontados pela Constituição Federal de 1988 para a seguridade social e incluam erroneamente como princípio da Previdência Social a previdência complementar.

O Plano de Custeio da Seguridade Social (Lei nº 8.212, de 24.07.1991) estatui em seu artigo 3º, parágrafo único, os seguintes princípios de Previdência Social: a) universalidade de participação nos planos previdenciários, mediante contribuição; b) valor da renda mensal dos benefícios, substitutos do salário-de-contribuição ou de rendimento do trabalho do segurado, não inferior ao do salário mínimo; c) cálculo dos benefícios considerando-se os salários-de-contribuição, corrigidos monetariamente; d) preservação do valor real dos benefícios; e) previdência complementar facultativa, custeada por contribuição adicional.

O Plano de Benefícios da Previdência Social (Lei nº 8.213, de 24.07.1991) arrola como princípios da Previdência Social: a) universalidade de participação nos planos previdenciários; b) uniformidade e equivalência dos benefícios e serviços às populações urbanas e rurais; c) seletividade e distributividade na prestação dos serviços; d) cálculo dos benefícios considerando-se os salários-de-contribuição corrigidos monetariamente; e) irredutibilidade do valor dos benefícios substitutos do salário-de-contribuição ou do rendimento do trabalho do segurado não inferior ao do salário mínimo; f) previdência complementar facultativa, custeada por contribuição adicional; g) caráter democrático e descentralizado da gestão administrativa com a participação do governo e da comunidade, em especial de trabalhadores em atividade, empregadores e aposentados, nos níveis federal, estadual e municipal.

O *princípio da universalidade de participação nos planos previdenciários, mediante contribuição* expresso pelo artigo 3º, parágrafo único, alínea "a" da Lei 8.212, de 1991, de forma mais ampla do que a dicção do artigo 2º, parágrafo único, inciso I, da Lei 8.213, de 1991 ("universalidade de participação nos planos previdenciários"), corresponde ao mesmo princípio da *universalidade da cobertura e do atendimento* apontado pelo artigo 194, parágrafo único, inciso I, da Constituição Federal de 1988.

O *princípio do valor da renda mensal dos benefícios, substitutos do salário-de-contribuição ou de rendimento do trabalho do segurado, não inferior ao do salário mínimo* proclamado pelo artigo 3º, parágrafo único, alínea "b" da Lei 8.212, de 1991, e também pelo artigo 2º, parágrafo único, inciso VI, da Lei 8.213, de 1991 ("valor dos benefícios substitutos do salário-de-contribuição ou do rendimento do trabalho do segurado não inferior ao do salário mínimo"), corresponde ao princípio jurídico elencado no §2º, do artigo 201, da Constituição Federal de 1988 (com a redação que lhe foi dada pela Emenda Constitucional nº 20, de 1998: "nenhum benefício que substitua o salário de contribuição ou o rendimento do trabalho do segurado terá valor mensal inferior ao salário mínimo"), que é um subprincípio jurídico do princípio da *irredutibilidade do valor dos benefícios* contido no artigo 194, parágrafo único, inciso IV, da mesma Constituição.

O *princípio do cálculo dos benefícios considerando-se os salários-de-contribuição, corrigidos monetariamente* contido no artigo 3º, parágrafo único, alínea "c", da Lei nº 8.212, de 1991, é repetido pelo art. 2º, parágrafo único, inciso IV, da Lei nº 8.213, de 1991, e corresponde ao princípio jurídico afirmado pelo artigo 201, §3º, da Constituição Federal de 1988 (com a redação que lhe foi dada pela Emenda Constitucional nº 20, de 1998: "Todos os salários de contribuição considerados para o cálculo de benefícios serão devidamente atualizados, na forma da lei"), e que outrora era proclamado pela redação original do *caput* do artigo 202 da Constituição Federal de 1988.

O *princípio da preservação do valor real dos benefícios*, arrolado no artigo 3º, parágrafo único, alínea "d", da Lei nº 8.212, de 1991, corresponde ao mesmo princípio afirmado pelo artigo 2º, parágrafo único, inciso V, da Lei nº 8.213, de 1991 ("irredutibilidade do valor dos benefícios de forma a preservar-lhes o poder aquisitivo") e repete o princípio jurídico proclamado pelo artigo 201, §4º, da Constituição Federal de 1988 (com redação ditada pela Emenda Constitucional nº 20, de 1998: "é assegurado o reajustamento dos benefícios para preservar-lhes, em caráter permanente, o valor real, conforme critérios definidos em lei"), que é outro subprincípio do princípio da *irredutibilidade do valor dos benefícios* contido no artigo 194, parágrafo único, inciso IV, da mesma Constituição.

A *previdência complementar facultativa, custeada por contribuição adicional,* proclamada como princípio jurídico da Previdência Social no artigo 3º, parágrafo único, alínea "e", da Lei nº 8.212, de 1991, e repetida no artigo 2º, parágrafo único, inciso VI, da Lei nº 8.213, do mesmo ano, não é um princípio jurídico, pois apenas se refere à previdência complementar, que é um tipo (ou "pilastra") da previdência como técnica de proteção social, e apenas apontam implicitamente uma e explicitamente duas das características da definição da previdência complementar: a) é acessória em relação à Previdência Social; b) é, regra geral, facultativa (por exceção pode ser organizada como regime complementar compulsório); c) é contributiva, com custeio adicional e independente do financiamento da Previdência Social. O legislador se equivocou em proclamar a previdência complementar como sendo princípio da Previdência Social (assim como também se equivocou em rotular a previdência complementar de "regime de previdência privada" no *caput* do artigo 202 da Constituição Federal de 1988 (com redação dada pela Emenda Constitucional nº 20, de 1998).

No mais, o artigo 2º, parágrafo único, da Lei nº 8.213, de 1991, repete em seus incisos II ("uniformidade e equivalência dos benefícios e serviços às populações urbanas e rurais"), III ("seletividade e distributividade na prestação dos serviços") e VII ("caráter democrático e descentralizado da gestão administrativa com a participação do governo e da comunidade, em especial de trabalhadores em atividade, empregadores e aposentados"), os mesmos princípios jurídicos apontados para a seguridade social no artigo 194, parágrafo único, incisos II, III e VII (este último inciso teve sua redação alterada pela Emenda Constitucional nº 20, de 1998).

Referências

ACCIOLI, Wilson. *Instituições de direito constitucional*. 3. ed. Rio de Janeiro: Forense, 1984. 639 p.

ALARCÓN CARACUEL, Manuel R.; GONZÁLEZ ORTEGA, Santiago. *Compendio de seguridad social*. 4. ed. rev. Madrid: Tecnos, 1991. 439 p.

ALLEN JR., Everett T. *et al. Planos de aposentadoria*: aposentadoria, participação nos lucros e outros planos de remuneração diferida. Tradução de Áurea D'al Bó e Norma Pinto de Carvalho. São Paulo: ICSS, 1994.

ALMANSA PASTOR, José M. *Derecho de la seguridad social*. 7. ed. Madrid: Tecnos, 1991. 738 p.

ALMEIDA, Isis de. A Previdência Social rural na Constituição. *Revista de Previdência Social*, São Paulo, v. 19, n. 171, p. 102-105, fev. 1995.

ALVES, Mário. A Previdência Social na revisão constitucional. *Revista de Previdência Social*, São Paulo, v. 17, n. 157, p. 963-964, dez. 1993.

ARCE CANO, Gustavo. *De los seguros sociales a la seguridad social*. Mexico: Editorial Porrua, 1972. 733 p.

ARRUDA, Maurílio Neris de Andrade. *Previdência Social dentro da autonomia municipal*. Leme, SP: LED, 1998. 221 p.

ASSOCIAÇÃO BRASILEIRA DOS INSTITUTOS DE PREVIDÊNCIA ESTADUAIS E MUNICIPAIS (ABIPEM). Inteligência do § 5º do art. 40 da Constituição da República. *Revista de Previdência Social*, São Paulo, v. 19, n. 179, p. 733-736, out. 1995.

BALEEIRO, Aliomar. *Constituições brasileiras*: 1891. Brasília: Senado Federal e Ministério da Ciência e Tecnologia, Centro de Estudos Estratégicos, 2001. v. 2, 121 p.

BALERA, Wagner. CONGRESSO BRASILEIRO DE PREVIDÊNCIA COMPLEMENTAR, 1., 1994, São Paulo.

BALERA, Wagner. *Curso de direito previdenciário*: homenagem a Moacyr Velloso Cardoso de Oliveira. 2. ed. São Paulo: LTR, 1994. 165 p.

BARBAGELATA, Héctor-Hugo. La seguridad social y su significación en un programa de política social. *Revista de Direito do Trabalho*, São Paulo, v. 10, n. 54, p. 5-12, mar./abr. 1985.

BARROSO, Luis Roberto. *O direito constitucional e a efetividade de suas normas*: limites e possibilidades da Constituição Brasileira. 2. ed. atual. e ampl. Rio de Janeiro: Renovar, 1993. 429 p.

BARROSO, Luis Roberto. Princípios constitucionais brasileiros (ou de como o papel aceita tudo). *Revista Jurídica Themis*, Curitiba, n. 7, p. 17-39, out. 1991.

BAYOD Y SERRAT, Ramón; FERNÁNDEZ MARTÍNEZ, Ernesto. *Planes y fondos de pensiones*. Madrid: Editorial Trivium, 1989.

BAZZANO, Claudio. *La previdenza complementare e integrativa*: dal primo al quarto pilastro. Milão: Cosa & Come, 1997. 347 p.

BESTER, Gisela Maria. *Cadernos de direito constitucional*. Porto Alegre: Síntese, 1999. v. 2, 242 p.

BONAVIDES, Paulo. *Direito constitucional*. 3. ed. Rio de Janeiro: Forense, 1988. 361 p.

BRITTO, Antônio. A farsa da seguridade social. *Revista de Previdência Social*, São Paulo, v. 15, n. 124, p. 146, mar. 1991.

CANOTILHO, José Joaquim Gomes. *Constituição dirigente e vinculação do legislador*. Coimbra: Coimbra Ed., 1994. 539 p.

CARDONE, Marly A. *Previdência, assistência, saúde*: o não trabalho na Constituição de 1988. São Paulo: LTR, 1990.

CARDONE, Marly A. Seletividade e distributividade na nova lei previdencial. *Revista de Previdência Social*, São Paulo, v. 15, n. 132, p. 692-694, nov. 1991.

CASTAN TOBEÑAS, José. *La seguridad social y su actual perspectiva*: ensayo doctrinal e critico. Madrid: Reus, 1966. 28 p. Separata de: *Revista General de Legislacion y Jurisprudencia*, 1966.

CASTRO, Araújo. *A reforma constitucional*. Rio de Janeiro: Leite Ribeiro, 1924. 206 p.

CAVALCANTI, Themístocles Brandão (Coord.). *Estudos sobre a Constituição de 1967 e sua Emenda nº 1*. 2. ed. rev. e ampl. Rio de Janeiro: Fundação Getulio Vargas, 1977. 276 p.

CAVALCANTI, Themístocles Brandão. *Princípios gerais de direito público*. 3. ed. Rio de Janeiro: Borsoi, 1966. 335 p.

CAVALCANTI, Themístocles Brandão; BRITO, Luiz Navarro de; BALEEIRO, Aliomar. *Constituições brasileiras*: 1967. Brasília: Senado Federal e Ministério da Ciência e Tecnologia, Centro de Estudos Estratégicos. 2001. v. 6, 186 p.

CÉSAR, Afonso. A Previdência Social e as constituições republicanas. *Revista de Informação Legislativa*, Brasília, v. 3, n. 12, p. 147-162, out./dez. 1966.

CÉSAR, Afonso. A Previdência Social no direito constitucional comparado. *Revista de Informação Legislativa*, Brasília, v. 3, n. 10, p. 29-36, abr./jun.1966.

CHAPERON, Pierre. Quelques réflexions sur la situation des régimes complémentaires ARRCO et AGIRC au regard du grand Marché unique européen. *Droit Social*, Paris, 6, p. 541-545, jun. 1991.

CHAUCHARD, Jean-Pierre. *Droit de la sécurité sociale*. Paris: LGDJ, 1994. 498 p.

CINELLI, Maurizio. Appunti sulla nozioni di previdenza sociale. *Revista Italiana di Diritto del Lavoro*, Milão, 1(2), p. 156-178, abr./jun. 1982.

CINELLI, Maurizio. *Lineamenti di diritto della previdenza sociale*. 3. ed. Milão: Giuffrè, 2000. 231 p.

CINELLI, Maurizio. Previdenza pubblica e previdenza complementare nel sistema costituzionale. *In*: FERRARO, Giuseppe (Coord.). *La previdenza complementare nella riforma del welfare*. Milão: Giuffrè, 2000. v. 1.

CINELLI, Maurizio. *Problemi di diritto della previdenza sociale*. Turim: G. Giappichelli, 1989. 242 p.

COELHO NETO, Ubirajara. *Da constitucionalização do direito previdenciário*. 276 f. Dissertação (Mestrado em Direito Constitucional) – Faculdade de Direito, Universidade Federal de Minas Gerais, Belo Horizonte, 1998.

COIMBRA, Feijó. *Direito previdenciário brasileiro*. 3. ed. Rio de Janeiro: Edições Trabalhistas, 1991.

COIMBRA, Feijó. *Direito previdenciário brasileiro*. 3. ed. Rio de Janeiro: Edições Trabalhistas, 1991. 471 p.

CORWIN, Edward S. *A Constituição norte-americana e seu significado atual*. Tradução de Lêda Boechat Rodrigues. Rio de Janeiro: Zahar, 1954. 373 p.

CUNHA, Fernando Whitaker da. *Direito constitucional do Brasil*. Rio de Janeiro: Renovar, 1990.

DUPEYROUX, Jean-Jacques. *Droit de la sécurité sociale*. 11. ed. Paris: Dalloz, 1988.

DUPEYROUX, Jean-Jacques; PRÉTOT, Xavier. *Sécurité sociale*. 9. ed. Paris: Sirey, 1996. 212 p.

DURANT, Paul. *La politique contemporaine de sécurité sociale*. Paris: Dalloz, 1953.

DURIN, François. Régimes surcomplémentaires et fonds de pension. *Droit Social*, Paris, 2, p. 136-140, fév. 1992.

ESCOLA DA MAGISTRATURA DO TRT – 2ª REGIÃO. *Constitucionalismo social*: estudos em homenagem ao Ministro Marco Aurélio Mendes de Farias Mello. São Paulo: LTR, 2003. 288 p.

ESPING-ANDERSEN, G. Orçamentos e democracia: o Estado providência em Espanha e Portugal, 1960-1986. *Análise Social*, Lisboa, v. 28, n. 122, p. 589-606, 3. trim. 1993.

FELIPE, J. Franklin Alves. *Reforma constitucional previdenciária*: a nova previdência dos servidores públicos. Rio de Janeiro: Forense, 2004. 243 p.

FERNANDES, Aníbal. *Previdência Social anotada*. 4. ed. ampl. e atual. Bauru: EDIPRO, 1996. 463 p.

FERRARI, Francisco de. *Los principios de la seguridad social*. 2. ed. atual. Buenos Aires: Depalma, 1972. 300 p.

FERRARI, Francisco de. *Los principios de la seguridad social*. Montevidéu: Universidade de Montevidéu, 1955. 251 p.

FERREIRA FILHO, Manoel Gonçalves. *Comentários à Constituição Brasileira*. 5. ed. rev. e atual. São Paulo: Saraiva. 1984.

FERREIRA FILHO, Manoel Gonçalves. *Comentários à Constituição Federal de 1988*. São Paulo: Saraiva, 1995. v. 4.

FERREIRA, Pinto. *Comentários à Constituição Brasileira*. São Paulo: Saraiva, 1995. v. 7, 702 p.

FERREIRA, Pinto. *Princípios gerais do direito constitucional moderno*. 6. ed. ampl. e atual. São Paulo: Saraiva, 1983. v. 2, 1222 p.

FREITAS JR., Antônio Rodrigues de. *Os direitos sociais e a Constituição de 1988*: crise econômica e políticas de bem-estar. Rio de Janeiro: Forense, 1993. 208 p.

GAETE BERRÍOS, Alfredo; SANTANA DAVIS, Inés. *Seguridad social*: estudio teórico-práctico de la nueva legislación chilena y comparada. Buenos Aires: Ed. Depalma, 1957. 205 p. (Estudios de Derecho Social, 1).

GEREMEK, Bronislaw. *A piedade e a forca*: história da miséria e da caridade na Europa. Tradução de Maria da Assunção Santos. Lisboa: Terramar, 1995. 306 p. (Coleção Pequena História, 5).

GOMES, Orlando. *Escritos menores*. São Paulo: Saraiva, 1981. 260 p.

GONÇALES, Odonel Urbano. *Manual de direito previdenciário*. 3. ed. São Paulo: Atlas, 1996. 241 p.

GRAU, Eros Roberto. *A ordem econômica na Constituição de 1988*. 3. ed. São Paulo: Malheiros, 1997. 362 p.

GUIMARÃES, Ylves José de Miranda. *Comentários à Constituição*: direitos e garantias individuais e coletivas. 2. ed. Rio de Janeiro: Forense, 1989. 109 p.

GUSMÃO, Paulo Dourado de. *Manual de direito constitucional*. Rio de Janeiro: Freitas Bastos, 1957. 552 p.

HARMON, M. Judd. *Ensaios sobre a Constituição dos Estados Unidos*. Tradução de Elcio Gomes Cerqueira. Rio de Janeiro: Forense-Universitária, 1978. 272 p.

Referências | 181

HERCE, José Antonio. *Las pensiones complementarias y la libre circulacion de los trabajadores em la CEE*: los sistemas de seguridad social y el mercado único europeo. Madrid: Ministerio de Trabajo y Seguridad Social; Secretaria General para la Seguridad Social, 1993. (Coleccion Seguridad Social, 10).

HOMEM DE MELLO, Francisco Ignacio Marcondes Homem de Mello, Barão. *A constituinte perante a história*. Ed. fac-sim. Brasília: Senado Federal, 1996. 199 p.

HUTEAU, Gilles; LE BONT, Eric. *Sécurité sociale et politiques sociales*. Paris: Masson, 1994. 407 p.

ITÁLIA. Istituto Nazionale Della Previdenza Sociale. *Sintesi dei principali sistemi previdenziali del mondo*. 2ª ed. Roma: INPS, 1960. 128 p.

JACQUES, Paulino. *Curso de direito constitucional*. 10. ed. rev. e atual. Rio de Janeiro: Forense, 1987. 579 p.

JAMBU-MERLIN, Roger. *La sécurité sociale*. Paris: Librairie Armand Colin, 1970.

JOÃO, Paulo Sérgio. *Previdência Social complementar*. 127 f. Dissertação (Mestrado) – Departamento de Direito do Trabalho, Universidade de São Paulo, São Paulo, 1983.

L'ASSOCIATION POUR L'ÉTUDE DES PROBLÈMES ÉCONOMIQUES ET HUMAINS DE L'EUROPE. *Securité sociale*: évolution ou révolution?. Paris: Presses Universitaires de France, 1968.

LEITE, Celso Barroso. A Previdência Social na nova Constituição. *Carta Mensal*, Rio de Janeiro, v. 34, n. 407, p. 53-60, fev. 1989.

LEITE, Celso Barroso. A Previdência Social na revisão constitucional. *Revista de Previdência Social*, São Paulo, v. 17, n. 151, p. 427-433, jun. 1993.

LEITE, Celso Barroso. *A proteção social no Brasil*. São Paulo: LTR, 1972. 117 p.

LEITE, Celso Barroso. A questão da seguridade social no Brasil. *Revista de Previdência Social*, São Paulo, v. 16, n. 135, p. 101-107, fev. 1992.

LEITE, Celso Barroso. Aspectos jurídicos e institucionais da seguridade social. *Revista de Previdência Social*, São Paulo, v. 18, n. 158, p. 10-12, jan. 1994.

LEITE, Celso Barroso. Conceito de Previdência Social. *Revista de Administração Municipal*, Rio de Janeiro, v. 39, n. 202, p. 39-43, jan./mar. 1992.

LEITE, Celso Barroso. Considerações sobre Previdência Social. *Revista de Previdência Social*, São Paulo, v. 22, n. 214, p. 725-738, set. 1998.

LEITE, Celso Barroso. Déficit da seguridade social. *Revista de Previdência Social*, São Paulo, v. 29, p. 653-654, out. 2005.

LEITE, Celso Barroso. *Dicionário enciclopédico de Previdência Social*. São Paulo: LTR, 1996. 172 p.

LEITE, Celso Barroso. Filantrópicas e contribuição social. *In*: MONTEIRO, Meire Lúcia Gomes. *Introdução ao direito previdenciário*. São Paulo: ANPREV/ LTR, 1998.

LEITE, Celso Barroso. Francisco Oliveira não tem razão. *Revista de Previdência Social*, São Paulo, v. 22, n. 210, p. 349-350, maio 1998.

LEITE, Celso Barroso. O conceito de seguridade social. *In*: BALERA, Wagner (Coord.). *Curso de direito previdenciário*. São Paulo: LTR, 1992.

LEITE, Celso Barroso. O INSS e a especificidade social. *Revista de Previdência Social*, São Paulo, v. 15, n. 122, p. 5-6, jan. 1991.

LEITE, Celso Barroso. *O século do desemprego*. São Paulo: LTR, 1994.

LEITE, Celso Barroso. Os municípios e a Previdência Social. *Revista de Previdência Social*, São Paulo, v. 13, n. 107, p. 601-604, out. 1989.

LEITE, Celso Barroso. Previdência convulsiona a França. *Revista de Previdência Social*, São Paulo, v. 20, n. 183, p. 208, fev. 1996.

LEITE, Celso Barroso. Previdência dos servidores públicos. *Revista de Previdência Social*, São Paulo, v. 16, n. 137, p. 293-295, abr. 1992.

LEITE, Celso Barroso. Previdência e poupança. *Revista de Previdência Social*, São Paulo, v. 19, n. 173, p. 247-248, abr. 1995.

LEITE, Celso Barroso. Previdência Social dos servidores municipais. *Revista de Administração Municipal*, Rio de Janeiro, v. 37, n. 195, p. 58-64, abr./jun. 1990.

LEITE, Celso Barroso. Previdência Social na Constituição. *Revista de Previdência Social*, São Paulo, v. 17, n. 149, p. 261-266, abr. 1993.

LEITE, Celso Barroso. Previdência Social nos Estados Unidos e na Inglaterra. *Revista de Previdência Social*, São Paulo, v. 21, n. 196, p. 213-214, mar. 1997.

LEITE, Celso Barroso. Reforma da seguridade social no Brasil. *Revista de Previdência Social*, São Paulo, v. 19, n. 171, p. 92-95, fev. 1995.

LEITE, Celso Barroso. Reforma do sistema previdenciário. *Revista de Previdência Social*, São Paulo, v. 18, n. 161, p. 265-268, abr. 1994.

LEITE, Celso Barroso. Regime de Previdência Social para trabalhadores. *Revista de Previdência Social*, São Paulo, v. 11, n. 75, p. 67-72, fev. 1987.

LEITE, Celso Barroso. Seguridade social no mundo. *Revista de Previdência Social*, São Paulo, v. 18, n. 163, p. 425-426, jun. 1994.

LEITE, Celso Barroso. Seguridade social, fondos de pensiones y seguro. *Revista de Previdência Social*, São Paulo, v. 13, n. 103, p. 392, jun. 1989.

LIMA, Javert de Souza. Da mensagem de Bismarck ao Plano Beveridge. *Revista da Faculdade de Direito da Universidade Federal de Minas Gerais*, Belo Horizonte, n. 9, p. 125-131, out. 1957.

Referências | 183

LYON-CAEN, Gérard. *Droit social.* 5ᵉ éd. Atual. por Jeanne Tillhet-Pretnar. Paris: LGDJ, 1995. 364 p.

LYON-CAEN, Gérard. La protection sociale complémentaire: la deuxième jeunesse de la prévoyance sociale. *Droit Social,* Paris, n. 4, p. 290-295, avr. 1986.

MAGALHÃES, José Luiz Quadros de. Previdência Social: direito social fundamental. *Revista Jurídica Mineira,* Belo Horizonte, v. 7, n. 69, p. 169-194, jan. 1990.

MARTINEZ, Wladimir Novaes. *A seguridade social na Constituição Federal.* 2. ed. São Paulo: LTR, 1992. 231 p.

MARTINEZ, Wladimir Novaes. *Comentários à lei básica da Previdência Social.* 3. ed. São Paulo: LTR, 1995. 2 v.

MARTINEZ, Wladimir Novaes. *Curso de direito previdenciário.* São Paulo: LTR, 1988. v. 2.

MARTINEZ, Wladimir Novaes. *Princípios de direito previdenciário.* São Paulo: LTR, 1983.

MARTINEZ, Wladimir Novaes. *Princípios de direito previdenciário.* 3. ed. São Paulo: LTR, 1995. 272 p.

MARTINEZ, Wladimir Novaes. *Reforma da Previdência Social:* comentários à Emenda Constitucional n. 20/98. São Paulo: LTR, 1999. 246 p.

MARTINS, Sérgio Pinto. *Direito da seguridade social.* São Paulo: Atlas, 1992.

MEDEIROS, Osiris A. Borges de. *Aposentadorias e pensões.* Rio de Janeiro: Liber Juris, 1984. 240 p.

MENEZES, Geraldo Bezerra de. *A segurança social no Brasil.* Rio de Janeiro: Guilherme Haddad, 1961. 295 p.

MERIAM, Lewis; SCHLOTTERBECK, Karl; MARONEY, Mildred. *The Cost and Financing of Social Security.* Washington D. C.: The Brookings Institution, 1950. 193 p.

MIRANDA, Jorge. *Manual de direito constitucional.* 2. ed. rev. e atual. Coimbra: Coimbra Ed., 1993. v. 4, 485 p.

MOIX MARTÍNEZ, Manuel. *Bienestar social.* 2. ed. corrig. e atual. Madrid: Ed. Trivium, 1986. 356 p.

MONTOYA MELGAR, Alfredo (Coord.). *Curso de seguridad social.* Madrid: Universidad Complutense; Servicio Publicaciones Facultad Derecho, 1998. 536 p.

NASCIMENTO, Amauri Mascaro. *Compêndio de direito do trabalho.* São Paulo: LTR/EDUSP, 1976. 740 p.

NASCIMENTO, Tupinambá Miguel Castro do. *A ordem social e a nova Constituição:* art. 193 a 232. Rio de Janeiro: Aide, 1991. 206 p.

NOGUEIRA, Octaciano. *Constituições Brasileiras*: 1824. Brasília: Senado Federal; Ministério da Ciência e Tecnologia; Centro de Estudos Estratégicos, 2001. v. 1.

OLIVEIRA, Aldemir de. *A Previdência Social na carta magna*. São Paulo: LTR, 1997. 168 p.

OLIVEIRA, Antônio Carlos de. *Direito do trabalho e Previdência Social*: estudos. São Paulo: LTR, 1996. 184 p.

OLIVELLI, Paola. *La costituzione e la sicurezza sociale*: principi fondamentali. Milão: Giuffrè, 1988. 208 p.

ORDEIG FOS, José María. *El sistema español de seguridad social (y el de la comunidad europea)*. 5. ed. atual. Madrid: Editorial Revista de Derecho Privado; Editoriales de Derecho Reunidas, 1993. 615 p.

PAIXÃO, Floriceno. *A Previdência Social em perguntas e respostas e legislação correlata*. 31. ed. São Paulo: Síntese, 1996.

PEREIRA, Vicente de Paulo Seixas. *Previdência social global*. Belo Horizonte: [s. n.], [198-?]. 244 p.

PIETERS, Danny. *Introduccion al derecho de la seguridad social de los paises miembros de la comunidad economica europea*. Trad. de Eduardo Larrea Santaolalla. Madrid: Civitas, 1992.

PIMENTEL, Marcelo; RIBEIRO, Hélio C.; PESSOA, Moacyr D. *A Previdência Social brasileira interpretada*: guia prático. Rio de Janeiro: Forense, 1970. 502 p.

POLETTI, Ronaldo. *Constituições Brasileiras*: 1934. Brasília: Senado Federal; Ministério da Ciência e Tecnologia; Centro de Estudos Estratégicos. 2001. v, 3, 194 p.

PONTES DE MIRANDA. *Comentários à Constituição de 1946*. 2. ed. rev. e aum. São Paulo: Max Limonad, 1953. v. 4.

PORTO, Walter Costa. *Constituições Brasileiras*: 1937. Brasília: Senado Federal; Ministério da Ciência e Tecnologia; Centro de Estudos Estratégicos. 2001. v. 4, 144 p.

ROSA, Alcides. *Manual de direito constitucional*. Rio de Janeiro: Aurora, 1951. 262 p.

ROSANVALLON, Pierre. *A crise do Estado-Providência*. Tradução de Isabel Maria St. Aubyn. Lisboa: Editorial Inquerito, [198_?]. 143 p. (Colecção Perspectivas, 1).

ROSEN, George. *Da polícia médica à medicina social*: ensaios sobre a história da assistência médica. Tradução de Ângela Loureiro. Rio de Janeiro: Graal, 1980. 401 p.

RUPRECHT, Alfredo J. *Direito da seguridade social*. Tradução de Edilson Alkimin Cunha. São Paulo: LTR, 1996. 296 p.

RUPRECHT, Alfredo J. Sociologia da seguridade social. *Revista de Previdência Social*, São Paulo, v. 16, n. 143, p. 877-885, out. 1992.

RUSSOMANO, Mozart Victor. *Curso de Previdência Social*. 2. ed. Rio de Janeiro: Forense, 1983. 538 p.

RUSSOMANO, Mozart Victor. *Direito sindical*. Rio de Janeiro: José Konfino Editor, 1975. 262 p.

RUSSOMANO, Mozart Victor. *Princípios gerais de direito sindical*. 2. ed. ampl. e atual. Rio de Janeiro: Forense, 1998. 298 p.

SALDANHA, Antônio Vasconcelos de. *As Capitanias*: o regime senhorial na expansão ultramarina portuguesa. Funchal: Centro de Estudos de História do Atlântico, 1991.

SALDANHA, Nelson. *Sociologia do direito*. São Paulo: Revista dos Tribunais, 1970. 186 p.

SÁNCHEZ AGESTA, Luis. *Curso de derecho constitucional comparado*. 5. ed. rev. Madrid: Universidad de Madrid, 1974. 526 p.

SÁNCHEZ AGESTA, Luis. La constitucion francesa de 1958. *In*: ARCHIVO DE DERECHO PÚBLICO. *La constitucion francesa de 1958*. Granada: Universidad de Granada, 1959. 217 p.

SANCHEZ-URAN AZAÑA, Yolanda. *Seguridad social y constituticion*. Madrid: Civitas, 1995. 155 p. (Estudios de Derecho Laboral).

SCHERKERKEWITZ, Iso Chaitz. Renda mínima. *Revista dos Tribunais*, São Paulo, n. 735, jan. 1997.

SILVA, L. G. Nascimento e. Direito previdenciário. *Revista da OAB-RJ*, Rio de Janeiro, v. 4, n. 8, p. 201-210, 3. quad. 1978.

SOARES, Orlando. *Comentários à Constituição da República Federativa do Brasil*. 8. ed. Rio de Janeiro: Forense, 1996. 882 p.

TÁCITO, Caio. *Constituições Brasileiras*: 1988. Brasília: Senado Federal e Ministério da Ciência e Tecnologia; Centro de Estudos Estratégicos, 2003. v. 7, 467 p.

TEIXEIRA, Aloisio. O conceito de seguridade e a Constituição Brasileira de 1988. *Revista de Previdência Social*, São Paulo, v. 16, n. 138, p. 387-391, maio 1992.

TEIXEIRA, Aloisio. O público e o privado nos modelos previdenciários. *Revista de Previdência Social*, São Paulo, v. 16, n. 135, p. 115-118, fev. 1992.

TEYSSIÉ, Bernard. La protection sociale complémentaire: la mise en place de la protection sociale complémentaire et le droit du travail. *Droit Social*, Paris, n. 4, p. 296-304, avr. 1986.

TORRES, Luís Cláudio Alves. *Direito previdenciário militar*. 2. ed. Rio de Janeiro: Edições Trabalhistas, 1992. 105 p.

VILLATORE, Marco Antônio César. Previdência complementar no direito comparado. *Revista de Previdência Social*, São Paulo, v. 24, n. 232, p. 245-261, mar. 2000.

WALD, Arnoldo. Aspectos constitucionais e legais do regime jurídico das entidades fechadas de previdência privada. *Carta Mensal*, Rio de Janeiro, v. 39, n. 461, p. 39-54, ago. 1993.

WITTE, Edwin E. *Five lectures on social security*. Rio Piedras: University of Puerto Rico/Labor Relations Institute, 1951. 74 p.

ZINK, Harold. *Modern Governments*. 2nd ed. Princeton (New Jersey): D. Van Nostrand Company, 1962. 804 p. (Van Nostrand Political Science Series).

Índice de Assuntos

A

Abolição da Escravatura 22
Amparo material 22, 107, 157
Amparo social 18, 29, 42, 64, 65, 70,
    71, 88, 101, 125, 158, 159
- Leis 23
- Responsabilidade do Estado
    brasileiro 71
Anistia 55, 133-135
Antissolidariedade social 161
Aposentadoria 19, 24, 27, 29, 39,
    53, 90, 114, 136, 138
- Compulsória 20, 22, 46
- Dos servidores públicos 28, 46, 55
- - Magistrados 21
- Especial 129, 140
- Por invalidez 46
- Por tempo de serviço 46, 137, 139
- Voluntária 21
Aposentos 19
Assembleia Geral Constituinte e
    Legislativa (1823) 17, 18
Assembleia Nacional Constituinte
    (1985) 55, 58, 60, 168, 172
Assistência médica 43, 102, 103, 132
Assistência social 18, 28, 44-46, 53,
    64, 77, 90, 104-107,
    124 ,126
- Complementar 106
- Prestação de serviços 106
- Suplementar 106
Association des Régimes de Retraites
    Complementaires (ARRCO) 116, 118
Association Générale des Institutions de
    Retraites de Cadres (AGIRC) ...116, 118
Ato das Disposições Constitucionais
    Transitórias 59, 60, 72, 124,
    131-135, 145, 146
Autoproteção 98

B

Beneficiários 56, 57, 115
Benefícios 126, 168
- Condições especiais de concessão
    de benefícios 128, 129
- - Anistiados 133-135
- Planos de Benefícios 95, 112, 113,
    122, 124, 126, 128, 173
Brasil
- Constituição Federal de
    1891 ....24-30, 31
- Constituição Federal de
    1934 ....30-34, 41
- Constituição Federal de
    1937 ....34-41, 64
- Constituição Federal de 1946 40-48
- Constituição Federal de 1967 48-53
- Constituição Federal de 1988 50,
    55-61, 72, 76-81, 92, 101,
    102, 107, 111, 112, 115,
    117, 121, 126, 156, 157
- Constituição Monárquica de
    1824 17-24

C

Caixas de Aposentadoria e
    Pensão (CAPs) 29-32
Capacidade contributiva 101, 117,
    160, 162, 163, 169, 170
Capitanias Hereditárias 19-21
Caridade albergada 25
Carta Del Lavoro 33
Central de medicamentos
    (CEME) 52
Cidadão 57-60, 71, 75, 101, 104,
    107, 110, 115, 136, 161, 164
Compulsoriedade 98
Congresso dos Escritores de
    São Paulo 42

Milton Vasques Thibau de Almeida
Fundamentos Constitucionais da Previdência Social

página

Consolidação das Leis do
Trabalho..................................33, 43
Constitucionalismo
norte-americano..................35, 37, 65
Constituição inglesa..........................20
Constituição
norte-americana........................64, 67,
68, 70
Consuetudines monásticas...................25
Contingência........88, 105, 107, 159, 166
Contributividade..............................98
Convenção da Organização
Internacional do Trabalho.................43
Convênios................................68, 76
Crime de tráfico.............................146
Custeio............28, 50, 94, 100, 101, 123,
126, 128, 139-141, 143-146, 148,
150, 157, 166, 169-171, 173

D
DATAPREV.....................................52
Declaração dos Direitos do
Homem....................................27
Declaração dos Direitos e Deveres
Internacionais do Homem................45
Democratização........................58, 61
Dependentes..............101, 132, 136
Desembarque de Serinhaem.............20
Desempregados..............................44
Desemprego.................69, 70, 84, 90
Direito do Trabalho....32, 36, 37, 41, 42,
50, 87, 90, 100,
119-122, 156, 165
- Complementar...............................121
Direitos sociais.........................79, 85
Diretas Já.....................................55
Distributividade....................166, 167
Doutrina Social da Igreja Católica....25

E
Economic Security Bill........................65
Estado do Bem-Estar Social
(*Welfare State*)............ 35, 63-78, 85, 88
Estado Novo..........................34, 40

página

Estados Unidos da América.............23

F
Ferroviários..................................29
França.................27, 115, 116, 118, 122
Fundo de Aposentadoria
Programada Individual
(FAPI)....................................109, 110
Fundo de pensões.............23, 112, 113,
116, 122
Fundo Nacional de Saúde...............146
Fundo Social de Emergência.........145
Fundos de resseguro social.......99, 100
FUNRURAL...............................51, 52

G
Governo Militar (1964)...................55
Governo Nacional (EUA)............ 68-70
Governo Provisório..............24, 25, 27,
29, 30, 149

I
Infortúnios....................25, 26, 101, 136,
157, 159, 165
Inglaterra..............................65, 66, 121
Instituto de Administração
Financeira da Previdência e
Assistência Social (IAPAS)............. 51
Instituto de Aposentaria e Pensões
dos Bancários (IAPB)....................32
Instituto de Aposentaria e Pensões
dos Comerciários (IAPC)................32
Instituto de Aposentaria e Pensões
dos Empregados em transportes e
Cargas (IAPETeC)...........................38
Instituto de Aposentaria e Pensões
dos Industriários (IAPI)..................32
Instituto de Aposentaria e Pensões
dos Marítimos (IAPM)....................32
Instituto de Aposentaria e Pensões
dos trabalhadores na Estiva
(IAPE)......................................38
Instituto de Previdência e
Assistência dos Servidores do
Estado (IPASE).........................47, 51

Índice de Assuntos | 189

Institutos de Aposentadoria e
Pensão (IAPs)..............31,32, 38, 110,
129, 158, 161, 162
Instituto Nacional da Previdência
Social (INPS)..........47, 51, 85, 110, 158
Instituto Nacional de Assistência
Médica da Previdência Social
(INAMPS) 51
Instituto Nacional do Seguro
Social (INSS) 72, 125
Isenção de contribuições sociais......147

J
Justiça Distributiva...................161, 169
Justiça Equitativa......................161, 162
Justiça Social 162, 165

L
Legião Brasileira de Assistência
(LBA)..............................38, 51, 52
Lei Áurea (1888) 22, 86
Lei Camatta 64
Lei da reciprocidade de
tratamento......................................59
Lei de Acidentes do Trabalho
(1918)..............................28, 29, 63
Lei de Estradas de Ferro (1912)........28
Lei de Responsabilidade Fiscal.........64
Lei de Segurança 34
Lei do Seguro Social..............23, 35, 66,
68-70, 119
ver também Social Security Act (1935)
Lei dos pobres (Poor Act)..................65
Lei Eloy Chaves....................29, 30, 170
Lei Orgânica da Assistência Social)..75
Lei Orgânica da Magistratura
Nacional..21
Lei Orgânica da Previdência
Social.................31, 40, 48, 59, 158, 166
Lei Orgânica da Saúde 75
Lei Orgânica dos Municípios
(1828)...22
Lei Orgânica dos Serviços Sociais.....40
Lei Penal dos Magistrados

ver Lei Orgânica da Magistratura
Nacional
Libertação da necessidade
(*freedom from need*)........................68

M
Manifesto dos Mineiros.....................41
Maternidade.........................43, 45, 137
Medicina
- Do trabalho.....................................44
- Geriátrica......................................119
- Preventiva.....................................118
- Reparatória....................................118
Mercado da previdência 110
Menor trabalhador............................43
Mínimos sociais...............................105
Ministério da Previdência e
Assistência Social (MPAS)..............51
Modelo bismarckiano............63, 64, 71,
72, 83
Modelo Chileno............................88, 89
Modelo de bem-estar social......... 63-78
ver também welfare state
Montepio Geral da Economia...........22

N
New Deal 23, 66

O
Ordem Econômica e Social 50, 81
Ordem Social............ 79-81, 98, 163, 165
Organização Internacional
do Trabalho..................44, 83, 87, 159

P
Pensão 25, 132, 137
Pensionamento 24, 25
Plano Cohen......................................34
Plano Gerador de Benefícios Livres
(PGBL) 109, 110
Poder central 72, 76
Poderes locais.......................... 71, 73-75
Poupança 88, 89, 91, 118
- Coletiva 97, 99, 109, 111, 119

190 | Milton Vasques Thibau de Almeida
Fundamentos Constitucionais da Previdência Social

página

- Individual 90, 118
Prestações 102, 107, 115-117
Previdência coletiva 92
Previdência
complementar...................92, 109, 125
- Aberta 112, 113
- Adesão 112, 113
- Fechada...112
- Inscrição facultativa................ 114-117
- Permanência 112, 113
- Portabilidade 112, 113
- Regimes Patronais...........................113
- Resgate 112, 113
Previdência da quarta idade.............92
Previdência privada....................91, 92
- Aberta 109
- Fechada...109
- Objetivo 109
Previdência social............17, 21, 22, 24,
26, 29, 31, 32, 36, 37,
39, 41-43, 85, 92
- Beneficiários.....................................56
- Competência 73-77
- Déficit orçamentário...............61, 110,
147, 153
- Do trabalhador rural
(PRORURAL)...............51, 124, 129,
135, 142, 143, 163
- Dos ex-combatentes..........................53
- Dos militares.....................................46
- Dos servidores
públicos...........................26, 39, 46, 52
- Dos trabalhadores urbanos 38
- Elementos...97
- Falência...................................61, 110
- Financiamento....................33, 40, 148
- Instituições previdenciárias.............32
- Precedentes constitucionais....... 17-53
- Princípios constitucionais...... 126-128
- Princípios jurídicos
específicos............................ 173-175
- Reforma da
previdência...................125, 149, 156
- Regime contributivo.......................75

página

- Regime não contributivo 26
- Regimes especiais 26, 64, 73
- Setor privado 64
Primeira Guerra Mundial
(1914-1918).......................................29
Princípio da concessão de condições
especiais de benefícios a certas
categorias de segurados................127
Princípio da concessão de isenção
de contribuições sociais às
Entidades Filantrópicas 126
Princípio da complementariedade
dos valores dos benefícios por
previdência complementar...........128
Princípio da contagem recíproca
do tempo de contribuição.............127
Princípio da contributividade
dos inativos.....................................128
Princípio da diversidade da base
de financiamento....................170, 171
Princípio da equidade na forma
de participação no custeio.....169, 170
- Alíquotas 169
Princípio da exportação dos
servidores não ocupantes de
cargo em comissão..........................128
Princípio da gestão democrática
e descentralizada dos órgãos da
seguridade social 156
Princípio da integração normativa
supletiva...128
Princípio da irredutibilidade do
valor dos benefícios........167, 174, 175
Princípio da isenção da contribuição
dos servidores com tempo de
contribuição para aposentadoria ..128
Princípio da limitação do valor
dos benefícios ao limite-teto..........127
Princípio da proibição da concessão
de remissão ou anistia das
contribuições sociais......................127
Princípio da proibição da
contagem de tempo fictício 127
Princípio da proibição de requisitos
e critérios diferenciados para a
aposentadoria 127

Índice de Assuntos | 191

página

Princípio da redução das alíquotas
e das carências...............................127
Princípio da seletividade e
distributividade............... 126, 165-167
Princípio da solidariedade
social.............................126, 157, 169
Princípio da uniformidade e
equivalência dos benefícios e
serviços às populações urbanas e
rurais.................................. 59, 160-165
Princípio da universalidade da
cobertura e do atendimento.....60, 98,
100, 114, 157-159, 174
Princípio da vedação de acúmulo
de benefícios previdenciários........127
Princípio das condições especiais
de aposentadoria aos
professores......................................127
Princípio do afastamento
compulsório do serviço ativo........127
Princípio do caráter democrático
e descentralizado da
administração de seguridade
social.......................................171-173
Princípio Federativo..................... 63-72
Princípio Jurídico da Isonomia.......165
Proclamação da república.................24
Programa Bolsa Família...................107
Programa Fome Zero........................107
Prole numerosa.............38, 44, 45, 136
Proteção material básica....................99
Proteção previdenciária.....................33
Proteção social.................17, 21, 33, 63,
71, 104-106
- Sistemas constitucionais............ 83-95
Proteção trabalhista...........................33

Q
Quota de previdência...................34, 40

R
Redemocratização.........................58, 59
Regime Geral de Previdência
Social...................71, 76, 124, 128, 131,
135, 136-147, 150-153

página

Regimes Especiais de Previdência
Social............. 46, 97, 123, 128, 147-153
- Dos servidores
públicos..........................46, 47, 75, 95
- Ex-combatentes....... 124, 130, 131-133
- Financiamento................................132
- Inclusiva.............................99, 124, 130
- Militares..........................124, 130, 147
Remuneração......................................49
Renda...25
Revisão Constitucional de 1926........30
Risco social...........32, 80, 86, 89, 93, 101,
107, 110, 128, 136, 160

S
Salário família...............................36, 136
Salário mínimo.......60, 84, 99, 101, 104,
106, 137, 162, 166-168, 173
Saúde.........................44, 64, 71, 76, 159
- Sistema Único de Saúde
(SUS).....................................102, 103
-Social...102
Seca do Nordeste.........................45, 46
Securitização......................................85
Segunda Guerra Mundial
(1939-1945)...................32, 40, 131, 135
Segurado........98, 99, 101, 102, 110, 123,
125-127, 129, 130, 137, 139,
141-144, 150, 151, 155, 158, 160,
162-164, 167, 170, 172, 174
Seguridade Social.............45, 56, 72, 74,
83-89, 106, 119-121, 149, 171
- Conceito....................56, 57, 76, 86
- Financiamento................................141
- Orçamento 60, 61
- Princípios jurídicos.......................156
Seguro-desemprego.........................119
Seguro social 83, 85, 161
Seletividade...............................165, 166
Seringueiros 60, 131, 132
Serviço de Alimentação da
Previdência Social (SAPS)..............38
Serviço Nacional de Aprendizagem
Comercial (SENAC).........................38

página

Serviço Nacional de Aprendizagem
Industrial (SENAI)............................38
Serviço Social da Indústria (SESI).....38
Serviço Social do Comércio (SESC) ..38
Serviço público 23, 24, 39
Servidor Público 19, 110
- Civis e militares da União 38
- Extranumerário 47
- Interino 47
Sistema 5-S 147
Sistema Nacional de Previdência
e Assistência Social
(SINPAS) 51, 52, 172
Sistema da assistência social.... 104-107
- Destinatários....................................104
Sistema da previdência
complementar................. 111-115, 121
Sistema da previdência da
quarta idade............................118, 119
Sistema da previdência
privada 107-110
Sistema da previdência
sobrecomplementar................ 115-118
Sistema da seguridade
social 100-102, 121
Sistema de saúde...................... 102-104
Sistema do Direito do
Trabalho.................................. 119-122
Sistema Financeiro Nacional 107
Sistemas de proteção social 83-95
- Falibilidade 84
- Sistema da seguridade
social.................................... 83-89, 94
- - Financiamento.................................89
- Sistemas de previdência 91-95, 123

página

- - Entidades gestoras..........................95
- - Regimes de financiamento 92
- - Regimes jurídicos 93
- Sistemas exteriores ao sistema
da seguridade social................ 89-91
Social Security 65
Social Security Act
(1935)..................23, 35, 66, 68, 70, 119
Socorro aos pobres (*poor relief*) 65
Solidariedade 50, 60, 120, 157, 167
- Classista....................................59, 157
- Familiar 89, 91, 157
- Por nacionalidade 157
- Social..............25, 88, 97, 105, 126, 157

T
Teoria do Pleno Emprego.............22, 23
Tesouro Nacional 26, 61, 68, 146, 149
Times-series model 58
Trabalhador.............51, 71, 81, 102, 141,
171, 172
- Rural 48, 59, 142, 144, 162
- Urbano...................................58, 144, 162
Trabalho....................................80, 81, 98

U
União.....................33, 41, 45, 50, 71, 74,
77, 95, 100, 121

V
Vinculação laboral...............98, 115, 159

W
Welfare state.................35, 63, 64, 66, 71,
72, 83, 86, 85, 88

Índice da Legislação

página

Decreto de 1910 28
Decreto-Lei nº 65, de 14 de
  dezembro de 1937 40
Decreto-Lei nº 627, 18 de agosto
  de 1938 38
Decreto-Lei nº 864, de 12 de
  setembro de 1969 133
Decreto-Lei nº 4.048, de 15 de
  outubro de 1942 38
Decreto-Lei nº 5.452, de 1º de
  maio de 1943 33
Decreto-Lei nº 5.813, de 14 de
  setembro de 1943 ....60, 132
Decreto-Lei nº 9.403, de 25 de
  junho de 1946 38
Decreto-Lei nº 9.853, de 13 de
  setembro de 1946 38
Decreto-Lei nº 7.526, de 07 de
  maio de 1945 40
Decreto-Lei nº 7.720, 05 de agosto
  de 1945 38
Decreto-Lei nº 7.380, 13 de março
  de 1945 38
Decreto-Lei nº 8.261, de 10 de
  janeiro de 1946 38
Decreto-Lei nº 9.882, de 16
  de setembro de 1946 ....60, 132
Decreto nº 2, de 16 de novembro
  de 1889 24
Decreto nº 5, de 19 de novembro
  de 1889 24-26
Decreto nº 18, de 15 de dezembro
  de 1961 133
Decreto nº 29, de 3 de dezembro
  de 1889 26
Decreto nº 221, de 26 de fevereiro
  de 1890 ....27, 29
Decreto nº 405, de 17 de maio
  de 1890 ....27, 29, 63

página

Decreto nº 942–A, de 31 de
  outubro de 1890 27
Decreto nº 1.541–C, de 31 de
  agosto de 1893 27
Decreto nº 2.173, de 5 de março
  de 1997 ....136, 147, 151
Decreto nº 3.048, de 06.05.1999
  (Regulamento da Previdência
  Social) 156
Decreto nº 4.269 28
Decreto nº 4.680, de 14 de
  novembro de 1902 28
Decreto nº 4.890, de 15 de outubro ...38
Decreto nº 9.212–A, de 26 de
  março de 1889 23
Decreto nº 9.284, de 30 de dezembro
  de 1911 28
Decreto nº 10.269, de 20 de julho
  de 1889 23
Decreto nº 17.940, 11 de outubro
  de 1927 30
Decreto nº 20.465, de 1º de outubro
  de 1931 30
Decreto nº 21.081, de 24 de
  fevereiro de 1932 30
Decreto nº 22.096, de 16 de
  novembro de 1932 30
Decreto nº 22.872, de 22 de junho
  de 1933 32
Decreto nº 24.274, de 22 de maio
  de 1934 32
Decreto nº 24.275, de 24 de maio
  de 1934 32
Decreto nº 24.615, de 9 de julho
  de 1934 32
Decreto nº 124.273, de 22 de maio
  de 1934 32

página

E

Emenda Constitucional nº 3, de
17 de março de 1993 ....149, 150
Emenda Constitucional nº 18,
de 1998..........51, 52, 130, 133, 147, 148
Emenda Constitucional nº 19 64
Emenda Constitucional nº 20,
de 15 de dezembro de 1998 ......26, 49,
64, 72, 74, 76, 92, 99, 109, 111,
115, 121, 124, 128, 129, 136-142,
146-149, 151-153, 156, 163,
168, 172, 174, 175
Emenda Constitucional nº 26,
de 27 de novembro
de 1985..............................55, 57, 58, 79
Emenda Constitucional nº 27,
de 1990..149
Emenda Constitucional nº 40,
de 29 de maio de 2003 108
Emenda Constitucional nº 41,
de 2003..................................97, 99, 128
Emenda Constitucional nº 47,
de 2005..........................95, 99, 127, 130

L

Lei Complementar nº 11, 1967
(Criação PRORURAL)......................51
Lei Complementar nº 35, de 14 de
março de 1979 (Lei Orgânica da
Magistratura Nacional)....................21
Lei Complementar nº 108 (Regime
de Previdência Complementar
do setor público) 121
Lei Complementar nº 109 (Regime
de Previdência Complementar
do setor privado)............................121
Lei nº 159, de 30 de dezembro
de 1935...40
Lei nº 367 de 31 de dezembro de
1936 32
Lei nº 3.397, de 24 de novembro
de 1888...23

página

Lei nº 3.807, de 26 de agosto de
1960 (Lei Orgânica da Previdência
Social) 31, 40, 48, 59, 158, 166
Lei nº 4.214, 02 de março de 1963
(Estatuto do Trabalhador Rural).....48
Lei nº 4.682, de 24 de janeiro de
1919 (Lei Eloy Chaves)...............29, 30
Lei nº 5.109, de 20 de dezembro
de 1926...30
Lei nº 5.315, de 12 de setembro
de 1967...131
Lei nº 6.036, 1º de maio de 1974
(Criação MPAS)................................51
Lei nº 6.435, de 15 de julho de
1977 108-110
Lei nº 6.439, 1º de setembro de
1977 (SINPAS) 51, 52, 172
Lei nº 8.080, de 19 de setembro
de 1990 (Lei Orgânica da
Saúde) 75, 103, 160
Lei nº 8.212, de 24 de julho de
1991 (Lei do Plano de Custeio da
Seguridade Social) 100, 101, 140,
144, 145, 150, 151,
156, 171, 173-175
Lei nº 8.213, de 24.07.1991 (Lei
do Plano de Benefícios da
Previdência Social).........111, 156, 157,
168, 173-175
Lei nº 8.742, de 7 de dezembro
de 1993 (Lei Orgânica da
Assistência Social)....................75, 160
Lei nº 9.477, de 24 de julho de
1997 109
Lei nº 9.717, de 27 de novembro
de 1998...75

R

Resolução SUSEP nº 6, de 17 de
novembro de 1997...........................109

S

Súmula nº 93, STF 110

ÍNDICE ONOMÁSTICO

página

A
Aleixo, Pedro 49
Almeida, José Américo de 34
Amaral, Sérgio 133
Américo, José 31, 41
Andrada, Antônio Carlos 18
Andreazza, Mário 55
Aranha, Oswaldo 31
Arinos, Afonso 49
Avio, Alberto 118

B
Baleeiro, Aliomar 22, 24, 86
Balera, Wagner 58
Barbosa, Rui 26, 27
Barros Júnior, Cássio Mesquita 143
Barros, Rocha 40
Bazzano, Claudio 92, 107, 118
Bernardes, Artur 29
Bismarck, Von Otto 70, 71, 161
Braga, Odilon 41
Brandão, M. de Pimentel 34
Brasil, Assis 31
Brasiliense, Américo 26
Brito, Antônio 61

C
Cabral, Paulo 19
Campos, Francisco 34, 41, 48
Campos, José Joaquim Carneiro de ..18
Capanema, Gustavo 34
Cardone, Marly 71, 79, 88, 102, 172
Carneiro, Levi 49
Castelo Branco, Humberto 49
Castro, Araújo 27
Castro, Magalhães 26
Cavalcanti, Orlando 41
Cavalcanti, Temístocles 31, 49

página

Cesarino Júnior 88
Chateaubriand, Assis 41
Ciocca, Giovana 118
Cirilo Junior 41
Coimbra, Feijó 22, 38
Coimbra, Cesário 41
Corwin, Edward S. 66-69
Costa, A. de Souza 34
Cunha, Antônio Luiz Pereira da 18
Cunha, Fernando Whitaker da ... 26-29,
31, 34, 35, 40, 48, 49

D
Dom Pedro I 17, 25
Dom Pedro II 24, 25, 86
Dupeyroux, Jean-Jacques 66, 70
Durand, Paul 32, 80, 86, 89, 92, 118
Durin, François 116, 117, 121
Dutra, Eurico G. 34, 41

E
Esping-Andersen, G. 58, 61
Espínola, Eduardo 35

F
Fagundes, Seabra 49
Figueiredo, João 87
Fonseca, Manuel Deodoro da 29
Franco, Afrânio de Melo 31
Franco, Virgílio de Melo 41
Freitas, Herculano de 29

G
Geremek, Bronislaw 25
Gide, Charles 118
Gordo, Adolfo 28
Gonzales, Suarez 87
Gueiros, Nehemias 49

página

Guilhem, Henrique A. 34

H
Harmon, M. Judd 67
Heráclito, Cid 149

J
Jambu-Merlin, Roger 90
Jefferson, Roberto 125

K
Kelly, Prado 41

L
Lacerda, Carlos 41
Lacerda, Maurício 41
Lavigne, Pierre 18
Leite, Celso
  Barroso............88, 93, 94, 105, 109, 149
Linhares, José 41
Lisboa, José da Silva...........................18
Lyon-Caen, Gérard.............91, 110, 119

M
Macdonald, A. F..................................69,
Machado, L. Toledo............................35
Magalhães, Agamêmnon 34
Magalhães, Dario de Almeida
Maluf, Paulo.......................................55
Mangabeira, João................................31
Marinho, Saldanha..............................26
Martinez, Wladimir Novaes ...105, 144,
  150, 151, 155, 160,
  162, 164, 166-170
Martins, Arroba 41
Martins, Sérgio Pinto 156, 157, 159,
  162, 163, 166-169, 171
Maximiliano, Carlos...........................31
Mello, Barão Homem de 18
Mello, Francisco de Assis
  Correia de.......................................48
Mello, Luiz José de Carvalho e.........18
Melo, Márcio de Souza e 49

página

Menezes, Geraldo Bezerra de 18, 23,
  27, 28, 30, 31, 33, 38,
  40, 41, 43-45
Miranda, Jorge 57
Miranda, Pontes de 44

N
Neves, Tancredo 55
Nogueira, Octaciano 20, 21
Nonato, Orozimbo 49
Nunes, Castro 31

O
Oliveira, Antônio Carlos de 19
Oliveira, Armando Sales de 34
Oliveira, Dante de 55
Oliveira, Moacyr Velloso Cardoso
  de 19, 87, 88
Ouro Preto, Visconde de 22, 86

P
Paraná, Marquês de 20
Pereira, Vicente de Paulo
  Seixas 30, 31, 51, 52
Pestana, Santos Werneck-Rangel 26
Pic, Paul 32, 80
Pieters, Danny.....................88, 89, 103

R
Radmaker, Augusto 48, 49
Ramos, Nereu 41
Reis, Konder.......................................49
Reis, Marques dos 34
Rondon, Marechal Cândido 23
Roosevelt, Franklin Delano....65, 66, 70
Rosa, Alcides......................................42
Roure, Agenor de 31
Ruprecht, Alfredo J. 85-87
Russomano, Mozart Victor 22, 24,
  28-31, 40, 48, 72, 143

S
Saldanha, Antônio Vasconcelos
  de 19, 20

Índice Onomástico | **197**

página		página

Saldanha, Nelson 59
Sales, Armando 41
Salgado, Plínio 34
Sarney, José 55
Scherkerkewitz, Iso Chaitz 105
Sidou, Othon 162
Silva, Arthur da Costa e 48
Silva, Carlos Medeiros 48, 49
Sinimbu, Visconde de 20
Smith, Adam 22
Souza, Pompeu de 41

T
Tavares, Lyra 49

Teixeira, Aloisio 57
Teyssié, Bernard 115

V
Vargas, Getúlio 34, 41
Viana, Oliveira 31
Villatore, Marco Antônio César 118

W
Wald, Arnoldo 108
Witte, Edwin 65, 70

X
Xavier, Carlos 27

Esta obra foi composta em fonte Palatino Linotype, corpo 10
e impressa em papel Offset 75g (miolo) e Supremo 250g (capa)
pela Gráfica e Editora O Lutador.
Belo Horizonte/MG, maio de 2011.